河北大学燕赵文化高等研究院学科建设经费资助项目（项目编号：2020W05）研究成果

清代河北书院史料萃编

主编　朱鹏举

参编　吴洪成　张怡真　李志兴

WUHAN UNIVERSITY PRESS

武汉大学出版社

图书在版编目(CIP)数据

清代河北书院史料萃编/朱鹏举主编.—武汉：武汉大学出版社，
2023.4

ISBN 978-7-307-22541-1

Ⅰ.清… Ⅱ.朱… Ⅲ.书院—教育史—研究—河北—清代
Ⅳ.G649.299.22

中国版本图书馆 CIP 数据核字(2021)第 169893 号

责任编辑:郭　静　　　责任校对:鄢春梅　　　版式设计:马　佳

出版发行:武汉大学出版社　　（430072　武昌　珞珈山）
　　　　　（电子邮箱：cbs22@whu.edu.cn　网址：www.wdp.com.cn）
印刷:武汉邮科印务有限公司
开本:720×1000　1/16　印张:22.75　字数:324 千字　插页:1
版次:2023 年 4 月第 1 版　2023 年 4 月第 1 次印刷
ISBN 978-7-307-22541-1　　定价:68.00 元

目　　录

一、石家庄

(一)辛集市

南池书院

清乾隆三年(1738年)知县王天庆改查君祠(亦称查公祠)为文昌宫,在束鹿城里(今新城镇)文昌宫西创建理学学府书院兼作候馆,因前临城中长渠(传为滹沱河故道),故称"南池书院"[1],请本地孝廉李群珍为学师。后任知县李文耀所修该县旧志称:书院"在城内文昌宫侧,王公天庆建为诸生讲习及宪节偶临憩息之所。有义学公馆三碑记,载艺文志。后日就芜秽,池亦圮。岁己卯暮春,余捐俸重修文昌宫,于宫之东购地一所,建堂三楹,颜曰梦花堂,缭以周垣,明窗近几,颇称爽垲,延师于文昌宫中;为讲堂,后查公祠,为师斋,其两公馆,宪节至,则居之,余日皆为学舍,统名曰南池书院"。"学沼莲香"指南池书院佳景。《乾隆束鹿县志》载:"学沼莲香——书院以南池得名,池旧芜浊,余新浚加辟焉。环植茂树,中种芙蕖数十,本方塘一鉴,竟成云影天光,盛夏熏风入座,翠盖红衣,香流墨沼,洵足娱目赏心。"又载刘城元诗赞"学沼莲香":"芙蕖荡漾镜中开,香扑帘栊次第来。梦笔早知花影在,敲诗何用雨声催?绿窗映碧侵书几,丹砚邀红上玉台。静直偏能宜活水,源头滴滴到根荄。"[2]据《嘉庆束鹿县志》载《南池书院图》可知,南池书院建筑平面近似方形,方形中又纵向等分为三部分,6座主体建筑分为3行2排,布局正齐严谨。主体

1

建筑均为单层、歇山顶。院落内广植树木，并浚池植莲，环境清静优雅，足见古人相信"静则生慧""钟灵毓秀"之说。[1]可见，南池书院是由义学改建而来，作为县属地方书院而言，规模不小，环境布局幽静雅致，设施齐全，利于教书育人、研修学理。师生教学场所之部分建筑物临时作为"宪节"考察、巡视学务期间的歇息地，可见书院的教学及考课测评深受地方政府的重视，体现清代政治对教育学术的某种渗透与干预，也蕴含有上古官学教育"政教合一""官师合一"制度之遗风。

乾隆二十四年（1759 年），知县李文耀又加修茸，增建堂楹 3 间，名"梦花堂"，为师生游憩之所。延名师教授，有月课、岁考。院前临清渠，南池植莲千株，桃柳环池，景色优美。师生坐新堂中，吟咏赋诗，有"彩笔生花君梦否"之句。该年秋乡试考中 1 人，武试又中 2 人。此后，知县李符清、宋陈寿等分别于清嘉庆元年（1796 年）和清同治十一年（1872 年）捐资重建。史料记载：书院"岁久圮"，李符清"莅任重茸，学舍一新"。又经近百年风雨侵袭剥蚀，书院又"岁久倾圮，片瓦无存"，宋陈寿"仍旧基址，堂构一新"。

南池书院的经费，主要出自膏火地地租。知县王天庆亦曾筹措 200 金，交城中典铺生息，月得 3 金，为修脯膏火之资。文献作如下记载："南池书院膏火地，旧有南谢村粮地三十二亩五分，百尺口少地，六亩旧城小地，六亩又路过村粮地，二十二亩四分九厘原系前令查公祠香火地，武学李济众管理后，住持在逃，香火久废，知县李文耀拨入书院智邱村小地三十亩，原系废寺遗产合村公议助作学田知县李文耀准拨入书院。[5]知县李符清于五十四年拨入邱村义学地五十四亩，五十九年，又拨入止吕村义学地十六田，以供诸生膏火。""嘉庆七年，又拨入王下村吴梦霄入官地三十八亩，以供修脯之资。"从乾隆到嘉庆历经两任封建帝王统治，历经沧桑近百年岁月，南池书院的办学延绵不衰。学田作为办学经费的主要来源，其支持力量持久坚定，可谓奠定了稳固的物质基础。还有一部分书院经费由知县"设措二百金交城中典铺生息"，以补经费之不足，至清嘉庆三年（1798 年）南池书院有膏火地 164.99 亩。[2]

南池书院是以县属文人学士为主的士人会文讲学，生员应科举考试的补习场所。设山长（院长）1人，斋夫（勤杂工）1人，膳夫（厨工）2~3人，延请教习数人，招纳生员若干人，由教习给生员讲课，以应科举考试。书院以儒家学说为教材，以四书五经、诗赋、制艺（八股文）为主要学习内容。清光绪二十七年（1901年）废八股，兴学堂。光绪三十年（1904年）南池书院改为束鹿县速成师范传习所和模范学堂。

《重修南池书院文昌宫新建梦花堂碑记》[6]

（清）李文耀

南池书院，建于前邑令晋江王君，君既改查君祠为文昌宫，即于宫西立书院兼作候馆。以南池名者，前临城中长渠，俗传滹沱故道者也。历二十年，栋宇剥落，弦诵之声无闻。余莅任，谒文昌宫，蠹次鼠迹，砌圮榱欹，学舍荒凉，不可歧足，所谓南池者，亦日就芜堙。余悚然曰：书院之设，所以广圣天子教育之化，成德达材，与邑运盛衰相系，其乌可以不振！且帝君握斗柄，掌文教，而弗洁弗虔，神之不妥，降详安在？急镌清俸，大加修葺，宫之内外，丹垩有耀，甍密栋罗，几筵咸秩；正中建龛，金塑帝君神像，弁冕珠章赤舄，左右侍从咸肖。宫后查君祠，亦重葺焉。后以地隘狭，于宫东购里民毛氏地一区，纵横数十武，建新堂三楹，旁为廊舍，缭以周垣，设讲席于宫中，使教者学者仰止景行，素怠心而发文思。宫后为师斋，旁为学舍。延名师，拨膏火，月有课岁有程，然后，规模粗可观焉。乃浚南池而深之，植莲千茎，环以桃柳。池每岁夏月涸，恒藉□挹，兹源头活水，宕漾纡余，云影天光，与经厨史□相焕发。秋初，莲吐三葩，清香飘衮。余偕馆师及诸生，坐新堂中，顾而乐之，赋诗纪事，有"彩笔生花君梦否"之句，因颜其堂曰"梦花堂"。是秋，中举贤书一人，武闱又或隽二人，适符花兆，诚盛事也。曩余在云间上海，重修

3

申江书院，在豫章上饶创建灵山书院，各规模宏巨，生徒云盛，于邑两处文运俱有振兴。今兹是举，未敢夸为巨丽，惟是恭承圣化，仰藉神庥，毓杞梓于贾城，培芷兰与滹水，行见是邑之秀，必有为琼芝，为瑶草，献诸彤廷者。此固余倦倦之苦心，而亦欲后之君子相与振兴，以垂诸久远者也。爰镌其年月于石。

该书院初始资料尚有存于李鸿章等修、黄彭年等纂光绪《畿辅通志》卷114"学校志"的《重修南池书院记》（清人宋陈寿撰）。

《重修南池书院记》

（清）宋陈寿

郡邑设立书院□古者党庠州序之遗，所以广圣天子作人之，雅化兴贤，育才激励后进。典至重意至深也，束鹿旧有南池书院，在城内文昌宫侧，岁久倾圮，余承乏兹土下车伊，始即咨询及之金日屋舍颓废，片瓦无存，盖已数十年，于兹矣，虽然基址犹在也。余愀然曰书院之兴废，文运之盛衰系焉，是焉可以不亟立，捐清奉鸠，工庀材诹，吉兴工披蒙茸，辟榛莽高其墙，垣大其闾闳，因旧址而新之三阅月而告成，虽凡百草创栋宇未宏然讲学之地下帷之所规模固已秩如也，有田若干亩，岁久入若干以为修脯膏火之资，延名师为之主，讲月进诸生而课之文蓺优者，赏有差公退之暇，辄与诸生古今中孝事及植品制行诸大端，诚之约，吾人读圣贤书，岂惟是寻章摘句，雕虫篆刻以博取科第云尔哉。士先器识而后文蓺器之宏者，所受者大识之高者，所见者远所受者大，所见者远然后足以任难钜而不疑，一旦得志，举而措之已耳否，则抱膝长吟，若将终身焉，富贵贫贱不足撄其心也，然非平日讲明义理，立定心性又乌足以语此记曰，高山仰止，景行行止，虽不能至，心向往之，诸生勉乎哉，夫植木于山蓄，麟于渊，优游而涵育速之，又久当必有梗，楠之质鲲鳌之馨，应运而生者，倘他日学成，德立有通儒，出乎其中焉，或者不忘今日始事之用心也，夫是为记。[7]

学 沼 莲 香

（清）李文耀

一套南沼镜重开，活水源头汩汩来。

艺圃自应嘉树绕，笔花还向瑞莲催。

薰风香入瑶琴曲，浓露红凝玉砚台。

题作科名杜家草，好羲珍重护根装。

注：①学沼莲香：城内原有南池书院，岁久池旧芜渔。清乾隆年间知县李文耀重修，疏浚池塘，中植荷花，"本方塘一鉴，竟成云影天光"。[8]

◎**参考文献**：

[1]郑萍信，刘进田．辛集市城乡建设志[M]．北京：中国建筑工业出版社，1994：162.

[2]辛集市地方志编纂委员会．辛集市志[M]．北京：中国书籍出版社，1996：734.

[3]郑萍信，刘进田．辛集市城乡建设志[M]．北京：中国建筑工业出版社，1994：118.

[4]郑萍信，刘进田．辛集市城乡建设志[M]．北京：中国建筑工业出版社，1994：120-121.

[5]河北东鹿五志合刊第7册。

[6]保定府志第14册，第36-38卷。

[7]河北东鹿五志合刊，第7册。

[8]刘章，吴世元，孙国良选注．古人咏石家庄[M]．石家庄：河北人民出版社，1997.

(二) 新乐市

景羲书院

在(旧)县城(今承安镇)[1]东门内,文庙西偏(今承安镇中学校址)[2]。光绪十四年(1888年)3月15日[3],知县雷鹤鸣创建。2006年,时任新乐文物管理所所长的相振稳和同事们,在这里发掘出了一块儿刻有"景羲"两字的石碑。这块残碑上,就专门记载了景羲书院名字的来历。景羲就是尊崇、景仰伏羲之意。[4]聘请州县学官教谕杜蔚、训导李汝廉、典史刘泰来院从事管理和教学工作,体现科举官学化教育体制下,书院与地方儒学学官之间的交流、沟通的对等性或相互认同的一体化特点。本地邑绅相汝典、张殿辅、薛兼羽、薛钵、相汝翼、苏广荫、默如金、赵如衡、秦殿元、沈登瀛等先后捐资修建。

书院内有讲堂5间,东西厢房各3间,南对厅3间,南厅东西耳房各1间,大门3间,二门屏风4扇,院夫房2间,山长宅正房3间,南房3间,围墙通高1丈,东西长195丈,南北长9.75丈。[5]

景羲书院为县办学府,书院设山长(俗称院长)1人,教官(又称讲师)若干人。院长主持书院教务,同时也是主讲。[6]县景羲书院建立后,聘请名流,广招生徒,"以补学校之未逮","学宫弟子与应试儒童,暨凡乡绅,里耆、守土官,皆得随时晋接问俗询风,本羲皇蒙以重教之义,申朝家教学之意"。实质上,书院是官学的附庸,"专门研究文艺作科举进取之预备"。[7]

光绪三十四年(1908年),县将景羲书院改为县立高等小学堂。[8]

景羲书院名院序
(清)雷鹤鸣

光绪十有一年(1885年)春,予由保定奉檄西南行赴新乐任。至东城，吏以故事白当叩谒。予下车谒如札，询城门名曰"望尧"。东望望都，世传尧母所产地也。即进城，复询南城门名曰"景羲"。出南城十三里有伏羲画卦台也。决日莅任，诸事讫，爰延儒学诸生进见，语次询及书院，曰："无。"予曰："其废何年?"曰："新乐自为县以来，未闻有书院也。"越明年秋八月，岁颇稔，学使者于春初已临郡岁试。新邑与进儒童暨高等生员，并符向额。予月课诸生童，亦递阅十有六次。乃会城乡绅耄与诸生童，议兴建书院，则咸诺。已而请所以名书院者，予曰：即景羲可矣，而顾他求乎哉? 则又咸诺而退。予还内署，谨端肃而为之序曰：邃古之初不可得，而祥已《尚书》。独纪尧以来，我夫子系易上溯亦仅及于伏羲开天而明道，羲皇氏固其最初也。天不变，道亦不变；道不变，治亦不变，教亦不变。羲皇画八卦，而因重之，而首乾坤，次屯蒙。屯以垂治也，蒙以垂教也，世治者常当以屯处之。我夫子训象辞而天造草昧，宜建侯而不宁羲臣乌明，所以主建福也，教世者先必于蒙启也。我夫子训象辞而谓蒙以养正圣功也，羲臣金提所以主化俗也。自羲皇以逮，成，周二帝三王，相嬗相继。其治天下也，盖常本初于羲皇，有因而益也，无创而更也，其教天下也，盖常本于羲皇，有因而益也，无创而更也，道不变，治与教不得而变也。迨周室东迁，而治教始以陵替。然治见于事，其迹著，祸害之及人也近而浅，而设施统于有位，故治道即衰而不能大远乎。羲皇以来之治，以为治教则存于心，其迹隐，祸害之及人也迟而深，而提倡不必统于有位，故教道苟衰而遂敢大反乎。羲皇以来之教，以为教衰，周而后，东离西析，别户分门，若江河之日下，迁流淆乱而靡所底止，迄于今而盖已数千百年。而又域外之教杂沓繁兴，下乔木而入幽谷，蠹迷虹溃，项领相望，其为祸害之迟而深也，可胜悼哉! 盖尝综列代而考之，羲皇至帝尧，其年数虽间有纪述，不可依据。由今而上溯于尧元年甲辰，四千二百三十一年，自尧而至于周之末，一千五百八十七年，皆羲皇所垂之教，圣君、贤相相与辅相，而财成之教无二教也，自周之末而至南齐之末，一千二百九十三年，杨墨盈而仁义坏，黄老贵而政刑蠲，庄列行而性命歇，然皆其时士大夫及一二在位之公卿，相尚以为教，而蚩蚩之氓，犹然不识，而不知也。萧梁兴而崇佛教，果报之说传而泛滥，遂延于匹庶；轮回之说起而沉溺，遂陷及顽愚。然自梁至唐以前百十七年，与唐兴以后，所谓佛教者，皆以教而相煽诱，未尝以教而相挟持也。唐初而回教别立于西北，始挟持以为教，至于起徒众以相攻杀。然自初唐以下，至元季七百四十六年，其相与攻杀犹未至于倾国、倾朝，兵连祸结而不可解也。明兴而后，西土之以争教而相攻杀者，不可胜数。小则以肆市朝，大则以膏原野，生灵荼毒，悔祸无期，一则朝三而暮四，一则朝四而暮三。其惨也，可悲；其蠢也，可悯。然自明承元祚，由洪武戊申（1368 年）而至嘉靖丁卯（1567 年），二百年中，此疆尔界，中外截然，蛮触之相仇，鲲鹏之相化，于中国固无与也。隆庆建元（1572 年），澳门通而外教始入中国，神熹继序几何译而外教遂入中朝，至于今而又三百余年，狂澜几不可以复挽，而为之滥觞者，则其时之疆臣林富烈焰几不可以复遏。而为之灼叙者，则其时之廷臣徐光启二公，一代名流而生此厉阶，至今为梗。九原有知，其拊心而悔恨，顿足而哀号，庸有所终穷乎？而历代神圣在天之灵，能无为之尽然伤赫然怒乎？书院之制，肇于宋初，盖学校之设，至成周而最为明备，自王宫国都以及闾巷莫不有学，平桓以降，教泽未湮，而见于春秋传者，仅一郑乡校。暴秦横兴，儒坑经毁。汉代以还，递及五季，郡县之学阔绝羁縻。宋初始有四大书院，为郡县学校开其先。国家文教兴隆，光昭宇宙，府州厅县冈不遵循。典令建设儒学，而都邑人士又咸或创，或修，或分，或合并，立书院以补学校之所未逮。盖儒学所教止于学宫弟子，书院则学宫弟子与应试儒童，既凡乡绅、里耆、守土官，皆得以随时晋接。问俗询风，本羲皇蒙以垂教之义，申朝家教学之意。凡夫韶龀之伦，极锄之侣，俾转相传，播家至户，陈先入者为主。习惯者自然以理义为恒心，以忠孝为本务，知惠迪吉，从逆凶祸福无不自己求之，则必不妄希果报，而嗦颂礼拜，以虚费其有用之躯。知阴阳合漠气以成形。其生也，气之伸而来；其没也，气之往而诎。而不朽者惟立行修名，则必不妄信轮回，而菇斋果化以轻捐其有生之世，又何至以厥躬出家而绝父子之亲？又何至以厥躬生年与其行教之年为纪元而灭君臣之义？是固古今世道之所攸赖，而羲皇以来千贤百圣之统绪所恃，以维持于不敝。予需次北来五年所矣，以所睹闻诸郡邑咸有书院，而新邑独厥然，是诚不可不亟为兴建。且新邑瘠邑也，凡规制多所未及，而又当邮传冠盖之冲，书院维新，则恭行宣讲我朝列圣谟训，可于是；岁科试，举行县试，可于是；即皇华之使节并至，可并分驻蚍帷于是。殆亦所谓一举而数善备者。抑予则犹有虑，书院起宋初以历元明。明神庙，时张江陵当国，因嗫而废食，诏毁天下书院，然未久而旋复。关中冯恭定公与吾乡邹忠介公同长卿史台，尝于宣武门内建首善书院，不幸为崔魏之党所忌，给事朱童蒙上章丑诋之，而书院辍，而公并以去位。小人道长，君子之道不能不消也。固如是，而崇尚西学者，因假修书院后乃桃僵而遂以李代，鹊巢而竟以鸠居，转不如焚如弃如鞠，为茂草之不闻不见为愈。新乐一邑也，书院固无虞此，然扶偏而救敝，察渐而观微，未废也而为之兴，未坠也而为之举，亦循羲皇所垂以治世者，学为云雷经论之君子，而常以屯处之。是非予等守土者考察调迁，月异而岁不同之所能为政。是不能不维桑与梓，有赖于兴建。诸君子且咸然，而有望于新邑后起之贤。若夫，谓"景羲"之名，为僭陶靖节北窗凉风且自谓。羲皇上人真文忠公，西山学舍自题以"坐看吴越两山色，默契羲文千古心"。书院而名以"景羲"固不得谓僭矣。若又谓因城门"景羲"之名以名书院，未免于渎，则今曲阜县城南门即夫子庙堂门。宫墙万仞，圣祖御题昭垂亿祀焉。新邑而因城门名以名"书院"，渎否乎哉？既谨序，将复会城乡绅耆与诸生童共质之，未知不谬，予言而仍咸诺焉否。

《鼎建景羲书院记》

（清）雷鹤鸣

南向正中为讲堂。堂左右为皇华使馆，堂阶三级，崇二尺。阶前东西两廊房为考校之所。堂南为正厅，厅东为庖室，厅西为茶室，西便门外北为山长宅，南为过庭，东屏门外为甬道，为隙地。甬道前东向为大门，门左为院斗室。门前阶三级，崇一尺五寸。后阶四级，崇二尺五寸，垣周六十一丈二尺，基东西广十八丈一尺，南北长九丈五尺。予令新邑，率士民所建景義书院也。同官为学博杜君文占，司训李君观泉，廉捕刘君乙然，董事为国学张殿辅、薛兼诩、明经①相汝典、茂才②相汝翼、沈登瀛、苏广荫、薛钵，赵如衡、默如金、秦殿元，鸠工店材，用缗③钱四千二百余千，经始于戊子（1888 年）三月十五日，落成于七月二十日。越六月为己丑年（1889 年）正月，予调署平山，行有日矣。院诸生旋而请曰："愿先生有以记而教之。"予曰："前已有序言矣。"诸生曰："愿先生有以教之。"予曰：亦又他求乎哉？国家以制义取士，士人束发④受书。莫不诵孔孟之言。孔子虽生周衰，而義皇以来，神圣之教泽未湮，故《论语》一书仅言攻乎异端之为害，害已而已，不能以及人也。孟子之生后，孔子未及百年而异端如杨⑤如墨⑥其言遂盈天下，故首见梁王，即告以谨庠序之教，而申之以孝悌之义。夫庠序之教，既谨矣，而又必申之以孝悌之义，何也？有孝悌以实其中，异端之教不能乘其虚而入也。有孝悌以植其本，异端之教不能诎其末而挠也，世未有孝悌而为异端者也，世未有异端而能孝悌者也，世即有孝悌之人偶涉乎异端终不至沉迷不返也。世果有异端而克践乎？孝悌终必且觉悟而归也。孟子述孔子者也，诵孔孟言而又他求乎哉？盖由孔子而上溯乎虞司徒之教以人伦。固義皇以来之遗绪⑦，而由孟子以下逮有宋，诸儒亦岂能离乎伦常而汗漫以言教。以予乡先儒之遗文考之，欧阳公之为《吉州学记》，曾南丰之记筠州，王荆国之记虔州，类皆能阐发義皇以来圣君、贤相教学之本意，而盱江李泰伯之记袁州学，则又本孝悌之意而推其极，慷慨激切，尽言无讳。仁宗皇帝既诏天下立学，征天下学记，第⑧《袁州学记》为第一。按泰伯平生于孟子之言，少所服习⑨，何所以记学者，其言又若合符节也。抑予重愿为诸生勉焉。孟子而后至于有宋，中间正学润绝者数千百年，仅董子兴于汉，韩子起于唐，以维持接续于其间，而董子家广川，韩子世家昌黎，与新乐同为畿辅重邑。二先生者，既守先王之道以待矣，景羲学者其可不入孝出悌，以后之学者自居哉？书院之建与厥事者，例得书，既应诸生请，爰备列之，其资费姓名别勒石，以为芳流劝。

注：

①明经：明清对贡生的敬称。

②茂才：汉代选举人才的一种科目，即秀才。

③缗：古时穿钱的绳子，也指成串的钱，一千文为一缗。

④束发：古代男孩成童，将头发束成一髻。因用以代指成童。《大戴礼·保傅》："束发而就大学，学大艺焉，履大节焉。"《汉书》一○○下《叙传》："儿生矗里，束发修学，偕列名臣，从政辅洽。"

⑤杨：即杨朱，战国时魏人，字子居，又称杨子、阳子、阳生。后于墨翟，前于孟轲。其说重在爱己，不以物累，不拔一毛以利天下，与墨子的"兼爱"相反，同为当时儒家斥为异端。

⑥墨：墨翟。春秋、战国之际思想家，墨家学派的创始者。

⑦绪：前人留下来的事业。

⑧第：次序，次第。

⑨服习：反复练习，熟悉。《管了·七法》："为兵之数……在手服习，而服习无敌。"《左传》僖十五年："古者大事，必乘其产，生其水土而知其人心，安其教训，而明习其道。"

◎**参考文献：**

[1][7]新乐教育志编纂委员会编．新乐教育志[M]．石家庄：河北教育出版社，1999：61，62．

[2][3]新乐教育志编纂委员会编．新乐教育志[M]．石家庄：河北教育出版社，1999：9．

[4]兰国良主编．石话实说——石家庄100个村庄印记[M]．石家庄：河北教育出版

社，2014：330.

[5]韩书林．新乐县志[M]．北京：中国对外翻译出版公司，1997：498．另据季啸风主编：《中国书院辞典》，浙江教育出版社1996年版，第741页所载，该书院名为"景义书院"，留存待考。

[6]新乐教育志编纂委员会．新乐教育志[M]．石家庄：河北教育出版社，1999：62，3.

[8]新乐教育志编纂委员会编．新乐教育志[M]．石家庄：河北教育出版社，1999：2.

[9]韩书林．新乐县志[M]．北京：中国对外翻译出版公司，1997：500.

[10]新乐县志办公室编．新乐县旧志汇编[A]．石家庄：新乐县印刷厂，1987：126-127.

（三）元氏县

文清书院

元氏县原属正定府所辖，据志书所载：文清书院在薛文清（薛瑄）公祠（"乾隆志"：礼部尚书文清公讳瑄，因公父为元氏教谕，笃生于署，潜心道学，后从祀文庙，立特祠以享之。唯元氏载在祀典，永为遵守。[1]）基础上添建，院址位于县学宫之左，"知县成守节、田勤次第建置，为士人肄业之所"。薛瑄（1389—1464年），字德温，号敬轩，山西河津人。明永乐十九年（1421年）进士，历任差监湖广银场、大理寺卿、翰林院学士等。曾在湖广沅州（今湖南芷江）讲学，芷江曾建《文清书院》以纪念之。[2]河津老城南街是薛瑄（即薛文清公）的故宅。明英宗天顺元年（1457年）6月薛瑄告老还乡。这年他69岁，家居8年，到76岁病故。薛瑄是程、朱理学的继承者和实践家。"明心复性"是他的教学宗旨。[3]

考诸历史渊源，该书院开始由知县周诗建于明万历九年（1581年），20年后，知县田勤增葺，以祀文清先生，肄业者迁居祠对面或左右。[4]1615年，知县苏继欧重修。明万历四十三年（1624年），重修。[5]明代"河东学派"代表、著名理学家薛瑄（文清先生）曾主讲该书院，培养众多弟子，具有广泛社会影响。苏继欧在《重修文清书院记》(见附录1)中对此有详细评述。这些在上面已述。苏源生(1808—1870年),也曾主讲文清书院十五年。门人肄业者前后数百人,后主鄢陵书院。"论学以宋儒为宗,一本于程、朱而不杂,论文一衷于义理而不支,其于古文源流派别,心知其得失,撰述以明理纪事为要。"[6]么得昌,男,字冶泉,号也全,别号云峰,城内东街人。清道光辛巳恩科举人,聪慧好学,博通经史。曾被延请为文清书院山长(相当于现在的校长)。很多人到这里学习,门生中品学兼优者居多。杜锡金也曾被延请为文清书院主讲。[7]

清康熙二十八年(1689年)知县纪廷诏、乾隆二十三年(1758年)知县王人雄均重修,劝勉书院学子"学以复性为主,言以明性为先,行己立朝磊落光明,始终粹美,立德立言与天地俱存"。可见,书院的旨趣导向及教育内容设计均以程朱理学思想教义为基干或核心理念。书院此后颓圮,至乾隆五十九年(1794年)知县陈凤翔移建书院于城南西南隅开化寺右,并置地一顷五十亩(一顷五十二亩零),此为元氏学田之始,后陆续由县府出资或由乡绅、乡民捐资置田。[8]以所征租谷为山长及院务日常支出之费。学田计:乾隆五十九年(1794年)置,官庄道路北地一段五十六亩,铁屯村南花园村东地一段五十五亩,花园村北地段六亩,原庄铁屯道路南地一段二十一亩四分,方中道地一段十亩。共五段一百四十八亩四分。同治十年至十二年置:铁屯村北地一段八亩零。铁屯村北地一段五亩三分零,城西地一段十亩三分零。计三段二十三亩六分零。[9]光绪元年(1875年),拨沟北村东河滩地四亩余(四亩一分二厘六毫零),岁收租谷,为延师修脯经费,书院建筑拥有北上房五间,东西厢房各五间,过庭三间,门楼一,照壁一,周围俱有墙垣移祀。为了有助于书院延请山长,县署发木炭五百斤煤十加补为山长费用,厥后沿以为例,且镌之卧碑,垂诸久远,以示历任县公崇儒重学之意。

清光绪三十年(1904年),知识人士公兆祥、景阳梁、宁锦芳、李法滋、智宝谦组成学堂创建黄事会,向民众募捐开办费,在城内西南原开化寺文清书院旧址增添校舍,重修瓦房18间,新建瓦房25间,平房13间,并购置教学仪器。3月开学，命名为元氏官立高等小学堂。智宝谦任学董（宣统元年改为堂长）。招收学生初等1个班35人，高等3个班97人。同年，县内赵村、褚固、庄窠里、仙翁寨等村镇先后创建初等小学堂，共招收儿童121人。清光绪年间，元氏县内共创建初等小学堂32所，高等小学堂1所。宣统年间，又创建初等小学堂14所。辛亥革命后，在新思潮的推动下，学堂逐渐改为学校。民国元年（1912年），元氏县政府将原官立高等小学堂改为元氏官立高级小学校，堂长改为校长。同时，在城内南街创建县立两级小学校1所，胡折初任校长，招收学生62人。是年，县内东原庄、西同下、北白娄、陈郭庄、胡家庄、赵村、王宋、尖中等8个村镇先后创建初级小学校，共招收学生292人。[10]民国十年（1921年），改为县立第一初高级小学校。[11]官府如此倾注经费于书院，以及在书院的参与权的增多和干预，从本质上体现了对书院的一种经济操控，这也是书院逐步官学化的一种经济层面的表现。

从以上书院个案演化中得知，创建者中并无成守节知县其人的明确作为，或许为讹传误载。书院办学颇受地方社会重视，并予以经费物资鼎力支持，办学条件充足，其延续力量持久坚实。结合历史加以观察便可证明这一点。清初为了控制思想，防范"反清复明"的势力扩张，禁止书院，至康熙王朝始有松动，但地方书院仍为数稀微，而此种情势下，文清书院就已有修复；而近代洋务运动以后，废改书院呼声不止，书院日形凋零，而该书院则还增广学田，仍有余威或活力，昭示书院个体生命史在各地时空环境下的不同表现。

表1-1　　　　　　　　元氏县官立高等小学堂历任校长表[12]

姓名	次章	履历	任事年月
智宝谦		清文生	光绪三十一年
景荫梁	任巨	清文生	光绪三十一年
王　铣	筼卿	清文生	光绪三十二年

续表

姓名	次章	履历	任事年月
李凤辰	运卿	清文生	
王鸣凤	桐冈	清拔贡生，正定师范毕业	
钱绍曾	贯一	清文生，正定师范毕业	
牛 著	佩玉	清文生，北洋五省师范毕业	
武健行	自强	第二师范毕业，又民国大学毕业	

《重修文清书院记》[15]

(明) 苏继欧

国朝理学推文清先生第一，元氏则其笃生之地也。前县令田公劝构祠于学宫之左以祀先生，翼以左右庑居，肄业者卫之桓墙，树之坊表，额曰：文清书院。岁久倾圮。

不佞甲寅冬来莅兹土，瞻拜祠下，怆然有感，明年八月鸠工修葺之，阅月告成。元僻居山隅，士子陈于括贴，问以元生，履历不能举，向往之为何？因勒石记年并记公之生平焉。

公薛姓讳瑄，字德温，山西河津人。父贞，洪武初领乡荐，为元氏教谕。母齐氏，梦紫衣人谒见而生公，形如水晶瓶，五藏皆露，五岁聪颖，日诵千余言，善诗斌。年十二通五经诸书大义。师事魏范二先生，讲性理久之，嗟曰："此道学正脉也。"遂潜心于是至忘寝食。

永乐己亥，父贞调谕鄢陵，时例任满，乏科贡者，以先生及从人命充邑弟子举河南庚子解元，明年登进士第。旋丁父艰居丧，一遵古礼，服阕愿就教，以宣朝恩，振风纪，擢为御史，时三杨柄政，居班行中识之日，薛公见且不可得见，岂可得屈。寻差楚银厂，同列以为贺。先生举古诗云：此乡多宝玉，慎勿厌清贫。至则黜贪墨，正风俗。手录《性理大全》诸书，至夜分不寐，或思有所得，即燃灯记之，皆近衷着己语也。

正统元年，督学山东，首阐朱子白鹿洞，规校士。先力行而后文

15

艺，士习不变，皆以薛夫子目之。

六年，召为大理寺少卿，以执法忤都御史王文阁振振讦以出入，入罪系狱处死，而公怡然诵读周易自若，有大臣申救放归家，居六年，造诣益深。无何已已之变以荐。

起大理寺丞时，敌骑薄都城，公分守北门，都帅初疑其遇，及闻言论，遂访策焉。公曰："以天时、人事验之，此敌必宵遁。"既而果然。贵州苗叛，委先生督饷，为都帅划策。先传檄，谕以顺逆祸福，然后跃武以震之。贵州遂平。景泰初，请致仕不允。

二年，升南大理寺卿，决狱辨冤人皆称快。刑部尚书杨宁、都御史张纯初以才力相高，及与公同事，抑然自下。中官金英过南京，公卿皆饯于江，公独不至，英抵京言于众曰："南京好官止薛耳。"

壬申秋，复召为北大理寺卿，时草厂灾土。怒欲尽诛典守者，公力辨获免。苏松有饥民，乞粟富家不与，遂火其屋. 太子太保王文往廉之，以谋叛籍五百余家解京。公辨之，诛渠魁三四耳，余皆从戍。英庙复位，素知公学行，擢礼部右侍郎兼翰林院学士，入内阁。一日召入便殿，上短服小帽，先生不入，上遽易服入见。语及平时皆正心诚意之言寻典试春闱，事竣为左侍郎，居数月，见曹石搜权，遂乞骸骨归家。居八年，四方从学者甚众。公以复性教曰："此程朱喫紧为人处。"又曰："学者读书穷理须实，见得是，然后验于身，心体而行之，不然无异买椟而还珠也。"一夕检阅书籍，束之架上，为诗曰："七十六年无一事，此心惟觉性天通。"忽疾，正衣冠危坐而逝。迅雷震屋，白气上升，讣闻诏赠礼部尚书，予谥后祀孔子庙廷。

嗟呼：吾夫子之道，孟子之后无传，至朱濂洛关闽，精研实践，圣道始如日中天，大明于世，然程子未远而有淫于佛老之说，朱子未远而有易为无极之论。盖不待七十子亡而大义已乖矣。先生崛起，数百年之后学以复性为主；言以明性为先。已立朝磊落光明，终始粹美、立德、立言，与天地俱存，其真溯周程以接，孔孟之传何疑乎？先生殁后，阳明良知之学大兴。要之良知即性也。烛其纬绩，冗论似为愈之，不知先生沉几远犹料敌如持券。平苗若承蜩，文经武纬其绪余耳。且以彼生而神异，天才著称是何难为洋洋丽丽之辨也者。顾人性上不容着一物，安庸拟议乎！盖先生惧俗学者堕支离，故直指实诣。惧肤学者，溺形器，故大畅真铨。总之，天生大儒开一代道学之传。潜千古斯文之统未易轩轾也。僭尝谓文清之品如龙变化霖雨厥施斯普；文清之品如凤九苞翩翩，可用为仪；文清之道大可指点上根，恐山农心稳之辈流于洸详；文清之道纯粹之于路则康庄也，众之则寡过，精之则登圣。语不云乎！高山仰止，景行行止，虽不能至，心窃向往之矣。

《文清书院改建高等小学堂记》[16]

元邑书院旧有地一顷八十余亩，所入至微薄，难以聘山长育人才。光绪十四年，长公秀宰是邑，当是时库存义仓谷价制钱七百余缗。因与教谕曹吉人、训导张恒敬、典史胡钟鉴会商，以此款整顿书院，详经列宪核准，董事景振沅等具领分发盐当一份生息，所得息作为书院经费，按季支取，自此延山长每月官斋两课，膏火有着矣。嗣后郭公会昌莅任，适捐修郡城贡院，董事等极力劝办多捐二百余缗，亦分发盐当生息，共足一千缗之数。李公中和在位时，重修文庙复行劝捐，除修庙外，所余钱七百缗，经周公宝琛催齐，亦分发盐当生息，其时经费仍不敷也，典史胡钟鉴将县署津贴银每年送入书院四十两，分上下忙在县署领取。孙公德成莅任，又每年津贴书院四十两，也分上下忙领取。光绪二十九年，令各县兴学，县令葛亮升会同教谕王庆霖、训导解书桂、典史周和贵、绅董公兆祥、宁锦芳、李德滋、智宝谦、景阴梁竭力劝捐，而众捐户踊跃捐输集成巨款共计二万四千余缗（多有捐一千缗者，少有捐三十缗者）。乃鸠工庀材兴造学舍，仍书院旧基前后添建平房十三间、瓦房二十五间，旧瓦房十八间亦改作重修，其中礼堂、讲堂、自课室、寄宿室、董事室、客厅、研究所、阅报所、帐房、饭厅、厨房、体操场无不备。购置器具、书籍设备亦极完全，共用制钱六千余缗。其余万八千缗发盐店九千缗，当行九千缗，九厘生息按月支取，做为常年经费。

此书院改建学堂之端末也。兹刷印邑志特叙其事附后以志之时。

光绪三十二年六月十五日

《文清书院(七绝)》[17]

(明)李焕然

采金疏罟万家宁，手录传心性理明。
千羽两阶苗自格，不将铜柱浪题名。

文 清 书 院①

(清)王钦作

钟灵庠序仰文清，书院于今只旧名。
此地遗香绵一线，春风桃李不胜情。

书 院 春 风②

(清)赵维藩

扪萝著履蹊径通，昔贤栖隐寻幽踪。
入门祇谒先圣像，墨池书洞浑无羌。
草树荒凉游鹿豕，徘徊默坐春风里。
斯文不振谁知忧，忍使山僧据遗址。

---

① 邓洪波．中国书院诗词[M]．长沙：湖南大学出版社，2002：16.
② 邓洪波．中国书院诗词[M]．长沙：湖南大学出版社，2002：16.

《元氏移置汉碑记》[18]

嘉兴沈鲍庐先生涛，著《常山贞石志》，所收汉碑凡四，皆在元氏。道光丙午，家君作宰来此，明年冬，复得汉延熹《封龙碑》，于是，以四碑移置文清书院之东厢，即薛文清祠。增置石座。四碑者，一《祀三公山碑》，旧在名伦堂；一《三公山神碑》，旧在南苏村；一《三公山碑》，旧在城角儿村；一《封龙山碑》，旧在王村。惟《白石神君碑》仍在学宫。元氏今称碑薮。宋人所载，尚有汉《无极山碑》，山在今县西三十里，当更入山求之予邑中有汉《射阳石门画像》，为江都汪容甫先生所得，道光十年，家君商之孟慈先生，移归画川书院，碑左侧有包慎伯诸先生题名。题名云："石门旧在宝应县故城，乾隆五十年，江都拨贡生汪中异归，道光十年夏，其子户部员外喜孙移置宝应县学宫。泾包世臣，仪徵刘文淇、吴廷飏，泾包慎言，江都梅植之同观，世臣记。"案，此碑初移学宫，后以碑文有老子，不宜与孔子同室，乃改置书院。坿记于此，为博古者告。己酉闰月十二日，恭冕记。

《三公之碑》

汉刻石，俗称《小三公山碑》，亦称《无极山碑》。东汉光和四年（181年）四月立。在河北直隶文清书院。隶书。二十三行，行四十一字。额阳文隶书"三公之碑"四字。额左刻"灵山君"三字，额右刻"封龙君"三字，皆隶书。清方朔评其书云："字约一寸有余，如《白石神君碑》，而隶体劲、挺、秀，可以为法。不在《石经》之下，《白石》所不及，殊可贵也。"[19]

◎ **参考文献：**

[1]李英辰，于明月，殷吉申．元氏县志[M].北京：中国文史出版社，2007：336.

[2]熊治祁主编．湖南纪胜诗选[M].长沙：湖南师范大学出版社，2012：213.

[3]老城编写组编著，孙茂法主编．河津老城[A].太原：河津市城乡建设局，2001：

241-242.

[4]季啸风.中国书院辞典[M].杭州:浙江教育出版社,1996:6.

[5][7][9][10][15][16]杜青竹主编.元氏县教育志 公元41年—2002年[M].保定: 河北大学出版社,2011:34,331,58,42-43,44.

[6]徐成志,王思豪主编.桐城派文集叙录[M].合肥:安徽大学出版社,2016:163.

[8]元氏县土地志编纂委员会.元氏县土地志[A].石家庄:元氏县土地管理局, 2001:167.

[11]李英辰主编,元氏县志编纂委员会编.元氏县志[M].北京:中国和平出版社, 1995:358.

[12]李英辰,于明月,殷吉申.元氏县志[M].北京:中国文史出版社,2007: 413-414.

[17]芷江侗族自治县人大组织编写.文化·芷江——芷江诗韵[M].北京:中国民族 摄影艺术出版社,2010:39.

[18]李子儒.元氏封龙山汉碑研究[M].石家庄:河北人民出版社,2017:312.

[19]李国钧主编.中华书法篆刻大辞典[M].长沙:湖南教育出版社,1990:480.

(四)正定市

风动书院

乾隆二十九年(1764年),知府郑大进倡捐200千文(应该是2000千文),[1]在正定府治南(今常山影剧院处)创建风动书院。该书院规制完备,有门、坊、亭,讲师弟子堂庑房10所共计40间。书院董事为石家庄藁城县博学者王君臣。后来书院曾更名为常山书院,延续十几年即废弊。[2]

◎**参考文献:**

[1]正定县教育委员会编.正定教育志[M].石家庄:河北教育出版社,1996:60.

[2]正定县教育委员会编.正定教育志[M].石家庄:河北教育出版社,1996:58.

尊闻书院

乾隆四十二年(1777年)知府方立经创办，院址在正定府治东(今解放街小学处)。

书院有桥、照壁、重门、讲堂、课所，内外舍共42间。院内有泮池，池内有莲藕。书院建成之时，逢乾隆皇帝驻跸正定，游直隶著名佛教庙宇隆兴寺，作"董子有言：夫尊所闻登高一呼，提倡道学深切著名"。"夫尊所闻，则行所知在其中矣，道本一贯学无二。"要求"致其根柢不外六经，其切要不出五伦，其下手在义利之辨，其得利在真伪之风。时时体认天理，事事参观物理"。又称"圣贤性命之旨，国家经济之方，使教者之所以教，学者之所以学"，书院故名"尊闻"。此时书院一改旧日自由讲学、自由研讨之学路，成为封建儒学教育基地，体制、授课内容和组织完全受制于官府，并大多成为科举的一种预备机关。[1]道光十年(1830年)知府关炳重修书院，并更名恒阳书院。同治十年(1883年)知府刘秉琳、府学教授赵文濂再次修葺，共用钱110万文。此时书院山长陈露坪，主讲杨铁帆。书院后由于战火渐废。

章所述明代正定建有崇正书院，且后改为恒阳书院，有关书院院名更改的诸多信息颇为歧义、曲折，而该书院又延续至清代。那么，是否即为上述尊闻书院呢？笔者认为，清乾隆十七年(1752年)"移于城之东南隅"的明代旧书院已经历崇正书院、恒阳书院及六谕书院三次更名，与道光朝由尊闻书院更名的恒阳书院为不同的两所书院。或许六谕书院在乾隆后期已经不闻，而建于1777年的尊闻书院在后续发展中因慕历史上恒阳书院之名声，并寄寓尊崇前贤及怀旧心理，而名之谓"恒阳书院"。

院之兴废岂不以人哉，正定自宋熙宁间吴公中复创建郡学于金粟冈，志所称作人□地者是也，至明嘉靖王公腾乃改天王寺为崇正书院，厥后或曰恒阳，或曰六谕，我朝前守郑公始址察院旧基而新葺之曰风动，盖义取唐成德军纪功遗碑也，其后又以常山额于门究未遑，一日聚师生其中，当其兴也，有楚平江艾公为之师，即有高邑忠毅赵公为之弟友，教一堂英贤辈出，及其废也，变而为营署，再变而为试院，三变而为邮亭，然则议书院于正郡亦难矣，顾又思之守，令之责教养并重，今郡县非无学也，师儒非无官也，既不能学苏湖之职，于上以惠多士，又不能借河汾之教，于不以披后进，徒使枕恒带滹灵秀郁结之气，终委运于无待而兴之豪杰其可乎，况辂轩驻节暴士，而市常山书院，人矣为公馆，禅室驻儒而释肄业，生童现寓读□帝庙中，斯尤守土者之差也，经不揣固陋，重修郡学，文庙之余兼筹兹举，惟庙东祠址一区，近宫墙而远□市，爽垲明秀奎曜，高临实为胜地，遂价置民舍以充拓之鸠工庀，材刻日葳，事为桥，为照壁，为重门，为庙堂，为课所，为内外舍，共四十二间庖湢井灶毕具缭以周垣，仍凿池种莲，于内资其游息是疫也，制严而朴，局整而舒门，不容轩厅，非旋马，惟于讲讲学，为宜则兢兢有苦心焉，落成司事者以名请伏读我。[2]

情服而习之久矣，而安焉，由此处为名士，出为名臣，即教即学而渊源昭矣，俗儒之陋也，专事帖括而浅才速化，工揣摩为捷径，圣贤姓名之旨。国家经济之方，一切置之不讲自误，误人即梯荣弋膴，皆苟道也，经特揭所闻之大者，如此使教者知所以教，学者知所以学，则兹书院虽与鹿洞鹅湖同垂千古，可也又何兴废之足，云若夫博声誉聚游谈憩，日玩时业荒行，秽此最当事，所不乐闻者，故既以为动而复成之，与有志者互砥砺于不尽焉。[3]

◎ **参考文献：**

[1] 冯祥亮主编，正定县教育委员会编．正定教育志[M]．石家庄：河北教育出版社，1996：55.

[2]（清）李鸿章修，（清）黄彭年纂．畿辅通志第 115 卷[M]．保定：河北大学出版社，1928：125.

[3]（清）李鸿章修，（清）黄彭年纂．畿辅通志第 115 卷[M]．保定：河北大学出版社，

1928：126.

（五）井陉县

东壁书院

东壁书院在县城东三里之东山巅文昌阁旁，清康熙二十七年（1688 年）知县周文煊建。（东壁书院前身为陉山书院，清康熙二十七年名为东壁书院。[1]是邑中最高学府。）其规模为阁后东铭 1 座，西铭 1 座，各容数十人；阁前书舍，分左右冀，各 5 楹；阁旁各 3 楹。其余为厨库、茶房、寝室。束以大门，门外钟鼓楼各一；又束以前门，凡 3 楹。学田 40 顷，并立学田之法，给有志之士及贫困者提供赚给费。"诸生朝夕奋发，若恃才而骄，嫉才毁谤者速黜。"康熙三十四年（1695 年），知县高熊征重修，捐金 50 镪。郝赟（任山长）监督管理，尽心筹划，改名文昌。其堂曰乐育，诸生李霖等又捐银购地 50 亩以为经费。[2]今废。[3]乾隆三十五年（1770 年）知县周尚亲将书院迁于县城东门内，改名"皆山书院"。清末改为县立学堂，民国为县立高级小学校。辛亥革命后更名为井陉县高小、天长镇初级中学。书院是明清两代井陉县的最高学府。书院的主持人称"山长"（亦称"洞主"，一般都是书院的主讲者）。皆由知县聘请，并由当地有学识、有声望的绅士充当。教师由"山长"延聘在籍的学行素著之举人、进士充任。书院本着"士不可以无志，既有志儒学矣，又不可以无养"的精神，设院招收生员，传道授业，培育后人。书院以儒家学说为教材，以四书（《论语》《孟子》《中庸》《大学》）、五经（《诗经》《书经》《易经》《礼记》《春秋》）、诗赋、制艺（又称诗文、八股文）为主要学习内容。学生称"生员"，亦称"诸生"，习惯上称"秀才"。书院录取"才"，由国家规定学额。清季，本县每年录取文童 15 名，武童 12 名，廪膳生 12 名，增广生 1 名。廪缮生又称廪生，经过岁科两试列入高等者，方可取得廪生名义，成为资深的生员。生员每月可以领到六斗米的儒学津贴。增广生又称"增生"，即廪生定额外录取者，地

23

位次于廪生。每隔二年，选拔一、二名生员入国子监读书，被选拔者称"贡生"。清代贡生分为五等，即：恩贡、优贡、岁贡、拔贡、副贡。在国子监读书的称"监生"。但监生仅是一种"资格"，并非一定到监读书。[4][5]

为使书院能够正常开展教育活动，不可无经费来源，即"有书院，则不可无学田以辅之矣"。原书院学田因年久早已无存，此时仅有学田10顷左右，虽然对有志于学又家境贫寒者尚能赡给有余"，但为了保证学员生活和书院开支，必须加强经费的管理。当时规定，学田租息收支均需岁登于册，以绝侵渔，并明确规范学员米面、柴炭、茶酒、盐酱、灯油、蔬菜、书纸笔墨，以及厨工、日用诸项工银的开支，保证了书院教学活动的开展。书院的经费主要来自学田。据雍正《井陉县志》记载："井陉学田在明时还有数顷，租亦不下百石，刻石以记学宫。其后，侵渔耕种，兵燹之后，久假不归。"计：长岗地40亩，北正地50亩，横涧地29亩，南关地50亩，王舍地15亩，秋树坡地21亩，累计205亩。雍正间，洪令（之杰）置田40亩，周令（文煊）置田50亩，去任后复被人隐占。超擢两浙盐使高令（熊征）到任，捐俸40两，置田50亩，复将前令洪置田40亩追出，又买地49亩，共地139亩，以资诸生膏火。以上共计征银24两3分5厘5毫，实纳征银4两1钱5分5厘9毫。另，秋树坡地31亩，每年租5石，其斗，市斗也。[6]至同治十三年（1874年），书院实有学田4顷16亩3分6厘。当时，约50亩学田地租供一个生员读书。[7]

书院十分重视教学工作，要求"诸生讲学，宜朝夕奋发"，并对学员的管理提出严格的要求，学员必须遵守院规，违者受罚。"无故辄离书院者，有罚；怠惰，有罚；言不及义，有罚；诈伪不实，有罚；每犯一过，有月薄登记，学长与学友共同质证，书之册，以示警惕。书过盈百者，告之神，黜之。"在学业人品上要求学员"涵濡道德"，学习孔孟程朱思想；"规矩绝墨"，熟读《左传》《国语》《庄子》《离骚》等，力求做到"见诸文，为有用之文，措诸牢，为垂世之事"。书院一系列的规章制度和条约充分体现了书院服务科举的功能，也可以说是古代书院逐步走向科举化的一个缩影。清代书院的兴起，堵塞了自由讲学、自由研讨的学路，书院成为封建儒学教育基地。教育体制、授课内容和组织完全由官府控制，与官学几无差异。学生潜心研究的都是八股文，只重科举，不务实学。[8]

雍正《井陉县志》卷8"艺文志"收入清人周文煊所作《东壁书院记》、高熊征著《重修文昌书院》。后附《东壁书院记》。

《东壁书院记》

（清）周文煊

井陉旧有书院，非文昌阁地也。自明嘉靖三十三年甲寅，关西荀文奎来尹是邑，始创为之。择簧学之东北平壤数亩，负山城而阻阛阓，度财架屋，额曰"陉山书院"。隆庆三年，邑令金陵钟公遐龄，相继葺修，久而遂废。适余立社学以来，俗渐知乡学。姑舍旧址，经营于城东三里之文昌阁地，辟而扩之，立书院于其中。文昌阁者，前令今中丞洪公之杰所建，俾陉士所倚为司令司禄之神，稽首祈祝者也。中丞令井陉时，梦一尊者，衣绿袍，整容而言曰："余自蜀来此，未获所安，惟公图之！"一日，谒文昌祠，宛然若梦。遂撤去旧时之毁败，建兹崇阁。多士神其事久矣，因人心之敬畏，俾之朝夕肄业，有所瞻仰，使知策名委贽之有自，盖诱掖之道在焉。是余卜书院于文昌阁意也。阁后东铭一座，西铭一座，各容讲学教十余人。阁前书舍，分左右冀，各五楹。阁旁各三楹。其余，为厨库，为茶房，为寝室，束以大门。门外钟鼓楼各一，又束以前门，凡三楹，并仍旧不易。

余惟：书院之有望于陉士也，重矣！天下书院，独推白鹿、紫阳而已。要皆有大儒挺生，以兴复洙、泗之所传立教，然后天下讲学之士，川鸣谷应。不然，昔人遗制，实始于唐开元之十一年诏置丽正书院。而唐以儒名者，仅见于贞元间，昌黎韩子出焉，始得为斯道首庸。甚矣，大儒之难其人也！虽然，士不可以无志，既有志儒学矣，又不可以无养。三代养士于学，其制不可考。程、朱说亦互异。伊川谓："古者士大夫之子，不虑无养；虽庶人之子，既入学，则亦必有养。"及读《崇安学田记》，有云："昔时，自天子以至于庶人之俊秀，无一人而不入之学。士之廪于学宫者，宜数十倍于今。而考之礼典，未有言其费出之所自者。意当时为士者，其家各已受田，而其入学也有时，故得以自食其食，而不仰给乎县官也钦？周衰，田不并授，人无常产。而为士者厄于贫，反不与农、工、商齿。乃且欲聚而教之，则彼又安能终岁裹饭而学于我乎？"由朱子之言思之，有书院，则不可无学田以辅之矣。陉，明时学田，水冲沙埋，早已无存。今所续置尚少，大约增置至十顷，凡卓然有志而极贫者，赡给有余矣。其买田之券，依旧法，首贡轮掌。租入，则寄贮常平仓。丰欲多寡，岁登于册，以绝侵渔。首贡及仓书，各存留一册，诸生每逢三、八日，文会毕，方许饮酒。每人米面、柴炭、茶酒、盐酱、灯油、蔬菜、书纸、笔墨之属，非五十亩，不足一年之用。条银，官为除扣。主份、司厨诸项工食银，亦即在五人二百三十亩内。此余立学田之法也。

至于诸生讲学，宜朝夕奋发。每月至二十九日，归省父母。次日晨起，即还书院。若或他日别有情理挪移者，听。若父母命弗归者，听。若父母在堂，一身兼督家政者，弗为之立限。其有他事留滞家庭，必对师友预白其故。无故辄离书院者，有罚；怠惰，有罚；言不及义，有罚；诈伪不实，有罚。每犯一过，有月簿登记，学长与众友，共同质证，书之册，以示警惕。书过盈百者，告于神，黜之，不复容留书院。若乃恃才骄傲，及妒才毁谤者，弗加之罚，速告于神，黜之。其饮食日用，家各轮一。父兄或子弟才干，不攻举业者，代为统理，半月一易，使彼用志精专，不以口腹扰其天趣。涵濡道德，将见稷、契、皋、夔之业，不出环堵而得之，将自兹始矣。时艺虽止进身之阶，顾其理，孔、孟、程、朱；其经，《易》《诗》《书》《春秋》；其取材变化，《左》《国》《庄》《骚》，班、马、韩、柳、欧、曾；其规矩绳墨，则考证于王、唐、归、胡诸君子，以至本朝名家之得法于先正者；其工夫，自朱子《童蒙须知》《孝经》《小学》《太极》《西铭》《通书正蒙》，西山心政二经、偕宋《名臣言行录》及《读书居业》二录，皆行己之要，见诸文，为有用之文；措诸事，为垂世之事。观有明理学事功，忠文正直出于制举者，指屈不胜计也。士果豪杰自命，又有所以养，而从容安坐，究悉天人，以视白鹿、紫阳，不俱盛于熙朝耶！

康熙二十七年岁次戊辰十月朔日记

（此碑在河东坡凌霄塔前）[10]

◎**参考文献：**

[1]翟泰丰．翟泰丰文集・6诗词卷[M]．北京：作家出版社，2004：137．

[2]季啸风．中国书院辞典[M]．杭州：浙江教育出版社，1996：7-8．

[3]陈谷嘉，邓洪波主编．中国书院史资料（中）[M]．杭州：浙江教育出版社，1998：938，941-942．

[4]井陉县志编纂委员会．井陉县志[M]．石家庄：河北人民出版社，1986：496．

[5]栗永，段文主编，政协石家庄市委员会编．石家庄名村名镇[M]．北京：中国对外翻译出版公司，2000：172．

[6][10]崔治先主编．井陉县教育志[M]．石家庄：河北人民出版社，1991：28，35．

[7]井陉县志编纂委员会．井陉县志[M]．石家庄：河北人民出版社，1986：496．

[8]赵明信．历史上的石家庄[M]．北京：方志出版社，2004：309．

[9]井陉县史志办公室编．续修井陉县志[M]．石家庄：河北人民出版社，1988：50．

文昌书院

文昌书院的前身可追溯到宋学宫，明代重建，名为"陉山书院"，清康熙二十七年（1688年）名为"东壁书院"，后经复修又题匾额曰"文昌书院"。[1]在东壁书院旧址重修，易名而建，是邑中最高学府[2]。康熙二十年（1681年），知县周文煊建文昌书院于河东，置学田五十亩，并旧学田，以作常年经费。洪周二公所置学田，后被人侵占。[2]康熙四十年（1701年），知事高熊征视事未及两月，超擢两浙盐使，离任前捐金50镪，属国学生侯选，同知郝赟董其事，监督管理，尽心筹划修葺东壁书院。落成后，颜其额曰"文昌书院"，名其堂曰"乐育堂"。

康熙戊辰，邑令周于城东三里文昌阁地扩立文昌书院，将学微银另立文昌书院一户，输纳收租，以为读书诸生膏火。看来，政府为书院经费的筹集及使用便利，单列账户，既有资金注入，更有学田出租所收税银保证，充分地认识到经费之于教育成败之制约关系，殊为不易。除以上方式外，州县还会因时制宜，采取其他的一些筹款方式。有时，知县也会动用积谷或积谷息金，来修筑公共工程。康熙十年(1671年)，井陉县知县吴茂陵动用文昌书院积谷，重建城池。[3]同时，书院办学趋向于以培养科举人才、保证政局稳定这一目的，书院这一形式与其发生史中办学动机本身应该秉承的自由学术特点已经背道而驰，在官府的过度干预和参与之下，书院存在所拥有的合理性，无论是经济方面还是制度方面，都有了逐渐滑落的迹象。右碑，在河东坡凌霄塔前。知事高雄征撰，清康熙四十年(1701年)岁次辛巳季夏古旦立。附录碑文。[4]

《重修文昌书院记》

(清)高熊征

《学记》曰："古之王者，建国君民，教学为先。"又曰："时教必有正业，退息必有居学。"今天子崇儒重道，文德诞敷，虽遐陬僻壤，莫不家弦诵而户诗书，而况近在畿辅，为燕赵之郊，名人辈出者哉？予以去夏恭承简命，来宰是邦。今春二月，始克抵任。阅其城，四面皆山，中环一水，颇称形胜。《寰宇记》曰："四方高，中央下。如井之深，如灶之陉。又，燕、赵谓山脊曰陉：下视如井，故名井陉。"观其人物，如汉时，则有田叔；即有明，如柴木，毕鸾武、金霍鹏，皆以进士为监察御史，为都御史，为副都御史，开府郧阳、大同等处。本朝定鼎，霍叔瑾以孝廉官通政改使，许国壁以武举封荣禄大夫，代不乏人。乃迹来教化不先，以致人才寥落。

爰稽旧志，万历间，知县张应台因本县四科不第，创建文昌祠于凌霄塔前。是科，果发经魁。康熙十一年，知县洪之杰，以文昌祠关系风水，改建文昌阁。康熙二十二年，知县周文煊复于两旁创建书舍。迄今十余年，渐就倾圮。余不禁喟然兴叹曰："文昌阁关系文风如此，诚不可不急为修复也！"然视事未及两月，即蒙超擢两浙鹾使。因竭力捐金五十，属国学生侯选、同知郝赞董其事。郝君尽心筹画，或当补修，或应改建，木石之费，砖瓦之费，小工之费，梓工之费，悉皆如其所算。经始于五月初一日，落成于六月某日。周围墙垣，与两旁书舍，焕然一新。诸生居习有地，庇渴有所。地灵既得，人杰斯昭。因颜其额曰"文昌书院"，名其堂曰"乐育堂"。盖欲斯文之昌，而人才之成就乐育也。况邑之右山既高，左山颇下，苟非凌霄一塔与之颉颃，则白虎胜于青龙，为堪舆家所忌。此文昌之祠，与凌霄之塔，为邑中最关系之风水也。后之尹斯土者，留意人文，以时修葺，幸勿使其废坠。则多士聿兴，文风日盛。其于建国君民、正业居学之意，未必无小补云。是役也，诸生李霜等，踊跃兴起。予又捐银十两，购地五十亩，立文昌书院户于在城五甲之后，以资籯火。并查复文昌祠旧地七十三亩，以为守书院人日给之需。是为记。

◎ **参考文献：**

[1]翟泰丰.翟泰丰文集·6 诗词卷[M].北京：作家出版社，2004：137.

[2][4]井陉县史志办公室.井陉县志料[A].石家庄：井陉县史志办公室，1988：538，98，559.

[3]岁有生.清代州县经费研究[M].郑州：大象出版社，2013：131.

皆山书院

皆山书院前身可追溯到"宋学宫"，明代重建，名为"陉山书院"，清康熙二十七年(1688 年)名为"东壁书院"。后经复修又提匾额曰"文昌书院"。乾隆三十五年(1770 年)知县周尚将书院迁于县城，题匾额为"皆山书院"。[1]至此，井陉书院，经过三迁徙四更名，历明清两代，凡 500 年不废。其间，大规模增修、补葺、重建，明代约计 14 次，清代约计 10 次之多。[2]这座小小的书院为明清时期井陉县最高学府[3]，建筑堪称陉城清代四合院的荟萃[4]。

皆山书院在旧城东门内北侧，县衙东，东门西，今为天长镇中学校址。东临城墙根，南临大街，西临旧县衙，北接曹家垃，占地面积 20 亩，是一组规模宏大，气派雄伟，具有民族风格的古建筑群。书院最前为临街，正门为砖墙铁栅栏栏杆护墙，门外两旁置石狮两个。朱漆大门，门额书"皆山书院"四字，意取井陉乃岩邑，四顾环山之意。大门两旁为倒座式临街房五间。再进为一屏门，砖木结构，青瓦盖顶，前门后柱，屏风遮掩，左右进出。院内凿砌一圆形鱼池，每当夏日，荷花绽放，游鳞可数，情趣别致。院内正房为讲堂，每月逢五排十，诸生至此，由山长教授辅导一次。院内东西配房各四楹，东为山长寓居，西为教授寓居。室内清静恬雅，朴实无华，墙上珠玑满幅，陈设几净窗明。中院有东、西、北三房，为诸生寓所兼自修室，东曰"东斋"，西曰"西斋"，北曰"北斋"，意取书房之意。后院为书院仓库及图书室，其间所藏诸物，分别有礼器(旗锣伞扇、车轿鞴鞍之类)、乐器(笙笛鼓钹之类)。礼器乐器齐全，但主要用于春秋两祭。惟所藏图书甚丰，多系经史子集之类，如诗书易礼春秋五经，诸子百家全书，二十四史，康熙字典、玉堂字汇、说文解字之类。以上图书，原藏文庙尊经阁，后移皆山书院，至清末光绪年间，大都散佚。[5]当年院内有月洞门、屏门、鱼池、荷莲、后花园，校舍宽敞，环境清雅。还有书院、阁楼、甘林寺、马王爷庙等建筑，雕梁画栋、金碧辉煌(现房舍已不复存在)。[6]

清乾隆四十二年(1777 年)知县周尚亲鉴于书院距城较远，生徒往返辛苦，且"山形陡绝，攀涉维艰，庖舍所需，绳汲不易。而且山高地旷，宣燠不宜寒，每至秋冬际，烈风怒号，积阴惨冷，尤非寒士所能堪者"。复将书院建于县城东门内节孝祠，择地营修，庀材鸠工，计有前后三进，北高南低，院内建筑为砖木、砖石混合结构，屋顶为硬山青瓦顶。大门两旁有倒座式街房 5 间，进门后是屏门。院内正房为讲堂，东西配房各 4 楹，分别为校长和教授的居所。通过台阶进入中院，东、西、北 3 面房舍为学生宿舍兼自习室，后院为仓库及图书室。[7]房 30 余间，中设讲堂 3 楹，额曰

"皆山书院"。古朴美观,建筑考究,灵巧秀气。另外,因天长镇有重教传统,自古名人辈出,皆山书院现成了继今县城之后井陉第二大教育基地。[8]清末改为"县立高级小学堂",民国时改为"县立高级学校"。[9]皆山书院内有1块碑,嵌于墙体中,为清光绪年间的碑刻。

对于皆山书院的演变及经费筹集与使用情形,《井陉县志》中有记载:

> 然学田无多,不足延师膏火之用,未免或作或辍。道光四年,林公宰斯邑,加意文教,为延师主讲,每月三课,一切薪火膏火之费俱属捐廉,其中有生童肄业者,一时称盛。林公超升后,陈公莅任,仍月课不辍。十三年,李公宰斯邑,公学问优深,月课卷必亲加笔削,诸生童多蒙启发,而学田所出仍不足经费也。咸丰八年,罗公莅任,加意培植,乃捐俸筹款,欲多置学田以为久计,不幸以疾卒于任。同治六年,张公署县事,乃为悉筹项款,有可以佐经费者,悉交经理书院绅士经管,于是延师膏火之费虽不能丰,亦可以聊给矣。至于当八月莅任,延师主讲,每月官师各二课,择绅士十四人,以二人为总理,十二人轮流值年。将每年收租利息及惰金奖赏之费皆使经理人收管,量入为出,逐一登簿清查。又于书院后价买民地一亩六分,周围修筑石墙以为后展修之地,庶不至或作或辍矣,因将所增学田数目、坐落处详载于志,以垂久远。

从中可知,皆山书院的修缮过程即是书院嬗变的轨迹线路,而无不伴随着以学田为代表的经费投入及管理问题,两者休戚相关、相互依存关系可见一斑。当然,从中依稀能看出该书院依托之物质基础不够厚实,而历经努力有所转机的历史场景。科举及第而为官宦于地方者,奉行儒学兴学设教、面对现实,而勤勉笃实的精神,通过人为努力,战胜困难,使地方文教得以弘扬昌盛,可谓天道酬勤,人道努力与现实矛盾之间的彼此消长,相生相克。

书院勉励诸生:"井陉古称险要,固畿南一大钮键也。地灵者,必有人杰以应之","自前明以及至国朝,乡贤达科甲起家,位跻卿秩者，正大有人。"希望充分发挥"父兄率之，师长董之，友生辈相与劝勉而进益之"的教育合力，达到"群相砥砺，鼓舞有成"，着力实现"人文追美于前，科第肇兴于后"的培养目标。在这里明清时期一共出了9位进士、63位举人、255位贡生。[11]

皆山书院在井陉县存在的时间最久，并且成绩卓越，育才良多，这些成就与一些山长和院董不懈努力的敬业精神息息相关。见于史册记载的山长或院董有：

马席珍，字以吾，南横口人，出身副榜。历任新河、永平、万全、光宗及天津等书院教授，咸丰癸丑(1853年)归里，督葺文庙及皆山书院，捐资为诸生倡，次第告成。复置学田300亩，以供书院膏火；奖励后进。时，资其困乏婚丧无力者，慨施不吝。又于通衢施茶粥数十年，邑之士民，颂德勿衰。同治己巳(1869年)，子印文，官兵部。席珍就养京师，以疾卒，年六十八。[12]

许增培，字绳共，关东人，清邑庠生。幼时，善事父母，友于兄弟。终日孳孳，好学不倦，卒以能文章、工书法名。设帐授徒，循循善诱，诲人不倦，负笈来学者踵相接。一时遐迩碑匾，多系先生手笔。[13]充皆山书院董事多年，热心教育，学界多钦佩之，呼之为"老绳"先生，而不名。充皆山书院董事多年，热心教育，学界钦佩之，呼之为"老绳先生"而不名。同治庚午(1870年)，地方多故，先生办理团练，昼夜巡防，民赖以安，保举六品顶戴。光绪初年，县城南面临河一带，因岁久失修，坍塌不堪，先生纠合城关绅耆，募款修葺。南门内，立有碑石。[14]

梁彦序，字秩轩，北关人，清廪膳生。家境不甚丰厚，惟以舌耕为业，及门弟子成名者颇不乏人。邑侯面其名，甚敬重之，聘任为皆山书院董事。在职数载，成绩甚佳。晚年，喜读佛经，藉以消遣世虑。年六十二岁卒。乡里称之为"完人"云。[15]

蔡良，字郑三，城内人，廪膳生。其经理书院，尤能筹划精详，规模宏远，故其子孙，继述先志，接办书院学堂事务，均能认真整顿，足孚众望云。

蔡承恩，城内人，廪膳生。其经理书院，教而不厌。诲人不倦，桃李门墙，俊秀辈出。[16]

《皆山书院记》

（清）常 善

井陉书院旧在城内学官东。康熙年间，邑令周公文煊迁于城外东山岭，距城三里许，间以绵河。地虽僻静而跋涉维艰，官长诸生，课试往来，未免不便。乾隆四十二年（1777年，丁酉），邑令周公尚亲复移于城东门内，因节义祠遗址，恢扩其地（新祠移建城隍庙后），鸠工庀材，自外至内，门庭堂室共二十余楹，额曰"皆山书院"。规模宏敞，讲习得所矣，第惜土瘠人贫，虽薄有学田不敷讲习需用。至道光甲申岁（1824年，道光四年），闽省林公靖光来宰斯邑，甫莅任慨然以振兴文教为己责，踌躇经费，计无所出，遂割廉以为延师肄业资。尔时，多士济济敬业乐群，三年余，汇刻《生童课艺》一卷问世。后升迁去，极盛难继者有年。及广省罗公锦雯任，于咸丰六年（1856年，丙辰）增地八十余亩，其价出于劝捐。本邑绅户钱文数有未足，又稍割廉以补焉。厥后，正署迭更，无不存心整理，然皆志焉未逮。惟微省张君光锷者，署期年余，而当务急首在书院。除割廉倡捐制钱二百千外，复敦劝本邑各绅衿量力捐输钱文，购置学田，以储延师课读用。院中规制，井井有条，预定牌示，事未卒而调遣去。余适捧檄至，为之踵事增华，延请山长，招集生童，定为每月四课。然经费终未充裕，仅薄有奖仪，而入院之膏火薪水，犹未敢议也。前者作后者成，如书尽美尽善，尤望夫异日之莅斯土者。

摘自清光绪《井陉县志》[17]

◎参考文献：

[1]翟泰丰. 翟泰丰文集·6诗词卷[M]. 北京：作家出版社，2004：137.

[2][5]崔治先，李全贵等．井陉县教育志[M]．石家庄：河北人民出版社，1991：26-27.

[3][11]《亲历者》编辑部．中国古镇图鉴(第2版)[M]．北京：中国铁道出版社，2017：175.

[4]中国人民政治协商会议河北省井陉县委员会文史资料委员会．井陉文史资料(第5辑)[A]．石家庄：中国人民政治协商会议河北省井陉县委员会文史资料委员会，2003：193.

[6]中国人民政治协商会议河北省石家庄市委员会文史资料研究委员会编．石家庄文史资料·第4辑 井陉史料专辑[A]．石家庄：中国人民政治协商会议河北省井陉县委员会文史资料委员会，1986：102.

[7][9]魏广龙，席建林，刘歆编．河北省历史文化名镇名村及传统村落图录[M]．天津：天津大学出版社，2019：22.

[8]《亲历者》编辑部．中国古镇游[M]．北京：中国铁道出版社，2018：586.

[10]魏广龙，席建林，刘歆编．河北省历史文化名镇名村及传统村落图录[M]．天津：天津大学出版社，2019：34.

[12]井陉县史志办公室．井陉县志料[A]．石家庄：井陉县史志办公室，1988：455.

[13][14]井陉县史志办公室．井陉县志料[A]．石家庄：井陉县史志办公室，1988：460.

[15]井陉县史志办公室．井陉县志料[A]．石家庄：井陉县史志办公室，1988：462.

[16]崔治先，李全贵等．井陉县教育志[M]．石家庄：河北人民出版社，1991：27.

[17]崔治先，李全贵等．井陉县教育志[M]．石家庄：河北人民出版社，1991：37.

(六)高邑县

千秋书院

清乾隆八年(1743年)，县建千秋书院(书院建立时间有出入)。[1]乾隆十八年(1753年)，知县李冕增建书院于县署西南隅乾明寺。斋4楹，东北为馔室，缭以周墉，为诸生肄业之所，旋废。乾隆三十六年(1771年)，知县江启澄延师掌教，捐俸以资膏火。乾隆四十一年（1776年）重修讲堂，额曰"进修"。嘉庆元年（176年），又重修。光绪二十五年（1899年），知县高文才于书院故址修建讲堂5楹，上书房5楹，前后斋舍15间，大门1间，号房2间，院宇颇为宏敞。是时欧风东渐，朝野已有变法之议，因购置新旧书籍200余种，延师课士。光绪30年（1904年）千秋书院改建为高等小学堂。[2]

千秋书院虽然属县一级基层书院，且创设于清代中叶，相对较晚，但明确记载向近代新式教育机构的转型，在地方教育的现代走向中仍居浓重一笔，看来有"千秋"的意义了。众所周知，近代社会危机深重，人才与教育问题备受关注。传统教育体制包括书院制度改革与现代转向，欧美现代教育体制的传播与确立在维新运动以后已经十分炽热，但高邑县的千秋书院却在此期办学规模及影响力趋于鼎盛，真是有些落差或失衡了。区域差异或各地的不平衡性根本未局限于社会经济领域，在教育文化方面的表现同样是何其明显！不过，在西学东渐的近代教育变革背景下，课程设置中西合璧；西学书籍的添置，也明显地折射了时代变迁中书院也闪现了欧风美雨侵染剥蚀的新风潮。

《重修千秋书院董事提名记》

（清）高文才

邑有千秋书院在西南城菾圃中，其起废均不可考。予莅官之明年乃改建于察院废址筑，讲舍三十余间，俱北向其前为大门，门三楹，进为厅事，再进为讲堂，讲堂五楹，两旁为学舍，舍各三楹，最后房五楹，为山长栖息之所。前筑横墙设屏门以幛内外，东西学舍各二越，岁二工成用瓦十四万有奇，土瓦石之工称是计用钱三千余缗夫，以鄙穷苦僻陋而能若是，是岂予之力哉。孟子曰，虽有铉基不如待时何鄙人之欲，为此者屡矣特令兹土者无人为之倡耳然。非群力当不至于是，予因窃古人提名记意取一时，在事诸人书之于后创也，然自我作之，云胡不可盖此一役也，其监督者候选教谕李恒泰、文生赵琮、李仿，治里致详李汴藻、段自新、赵镕、秦金铎、赵振甲、李泰和也。其劝捐者举人郭骆、文生李廷彦、贾廷兰、吕琴堂、李琮英、盛魁王维垣、张宗海、李世荣也。其司出纳者流寓、温启录也。其随事补苴不辞劳怨者，典史董黴昌也。其无役不徒日夜、匪懈期其成，而惟恐不成者，则县教谕王玉麒也。王于予同年选官，初遇于保阳，即以振于学校相互勉予，有同志故赞襄之力尤为多焉。[3]

◎参考文献：

[1]赵连印，崔占吉主编，河北省高邑县地方志编纂委员会编．高邑县志[M]．北京：新华出版社，1993：537.

[2]赵连印，崔占吉主编，河北省高邑县地方志编纂委员会编．高邑县志[M]．北京：新华出版社，1993：540.

[3]宋文华等．高邑县志(全)[M]．台北：成文出版社，1968：387.

(七)藁城市

培英书院

培英书院在县治东(久俱荒废，详址无考)。清康熙五十九年(1720年)知县阎尧熙建于察院东府馆弃地，周垣计基3亩6分，有正堂3间，厢房6间，立门1间，招县中生徒肄业其中。正堂榜书"惇典"，占地3亩6分。[1]清代山西太原府进士、诗人武承谟曾有诗《培英书院》云："或曰先儒云，书院讲学地。研穷惟伦理，辨别先义利。"字里行间展现了当日培英书院的研习儒学经义，推崇伦理道德，师生协同教学，沟通交流及循序启迪的讲学情景。河北藁城培英书院是推行政府教育规章、推行科举考试的代表之一。[2]

阎尧熙(生卒年不详)，山西夏县人，进士出身。清康熙五十七年

（1713 年），任藁城县知县。在任期间，滹沱河水泛滥成灾，县民之土地，多被洪水淹没。至水涸地出，地界变迁，难以辨认，县民每为争种，而发生纠纷。尧熙为之立法，并邀集种田户现场总丈，然后均给耕种者，县民无不感激。正定伏城驿，原只归藁城兼领司驿，其军需供应，仍属正定。康熙五十七年，清军西征过正定，正定知县将采买草束，军需供应，推诿给藁城。尧熙愤其不合理，又恐永累藁民。于是，冒丢官之险，连连上疏申辩，求得解决，使藁民免受苦累。[3]

清代统治者继续奉行明代封建专制主义的教育政策，加强思想控制，防止异端思想言论危及社会统治。同时，以科举考试、八股制艺时文来笼络人心，消除山林隐逸之士反清复明的观念。从清兵入关，建立清王朝封建统治以后，便强迫推行民族偏见基础上的笼络、高压手段，在教育领域则表现为规章管理的条规束缚及行为规范的绝对遵从。"劝人趋道义，书院读书来"，这句出自清代诗人阎尧熙的诗句深刻点明了当时书院的教学目的，内容上多为研习儒家之道义。这里要注意的是，这种道义不仅仅是指些仁义之道、宽厚之义，还包括教条刻板的封建礼教、尊孔崇儒、服从君王等内容，在形式上以八股文为体裁，禁锢思想，湮灭个性，循规蹈矩。清顺治九年（1652 年）清世宗颁行的《御制卧碑文》、康熙三十九年（1700 年）又颁《圣谕十六条》于各直省学宫。上述学规政策虽然直接对象是官私学师生，要求每月定期宣讲、背诵，但当时的书院，乃至宗族社区的教化训导也直接受其影响，体现了书院教育明显的官学化特色。藁城知县阎尧熙根据清皇室教育方针，亲题立志、修德、读书、审间、存心、开怀、勤学、改过、应举等《书院劝学十则》（见附录 1），刻碑于书院，以勉学子，为院规，后一度荒废。除建立培英书院外，阎尧熙为繁荣教育，培养人才，又在县内各村镇建义学 17 处，教授贫寒子弟读书。又作《劝民歌十四条》（见附录 2）以劝人为善，兴利除弊，风气为之丕变。县志 20 多年无续修，尧熙备以车马之资，遣人续补，为藁城人民留下宝贵的历史资料。[4]县学及书院只有地方官吏和富豪子弟方能入学，贫民庶子是可望而不可及的。学习内容主要是儒家的经典著作《四书》《五经》。各学子潜心攻书学儒，应科举以求仕途。县内科第，代不乏人。计有进士 50 人，其中武进士 21 人(武状元 1 人)。举人 192 人，其中武举 115 人。[5]

培英书院后曾一度荒废。康熙三十七年，知县赖于宣重修。[6]咸丰八年(1858 年)，知县陈载复建，改名"溥阳书院"，并发商制钱 20 文，岁取其息，延师课士。之后，继任者皆捐资作经费，择师教授其间。同治年间(1862—1874 年)废。光绪年间，院碑尚存，而校舍倾圮，书院废弃。[7]

天台霁月

(清)阎尧熙

闻道清流境，村南梵刹开。
无能采月窟，何事说天台。
老佛真成幻，神仙莫浪猜。
劝人趋道义，书院读书来。

培英书院

(清)武承谟

惰农鲜成业，庸官多废事。
兼为惜费谋，往往失大计。
快哉涞阳公，经营甚关系。
匝月书院成，敏决竖新制。
明作真有功，因循信无济。
教化至今日，十官九不议。
殷勤振斯文，高雅脱俗吏。
或曰先儒云，书院讲学地。
研穷惟伦理，辨别先义利。
白鹿或岳麓，风规罕能继。
迒无达观者，阿谁晓厥意。

帖括障双眸，粉华引儇媚。

诗书为嚆矢，语言杂梦呓。

龌龊久成习，靡靡自暴弃。

颓俗何由挽，实学难激励。

予曰殊不然，人心本来智。

但患文翁少，岂忧蜀难治。

十室忠信有，学识从何志。

武健犹开国，王董皆精锐。

前明石与张，功业显名位。

孰非九门人，兴起总由自。

开豁其胸襟，天壤任掉臂。

况乎孔颜乐，当时随所致。

经籍陶性情，默庵有兄弟。

潇洒更出群，俯仰无怍愧。

兹事岂幽渺，返躬即实际。

张子东西铭，针砭醒人醉。

今日辟讲堂，期与开蒙蔽。

涞阳为予言，此中有次第。

将浚性灵源，先除敝帚祟。

庶几韩昌黎，因文造道义。

选择贤哲师，召集聪明类。

今朝读书好，知新化旧滞。

明朝作好文，精心藏浩气。

英才堪乐育，惇典非微细。

门庭大字书，予也喜为记。

诸生幸勉旃，无负公之惠。

若有苏天爵，续作人中瑞。

《书院劝学十则》[8]

(清)阎尧熙

一曰立志。人为万物之灵,士负三才之任。一身皮骨,岂是容易生成?百岁光阴,可惜因循断送。自暴自弃,何忍甘心?希圣希贤,总有奋志。孔子叹幸免,孟子劝有为,吾愿为士者,不以贫贱为羞,而以豪杰自许。

二曰修德。子臣弟友,人伦之大,孝悌忠信,百行之根。富贵为轻,道义为重。文艺居后,器识居先。诐淫邪遁之辞,勿出诸口;酒色财气之病,莫染其身。故君子有九思,而圣人严三戒。吾愿为士者除俯仰之愧怍,免千人之怨尤。

三曰读书。为学莫先于穷理,穷理必在乎读书。圣人万语千言,何等详切?才士一知半解,未许矜夸。俗恶之文,定当束之高阁;精微之理,急须研以深心。莫空钻而学蠹鱼,莫妄想而飞鸿鹄。吾愿为士者,熟玩考亭近思录,细用程子格物功。

四曰审问。寻师访友,非徒骛乎声名;会文辅仁,端有资于讲习。有疑必问,有问必详,期于自知,贵乎不耻。况大舜好察卑迩,而颜子自觉虚无。缅彼圣贤;犹殷勤而乐善。矧我庸众,可怠忽以遗羞。吾愿为士者,求有道之君子,存就正之谦怀。

五曰存心。视见听闻,必心之常在;操存舍亡,惟我之自由。故为大本,而敬乃专功。有主则虚,庶无昏于明鉴;能止则定,又何虑乎翻车?此学问之根源,实事物之纲领。彼未能把捉者,随处差错;而不讲涵养者,百虑纷纭。吾愿为士者,速究艮背名义,冈疏直内功夫。

六曰开怀。心大则百物皆通,心小则百物皆病。拘泥者无形之桎梏,狭隘者不系之牢笼。眼开天地之间,量包古今之大,斯动静无滞,而物我可忘。试思鱼跃鸢飞,何等境界?再观吟风弄月,恁样胸襟。吾愿为士者,广大宽平,流行活泼。

七日勤学。今日不学待来日，今年不学待来年，人生少壮能几时？呜呼老矣，是谁之愆？若复迟疑，须用当头一棒；苟能知觉，得毋汗下通身？吾愿为士者，勿以老而自颓，徒锁愁眉悲白首；勿以壮而自恃，空谈闲话负青春。

八日改过。讳疾而忌医，必致灭身之祸；悔恶而迁善，乃无从逆之凶。虞廷之刑怙终，仁心至切。季路之喜闻过，令誉无穷。从一念上回阳，何愁灾不变福，于五更头猛省；即时鬼转为人。学校内固多美才，秀才家不无过举。吾愿为士者，勿狃习俗而不化，须革前愆以自新。

九日应举。舍帖括无进身之阶；必改举业；以科第为觅利之路，实坏人心。故伊川有夺志之言，而晦翁无罢举之意。薛文清解额，仍然道德名儒；王龟龄状头，不碍刚方君子。惟在立心于正路，不徒役志于纷华。吾愿为士者，精以为文，勤于学理。

十日作文。文须百炼，病有几般：无理则蒙，无法则乱，无笔则俗，无辞则枯。读前辈之名篇，谁无高论？奏当场之末技，多是浮言。由于书中大头脑，精意思都欠领会，而于文之妙机关，其神骨未必明通。是以珠玉动见瑕疵，锦绣不成片段。吾愿为士者，频读讲义，遍看评文。

以上十条，姑举大略。然于本末、邪正、高下之说，亦已明白。诸生知此者，一番提起，更当勉励，不知者忽然警省，自将鼓舞而前矣。惟望不以吾言为迂阔，人人寻思推究，于此中觅一条上进路头；将来成己成物，扬名显亲，光耀无穷，是何等快事！今莅书院，倦倦为此，万勿轻忽，幸甚。

《劝民歌十四条》[9]

（清）阎尧熙

一、孝父母

第一孝当先，父母恩重如天，殷勤奉养方为善，妻言听一边，亲言放一边，缘何忤逆爹娘面。想当年，怀中抱乳，谁为你熬煎。

二、和兄弟

手足要谐和，爱我弟，敬我哥，亲亲骨肉休残破。争财要怎么，争强要怎么，算来都是家门祸。息风波，张公百忍，莫听妇人唆。

三、睦乡里

最好是乡邻，莫妒富，莫欺贫，和颜悦色，相亲敬爱。咱有人助，助咱有人，家庭内外都通顺。为何因一朝小忿，反眼又翻唇。

四、警酗殴

常常撒酒风，胆子大，性儿凶，片言不合兵戈动。不管西东，不辨青红，纷纷斗殴成争讼。到其终，伤人偿命，后悔一场空。

五、戒赌博

赌博是顽徒，弃正路，入迷途，身家性命全不顾。人品被你污，田园任你输，父兄妻子俱瞋怒。好胡涂，行凶上盗，祸害更何如。

六、重生命

劝尔莫轻生，些小事便不平，猛然忿恨伤身命。男非善行，女无令名，当官图赖全无用。且平情，闲言闲气，何必苦相争。

七、禁赶庙

妇女要端庄，整上衣，着下裳，庵观寺庙休闲荡。女工在房，农工在场，勤劳俭朴多欢畅。细思量，居家贤孝，何用远烧香。

八、禁唱戏

唱戏把人迷，胡吵闹，乱奔驰，公然正务无回避。男人醉痴，女人笑嬉，丢财失业多生事。恨无知，伤风败俗，亵渎慢神祇。

九、远邪教

邪教惑愚民，贼和尚，妖道人，每常惯摆迷魂阵。假名敬神，专心骗银，任他勾引偏相信。梦昏昏，看经念佛，坏了好人身。

十、勤力作

勤力是生涯，喜枕席，懒锄钯，田荒饥饿毫无怕。空口舌，怎夸虚，面皮怎遮，任伊百计居人下。莫咨嗟，回头一转，劳苦便成家。

十一、多积蓄

积粟是良方，少粜卖，谨收藏，眼前花费休流浪。新禾满场，陈谷满仓，儿孙饱暖多兴旺。遇年荒，从容度日，阖户免灾殃。

十二、教儿孙

教子在婴孩，好花苗，着意栽。偏偏爱子不惩诫，由他卖乖，由他惹灾，诸般把戏多奇怪。到后来，辱身败产，宗祖眼难开。

十三、贵读书

本分做农夫，家有余，学读书，须投明白好师傅。功也在此途，名也在此途，一朝便把云梯步。幸何如，荣宗耀祖，忠孝显皇都。

十四、慎立嗣

义子乱伦常，刘冒李，王冒张，家家做下胡团帐。听了婆娘，撇了亲房，后来争闹不成样。更难当，奸淫拐盗，出丑到公堂。

征引文献：

嘉庆《藁城县志》卷十二，民国二十三年铅印本。

光绪《畿辅通志》卷一一五，《续修四库全书》本。

民国《续修藁城县志》卷二，民国刊本。

◎参考文献：

[1][7][8]张中义主编，藁城市教育志编纂委员会编.藁城教育志[M].石家庄：河北人民出版社，2002：54，514.

[2]吴洪成.中国古代学校教材史论[M].保定：河北大学出版社，2016：248.

[3][4][5]藁城市地方志编纂委员会编.藁城县志[M].北京：中国大百科全书出版社，1994：395，567.

[6]林翰儒.蒿城县志(1-2)[M].台北：成文出版社，1968：991.

[9]邓洪波.中国书院学规集成(第1卷)[M].上海：中西书局，2011：17-18.

滹南书院

滹南始建于明嘉靖十三年（1534年），位于县治东北隅（今藁城中学

处)。清光绪十七年(1891 年)县知事文濂,就兴国寺旷地劝捐建置,造屋
41 间,邀请师资,讲学其中。光绪三十一年(1905 年)废。古代藁城之县
学设教谕、训导,主掌延师课士、教诲生员;清末溿南书院则由院长(山
长)主持行政兼教务。地方村塾设学董,负责聘请塾师,筹集办学资金,
兼管学校政务。[1]在当时,书院主要是准备科举考试而学习的地方。古代
书院最主要的特点是由知名学者讲学,采用个别钻研、相互问答、集众讲
学相结合的教学方法,以研习儒家经籍为主,有时也议论时政。[2]

　　书院的课程设置是按分年法,古代分为四个阶段,到了元代后分为三
个阶段,藁城的书院均分为三个阶段设置课程:第一阶段为五至十五岁,
是通读阶段,主要课程有《小学》"四书""五经"《周礼》《太极》《通书》《西
铭》《性理》《资治通鉴纲目》以及古诗、古文等。第二阶段为十五岁至二十
五岁,是讲贯阶段,仍继续深读"四书""五经"《周礼》《性理》《资治通鉴纲
目》并增加有关本朝事实、本朝典礼、本朝律令以及《文献通考》《大学衍
义》《大学衍义补》等涉及实务内容,同时还增加有关天文地理、农田水利、
兵事兵法、古文古诗等方面基本知识。第三阶段为涉猎阶段,仍继续深入
钻研"四书""五经"《周礼》,增加二十一史、本朝实录、典礼律令以及诸
子百家关于经世致用、天文地理、农田水利、诗词古文等方面书籍。[3]

　　清末,藁城县的"溿南书院"改为"第一高级小学堂"。当时藁城学堂的
课程设置是:初等小学堂收七岁(即满六岁)儿童,必修课有八门:修身、
读经讲经、中国文学、算术、历史、地理、格致、体操。随意科有两门:
图画、手工。每周上课三十小时。高等小学堂招收初等小学堂毕业生,必
修课有九门:修身、读经讲经、中国文学、算术、中国历史、地理、格
致、图画、体操。随意科可视各地情形加设手工、商业、农业等。每周上
三十六小时课,教学方法基本与初等小学堂相同。[4]

　　1905 年,李树春在溿南书院旧址(今藁城一中处)创办了藁城县第一高
级小学。清宣统元年添筑东西斋舍、讲堂、楼房 41 间,后又增筑房舍 49
间,俨然一座建筑别致、环境清雅的新式学堂。这一时期的私塾、义学多
以祠堂、庙宇、民宅作校舍,房舍简陋。[5]时有校长 1 人,教员 10 人,庶

务 1 人，学生 300 人。[6][7]李树春（1864—1939 年），字渭泉，藁城表灵村人，出身书香门第，清光绪年间秀才。青年时期正义好舍，胸怀教育救国之志。清末先后出任滹南书院教习、乡里学塾教师。光绪三十三年（1907 年）任高等小学总校董，后任县劝学所所长。民国六年（1917 年）创办女子乡村师范学校，并于校内附设女子完小和幼稚园。属省内先例之举。[8]

书院只有地方官吏和富家子弟方可入学，而贫民庶子却是可望而不可即的。学习内容依然是以儒家学派的经典著作为主，比如四书五经等，为了实现中科举而入仕途的人生规划，学子们于书院勤勉研习，潜心攻儒。以期有朝一日能金榜题名，门楣生辉，光宗耀祖。受其驱使，该县科第，用"代不乏人"来描述都不为过，据记载，有进士 50 名，其中武进士 21 名，这其中又有武状元 1 名。举人 192 名，其中武举人 115 名，可见该县文风之盛。科举中试应是教育与人才培养的重要指标，人才辈出固然不仅是书院的单因素结果，但称其为重要关联当不为过，而且武举及第人数之众，当能反映出该县官私学或者书院是极为崇尚武学的。

◎ **参考文献：**

[1][5][6][7]张中义主编，藁城市教育志编纂委员会编．藁城教育志[M]．石家庄：河北人民出版社，2002：447，390，158，103，468.

[2][3][4]李政，黄书侃，赵俊义，成申茂．滹沱春秋[M]．石家庄：河北人民出版社，2014：311-312.

[8]藁城市地方志编纂委员会编．藁城县志[M]．北京：中国大百科全书出版社，1994：571.

（八）赞皇县

复初书院

乾隆十六年（1751 年），知县黄岗竹在县文昌阁旧基捐资创立复初书院，县学始迁于书院。[1]为县办民助性质的学校，[2]书院占地南北15丈5尺，东西10丈2尺，书院内有东西厢房、耳房共6处。[3]

县署为书院置官山出租以供书院费用。生员在县学常年学习，以准备科举。廪生20名，增生20名，科试进取15名。清末，科举制度取消，县学废止。[4]书院"仍建文昌阁，东西厢为书室四处，就前壁为半亭，亭北方池，可种莲，西南隅凿井，引泉入池，使水不竭，更垣其四方，植以花木，延师课读其中。适有龙谭社入官地三十余亩，岁可得租二十余担。又约各绅，置地三十亩余，不惟以岁息之，亦足以资来学膏火。"碑高1.8米，宽0.65米，厚0.19米。清光绪十九年(1893年)立。赞皇县知县卢靖撰文，廪生范应松书丹并题额。碑正文记载了藏书之来历和意义，碑阴记载了书目与卷数。[5]"此后知县萧蔚源、觉罗锡岭、恩泰各有修葺，并立重修碑记。其中清人黄岗竹著《赞皇新建复初书院碑记》收入光绪《畿辅通志》卷9下"艺文志"，恩泰著《重修复初书院文昌阁碑记》收入光绪《赞皇县志》卷25"艺文志"。乾隆十六年(1751年)七月，知县黄岗竹、教谕鹿承祖、邑人进士郑其仁等重修《赞皇县志》，并印刷成书。[6]光绪十六年(1890年)县令卢靖捐资购书万卷藏于文昌阁复初书院。[7]

看来，复初书院办学经费来源渠道较多，官绅捐助所占比例很大，为书院办学常规教育活动及办学质量提供了充分的保障。书院经费由历任劝捐筹款，共得成本大钱八百千，存盐店，按月一分五厘生息。光绪元年，又得官山租价大钱二百千，分存盐、当二年，又得前署县虞溶捐廉钱四十千，亦存盐店，月息均系一分五厘。三项合计，岁收息钱一百八十七千二百文。自二月起至十一月止，分九课奖给生童膏火并卷资杂费，余息补山长修金。[8]书院田租共地一项四十一亩六分，岁收租谷二十石零九斗。同治十三年，知县史赓云又置地十亩，岁收租谷一石。两项抵送每年山长束脩十千文。如有不敷，仍于经费项下拨补。[9]

乾隆六十年(1796年)，县府划定黄沙岭、段岭口、虎寨口、纸糊套四处官山归复初书院所有。用以出租生息，作为书院经费。[10]"书院官山四处，田地一项四十一亩，每岁山租地租并捐资发商生息，作为膏火经费。"

现自同治二年起，以二十年为限，租价足钱三百四十千文。[11]学田制作为校产种类不限于田地，也包括山丘、湖泊、林木等财产资源，只不过中国以农耕立国，田地更为普遍而已。但复初书院办院物质基础已有山林，这种情况在以辽阔大平原为地形总体风貌的直隶省而言，也是很少见的。可知，复初书院经费来源包括：政府向绅商劝捐，山丘作为校产出租以及官员认捐。从交易资产支付方式来看，不是实物，而主要是货币形式，更具有商业流通、资本投资经营的特点。[12]

《赞皇新建复初书院碑记》

（清）黄岗竹

方今正学昌明，所在多建书院。而赞为正定属邑，官斯土者，何可仍其久为缺典。故自下车以来，即以此谋之同官王尉，而度地，遽未能得。嗣而，定兴鹿公、承德齐公以次来秉邑铎，更惓惓以为言。已乃得地于文昌阁，垣其四面，而敞之以门，既因阁之修，辟其东为讲堂，而更翼以两厢四间，其隙地之在前者，则辇石砌以为亭，亦凿泉引以为池。于是，仰而鸢飞，俯而鱼跃，日与天光云影徘徊，而藏修游息于其中者，方日就月将，从容以图，各复其初。

盖自古惟圣人为能于其初不失，下此即亚圣人，如颜子，而其所以能优入圣域也，其得力亦正在复。程子传《易》，至复初爻而取"不远之复"以况颜子，洵千载下知己也。顾或犹以箪食瓢饮，其学不出陋巷，不知其为邦一问，已隐隐自命为王佐才。夫儒者，尧、舜君民，事功原无所加，于皆备之初，要惟于其初之受蔽，常战胜过，而有以大乎天下之归，然后能本其初之独觉直担，当来而有以任乎天下之重，不然，志伊尹之所志，而不能学颜渊之所学。纵勋业烂然，而非从性初中根柢而出，此管、晏之所以见黜于孟子者。以其非学之正也。故余于斯书院之成，而本朱子第一义注疏，为额其门曰"复初"。

此一役也，经始于丁卯季秋，历今己巳仲秋，盖两期其岁之月。

所费金三百有奇，实权舆于诸生各捐廪禄一季，而一时踊跃乐助，多自十金以上，少至百钱而止，法得悉书。至于官斯土者，本节省之余，以补不足，悉皆以斯邑之财，完斯邑之事，又何书焉？然以从前千百年缺典，而得借同官及多士之力，相与庆书院之成也，不可不记。[13]

重修复初书院文昌阁碑记

(清)恩泰

文昌六星各有所主，州县祀之，而妥之以庙。曰"阁"，则取其高朗，于培植文风之义居多。况赞皇之文昌阁，即赞皇之书院所在，则阁之有时而坏，坏而何以修之？守土者尤当加意焉。

同治七年，余承乏兹邑。下车阅邑乘，知赞皇先无书院，自乾隆辛未年，大令卢陵黄公，因文昌阁之基址高旷，又居邑之巽地，宜书院，乃设立讲堂，翼以两厢。为多士渊源所共接，实斯邑风水所攸关。自时厥后，屡经修葺，近又多残缺之处，甚至阁之后山及屋宇垣墙悉为淫雨所坏。余睹之神伤，因慨然于风水之说，遂倡议劝捐，撤底重修，略加高广，以培风水。而邑人士闻之，莫不踊跃乐输，共襄盛举。此固天心所默眷，亦守土者所有事也。因命诸首事，于同治十一年正月毅然兴工，阅五月而工竣。自此，飞阁岧峣，现出五云瑞彩；层楼矗立，快蹑九仞阶梯。虽未敢谓作人盛举，而区区造就苦心，亦足为邑人士抗志远希之一助耳。爰述颠末，勒石记之，以告后之宰斯土者。[14]

◎ **参考文献：**

[1][3][4][5][6][7]甄民一主编，河北省赞皇县地方志编纂委员会编．赞皇县志 [M]．北京：方志出版社，1998：482，271，482，529，20，23.

[2][10]中国人民政治协商会议河北省赞皇县委员会文史资料委员会编．赞皇文史资

料(第 5 辑)[A]. 石家庄：赞皇县文史资料委员会，2005：300.

[8][9][11]赞皇旧志整理小组. 赞皇旧志集成[M]. 石家庄：河北人民出版社，2016：
  835，836.

[12]吴洪成，刘园园，王蓉，刘达. 河北书院史研究[M]. 保定：河北大学出版社，
  2014：264.

[13][14]赞皇旧志整理小组. 赞皇旧志集成[M]. 石家庄：河北人民出版社，2016：
  280，421.

（九）栾城县

龙岗书院

清康熙二十二年(1683 年)，知县王珙在城内西南隅创立龙岗书院。乾隆三十年(1765 年)倾圮，乾隆三十三年(1768 年)知县李方茂重修。嘉庆年间又圮，主要原因是当时没有设置岁修之款。于是议定岁修经费，责令书院董事每月查看一次，遇有渗漏剥落处所，禀请县学验明，随时粘补，以期永远不朽，岁修之费大钱 20000 文，合银四两。[1]嘉庆年间，南宫县邑人捐地 40 亩，租钱 8320 文，合银六两，以备岁修之资。[2]道光十四年(1834 年)知县王大猷重修，十六年(1836 年)知县桂超万劝捐，规定书院规章制度 20 条，建立书院管理制度、童生纪律、考试制度、财务制度以及书院维修规程等，至此书院规模已定。[3]书院的建筑群完整，龙岗书院大门北侧立有"眉山发迹"四字石刻古碑一通，隶书，字大盈尺，系崇祯戊寅(1638 年)，中州范志宪书，此碑是为纪念栾城故人唐代宰相、文学家苏味道而立。二门内，迎门有木牌坊一座，上书"鹿洞遗风"四个金光闪闪的大字。院内古槐数株。[4]计有大门 3 间，二门 3 间，讲堂 5 间，左右厢房 10 间，后院上房 5 间，左右厢房 6 间，护院人住房及厨房共 3 间，照壁 2 座，牌坊 1 座，又后义学 3 间，门楼 1 座。其中后院上房 5 间，为山长住房；左右厢房 6 间，同二门 2 间，堂下左右厢房 10 间，皆为在院生童肄业

之所。

龙岗书院为县署管理的官立教育机构,书院建立董事会制度,设总理1人,董事4人,以襄助山长教育管理,期冀取得更好的教育效果。这种情况在古代书院教育管理的民主化进程中颇有意义,表明该书院规模较大,制度化水平较为成熟。董事职责重在襄助经费管理、院长选聘等院务,同时也享受书院给予的一定薪酬。史载:"书院董事,以前俱自备资斧,以后若不议给薪水,恐难为继。今议四董事每岁轮流二人,在院常川照料,经理租谷银钱等项,各给薪水大钱十千文,计岁需大钱二十千文。如有要事,仍合四人公商。年终算账,即于算账之日,接办下年事务。其有事故外出等事,由绅者选举家道殷实正直可靠之人顶补。"

书院内附属义学,以标明政府也将义学作为公共教育一部分予以重视,程度、水平及学生对象不同于书院,而添置其中,是否寓有教育资源的部分共享以及教育力量的同源共存,从而发挥出更大的教育效力的意思呢?据文献所载:"书院后身,移建义学一所,内有县属小州村西义学田六十亩,仍归义学。即在肄业生员内,拣选品端学优者一人为师,以此地租大钱三十千文作为脩金,由书院董事按季支送。其学生限十名为止,著董事查明,实系无力以师者,方准送入。"看来义学与书院有多方密切联系,只是未见其升级关系,从而与欧洲工业化时期产生,由捷克大教育家、近代教育学理论奠基者夸美纽斯提出的学制系统及其学年升级制思想有所差别,这也恰是古代学校教育与近现代学校教育有根本分歧之特质所在。

龙岗书院的办学经费主要源于官府拨给的学田、村捐地亩、各方士绅捐赠的银钱。道光十六年(1836年),"书院旧有捐存地亩五百四十六亩,地多瘠薄,每年招佃输租钱一百四十六千八百五十文,内除完量钱四千文,又岁给四礼生大钱十六千文,此项历久相沿,应仍旧支给,书院实得膏火地租一百二十六千八百五十文。据清同治版本《栾城县志》记载,道光十六年书院有田地八百八十五亩二分六厘,有铺房八处。田地分布在田家庄、小周、故意、夏凉、南五里铺、南牛村、焦家庄、梅家村、北关、冶河、东留营等二十五个村庄；铺房座落在城内东街路东两处，路西六处。年收入的地租、房租[5]由本县催征，随征随发，交各董事具领支销，做为山长、讲师酬金和生童膏火补贴及课试、岁试经费、房屋小修等。年终算报，以归核实。董事会管理书院并负责聘请山长、讲师等。[6]又现在以续捐大钱三千文，发商生息，按月一分生息，岁得利息大钱三百六十千文，按季交董事支销。又铺房三所，得房租大钱二百一十千文，董事按月取用。年终算报，以归符实。"由此可知，龙岗书院经费筹集多样、丰富的特征以及程序规范、条理清晰的管理模式。董事在经费收入支出及核算过程等经费运行管理中，实居有重要地位，反映了清代中后期地方官办书院的成熟及规章化运营水平。

龙岗书院的行政管理设置山长(院长)1人，主持院务，监院2人，讲师若干。山长俗称院长，主持书院教务，是主讲人。[7]由知县会同董事会，选聘饱学儒士，并且"科甲出身，学行素著，诗文兼长者"充任，县官"不得曲徇荐托"。而出任山长者，必须"在院训迪，按月课试"。县学教官为监院，讲学先生则由山长延聘，学生均为县内立志进学的童生。书院招收对象是乡村中私塾的生童。凡经本省各级学政考试合格者，给以生员的称号(俗称秀才)，方可进入书院进修。生员学习以独立钻研自学为主，山长、讲师辅导释疑为辅。每月进行官课、散课各一次。官课集中在书院内答案，散课领卷自答次日交卷。生员的考试须受地方学政的监督。每届乡试(考举人)前，各省学政对生童进行岁试，合格者才能赴省城参加乡试。[8]书院学年规程计划安排2月开课，11月散馆。每月4课，初二、十七两日专试贴，称作"正课"，只在院肄业者与考，前列者给予奖赏。初九、廿四两日或论辩、经解、策赋，不拘一格，称作"散课"；院外生童皆得与考，但无奖赏。

龙岗书院的章程条理清晰，规模宏大，事无巨细，该章程从书院的课程安排、教师及管理人员俸禄数目、生童的管理、请假制度尤其是经费的来源和支出等方面详细介绍了龙岗书院的教学研究与管理以及治院资金的分配运作模式，对生童的管理方面，据下录《龙岗书院章程》规定："书院为教育人材之地，理宜整齐清肃，肄业生童如有无故出院闲游，不勤攻读，呼朋引类，来往喧谈，山长同监院严加训斥。不遵约束者，一次戒饬，二次逐出。或有酗酒废荡，好讼滋事，有乖行止者，立行逐出，以昭儆戒。"这样的规定对书院教学环境的净化起着至关重要的作用。在经费收支方面，书院规定"两学监院，应送薪水，每学每节送大钱四千文，三节岁需大钱二十四千文"，"每年支销经费，总理董事于年终算账，定于十二月初二日齐集书院，核实开造四柱细册，呈送本县核销存案备查"。在书院的课程设置方面，书院也做了详细的描述"每月初二日官课一次，十七日馆课一次，作为正课，在院扁试，专试制艺试贴"。

总之，龙岗书院的章程既为书院研究者们带来了宏观和整体上的把握和视野，也从微观着手，让研究者对古代书院内部的资金结构、运作方式等方面也有了详细的了解，此为研究者之大幸也。书院内有碑碣三：清康熙二十二年"创建龙岗书院碑"，在书院讲堂西，获录魏双凤撰文，邑人李一鸾书丹；乾隆三十三年"重修龙岗书院碑"，在书院牌坊西，知县李方茂撰文，癸酉科举人张应玺篆额，贾溪书丹；道光十八年"重修龙岗书院碑"，在院牌坊东，知县桂超万丹盟甫撰文并书丹，邑人王建中篆额并书碑阴。[9]除此之外，清人魏双凤撰《龙岗书院碑》，载康熙《栾城县志》卷3"艺文志"；张孝时撰《龙岗书院课文记》，载道光《栾城县志》卷3"书院志"；李方茂撰《龙岗书院碑》，载同治《栾城县志》卷14"碑碣志"；桂万超撰《龙岗书院碑》，载光绪《畿辅通志》卷115"学校志"。下附《龙岗书院章程》以及《创建龙岗书院碑》。

《龙岗书院章程》

清道光十七年（1837年）

一、书院房舍，系生童肄业之所，不得徇情借住，以致损毁房舍，有妨功课。一切器皿，亦不得擅借出院，致有损失。

二、延请山长，每岁九月间，由总理及董事会同邑绅公择科甲出身、学行素著、诗文兼长者，以为多士矜式，择定后禀明本县，具关敦请。仍旧留请者，亦于八九月禀明订定。总须在院训迪，按月课试，庶于士风能有裨益，本县不得曲徇荐托，致书院徒有虚名。每年致送山长脩金一百二十两，膳金八十两，共银二百两，现计合钱三百千文，按季致送。

三、书院每年二月初二日开课。先期由县出示晓谕，生童赴礼房报名卷备。至期齐集书院，听候本县扁试。生监取在前十二名，每名月给籥火大钱五百文。每月籥火，以初二日官课为定。每年除正腊不课外，以十个月支销，岁需籥火大钱一百三十六千文。其余附课，俱无籥火。

四、每月初二日官课一次，十七日馆课一次，作为正课，在院扁试，专试制艺试帖。初九日、二十四日两日散课二次，一由本县出题，一由山长出题，一文外，或论辩经解策赋，不拘一体。其不在院肄业者，准其领卷出院，限次日交卷。正课二次，赴课生童，每名给饭食大钱四十文。每课应试生童五六十名至百人不等，约岁需饭食大钱六七十千文。每月馆课，超取生童奖赏二千文，岁需二十千文。官课奖赏，应本县自备。散课无奖赏。

五、三节每节致送山长节礼大钱六千文。每月正课二次，每次山长监院合董事酒席大钱一千文，开馆散馆酒席共四千文，岁需大钱四十二千文。又初延山长致送聘金四两，次年留请，不送聘金。

六、两学监院，应送薪水，每学每节送大钱四千文，三节岁需大钱二十四千文。

七、看守书院一人，常川伺候，每年工食大钱十千文。

八、官课、馆课试卷名册榜纸，均有礼房备办，岁给纸价大钱二十千文。

九、书院旧有存捐地亩五顷四十六亩，地多瘠薄，每年招佃输租一百四十六千八百五十文，内除完粮钱四千文，又岁给四礼生大钱十六千文。此项历久相沿，应仍旧支给，书院实得籥火地租一百二十六千八百五十文。其租由本县催征，随征随发，交各董事具领支销。又现在以续捐大钱三千文发商生息，按月一分生息，岁得利息大钱三百六十千文，按季交董事支销。又铺房三所，得房租大钱二百一十千文，董事按月取用。年终算报，以归核实。

十、发商生息本银，不准官为提取，亦不准董事私取。今于发本时，取该商切结，嗣后如有官及董事提取，即行缴发。以致亏空无着者，著该商照数赔出原本，照常生息。此结除发房存卷外，并抄二纸，一移学存案，一发存董事。其各商或遇止歇更换，即令项代之商承领交息，倘有添设当典，准该商等均匀拨办，以昭公允。

十一、书院二堂五间，为山长住房。堂下东西厢房六间，用讲堂边房两间，堂下东西厢房十间，皆为在院生童肄业之所。先尽超等生童居住，如有闲房，颇就师范负笈而来者，亦准在院肄业。火食均各自备。

十二、书院为教育人材之地，理宜整齐清肃。肄业生童如有无故出院闲游，不勤攻读，呼朋引类，来往喧谈，山长同监院严加训斥。不遵约束者，一次戒饬，二次逐出。或有酗酒废荡，好讼滋事，有乖行止者，立行逐出，以昭儆戒。

十三、每年十一月课毕，散馆。平时肄业诸生，偶有事故，必须于山长处告假出院，以备稽考。凡官课既取，应给膏火，馆课不到者，罚膏火半月，两散课俱不到者，扣除四分之一。

十四、书院后身，移建义学一所，向有县属小洲村西义学田六十亩，仍归义学。即在肄业生员内，拣选品端学优者一人为师，以此地租大钱三十千文作为修金，由书院董事按季支送。其学生限十名为止，著董事查明，实系无力从师者，方准送入。

十五、书院董事四人，以前俱自备资斧，以后若不议给薪水，恐难为继。今议四董事每岁轮流二人，在院常川照料，经理租谷银钱等项，各给薪水大钱十千文，计岁需大钱二十千文。如有要事，仍合四人公商。年终算账，四人邀同总理公算，即于算账之日，接办下年事务。其有事故外出等事，由绅耆选举家道殷实正直可靠之人顶补。

十六、课期在岁科考郡院试之时，不得拘定常期。俟试毕，照常开课。其扣存经费，存公备用。

十七、每年支销经费，总理董事于年终算账，定于十二月初二日齐集书院，核实开造四柱细册，呈送本县核销存案备查。

十八、书院堂舍工程，一切什物器具，铺面房屋租数，田地坐落村庄顷数亩数租数，发商生息。存本，各项册籍，一样造具三份，一存县卷，一存儒学，一存书院，交董事收支。如有更换交接，按册点交明白，即将此册交与替人收执。

十九、龙岗书院，康熙二十二年知县王巩始建，至乾隆三十年而已记，知县李方茂修，距今七十余年，又记，以无岁修之款故也。今若不议岁修款，风雨剥蚀，历年久远，必又渐见倾圮。兹议定余钱存为岁修，责令董事每月查看一次，遇有渗漏剥落处所，禀请县学验明随时点补，以期永远不朽。岁修之费，不得过大钱二十千文。如有盈余，多则置产，少则存公，以为修补房屋添置器具之用。凡有修置，董事应禀县备案。

二十、现定章程，限于岁入之数，概从樽节。将来城乡好善之士，有随时量力捐输者，再当添增篝火，广集生童，庶士习文风，日臻上理。①

创建龙岗书院碑

(清)李一鹭

古有庠序，无书院。书院之名自宋起，曰白鹿，曰岳麓，曰睢阳，曰嵩阳，《玉海》所志海内四大书院是也。有明以来，纷然接踵，如获鹿有太行院，元氏有封龙院，新乐有壁里院，为一方教学相长设。或出自师长，或出自子弟，未必尽由长为也。间有之，不过猎虚名，循故事。求其实心实政，积于学道爱人之久，而毅然创始者，首见于栾邑王侯。侯治栾五年矣，戴星出入，教养斯人，力罔不尽。以考绩有成在即，复倦倦语人曰："百工居肆以成其事，君子学以至其道。孔、孟以仁义传，伊、周以事业著。何者非学？学之不可不讲也明甚。矍相之圃，云谷之堂，其何能一旦待哉。恭逢圣天子崇儒重道，日进翰苑，诸臣讲习讨论之四书、五经，皆著为讲义，便行直省。上接尧舜十六字心传，斯理学昌明之会也。又严斥邪说，火非圣人之书。督抚荐扬守令不列教化士子者，不详注册。为令者，何敢不讲学以自励励人？

于是，相地于署西南隅，劝翰启土，前堂后舍，豁然宏敞。阶下杂植榆槐数百株，以兆百年树人之瑞。决旬工论。栾之士张君名显、俞君允中、焦君名山、聂君其宗，时中李君郁芬、张君尔勤、王子锡、王子瑜、马子宪文、徐子应斌，感侯谊，不远数十里，命余勒石。余念侯之先尊翁为江右粮宪使，以理学文章讲学洪都，值余筮仕，新建为阳明先生食邑，亦曾讲学西昌，窃叨声气之投。侯来令栾，又与余里接壤，耳侯德政甚悉。壬戌春，奉命遣祭炎、虞二帝于衡、永间，假道于栾，得把光霁。秋日，旋复瞻循卓益，知侯始以养民者教士，耕耔之余，黑我髦士，复以教士者养民。久道之成，参诸化育，颜曰"龙岗"，以栾邑有卧龙冈，在《易·乾》之初爻曰："潜龙勿用。"其二爻曰："见龙在田，利见大人。"期栾士也。栾之士，出处不负侯命，名义庶几与四大书院南北峙起，而倦倦不忘乡桐乡之心，亦隐寓其中矣。后之继侯者，登斯堂，进栾之人而教养之。继往开来，广其思于天下。后世岂特为栾侈飞于樽俎，衍道统于逢掖已哉？

《重修龙岗书院碑》①

（清）李云茂

余筮仕来栾，急思以学为人士倡。询知龙岗讲院，建于前令王君

---

① 陈谷嘉，邓洪波．中国书院史资料（中册）［M］．杭州：浙江教育出版社，1998：943-944.

□嗣，张令孝时课文于此，为设教约，而开张有基，授餐无具。商诸学博，邑有义田若干顷，为学生所分食。示以大义各愿罢出。好义者复触赀起息，助其不逮。爰具脩脯，备廪饩，延师选士，教肄其中。

夫耘耔不继，无以成嘉禾；琢磨不继，无以显良玉；修习不继，无以美人才。栾为眉山发迹之乡。学之所以不振者，非学者之故，而兴学者莫之能继之故也。今王君、张君时有可继，设几筵，进俊乂，勤启迪，时劝戒，日久月长，而曰洨水左右数十里无忠信魁奇之士，德行道艺卓然可观以生学校光，岂理也哉？虽然，教期于有恒，学无容姑待。《记》曰："士先志。"《论语》曰："一日用力于仁，未见力不足。"列舍之众，果能蹶然奋兴，披靡之习扫除无余，而后，文运士气亦且感发而兴起，匪但此举与有荣施也。诸生其无意乎？今将举义田基址蠲施姓氏勒石，揭余经理之意而望之如此。

河北《栾城县志》卷十四 清治十一年刊本

《国朝重修龙岗书院碑》①

（清）桂起万

栾城龙岗书院，自康熙二十二年前令桐城王君创建，以邑有卧龙冈，故名。时国家藩逆初平，与民休息。王君既修并养之利，又兴学以教育之，所以培元气者甚厚。乾隆三十年间，堂舍倾颓，前令济源李君葺之。筹拨地租，得银百二十两为膏火资。以前则花甲一周，鹿鸣绝响；以后则琼林连捷，凤起腾声。为其事则有其功，不信然乎？

越今七十余年，讲舍又成茂草。道光十有四年，石门王君莅此，集董事劝捐制钱四千余缗，以二千缗筑书院，余筑市房，赁租充费，余丙申秋下车，则大工俱落成矣。以工费不敷，脩脯无办，尚未延

① 陈谷嘉，邓洪波．中国书院史资料(中册)[M]．杭州：浙江教育出版社，1998：944-945.

师课士。余先捐廉，请在籍邓刺史主讲。旋令董事劝捐，合官民复得四千余缗，以三千发商取息，其余以充脩膳，以建义学，以补工费，以置地亩。明定章程，可垂永久。遂以乐输姓氏专达于上，请叙于朝。

余闻前明邑有耆老安玉者，好善乐施，四关、虹桥皆其建造，至今以为美谈。今马明经璋捐二千缗为倡，又总理其事。郭文学翔捐千三百缗，绅士客商以次踊跃，孰谓古今不相及？又安见人之欲善不如我也？至此举之始，前学使帅公倡其议，前令王君、前学杨君定其谋。此举之终，前正定太守沈公促其成，广文殷君、石君暨杨尉分其力。其始终劝捐，任事则董事，邓生俊杰、田生士迈、王生建中、马生登霄并其劳。余特因事而利导之，其何功之与有？若夫定善后之事宜，合群才而陶铸，是余之责，所不敢辞。且夫为一事而务名不务实者，虚也；计近不计远者，疏也。

迩来书院虽设，大抵上官荐引，私人食干俸而已。久之，经费遂为不肖官绅所侵，而堂舍因之易圮。余所见闻，远近一辙。今议定：延师不徇上荐，存本不许官支。房地绘图立簿，县学书院三处分存，以防遗失。又以余款置地为岁修费，庶几俾勿坏乎？余试邑之多士，其文多俚，无经术气故也。韩子曰："士不通经，果不足用。"孟子曰："经正则庶民兴，庶民兴，斯无邪慝矣。"往时教匪蔓延，民惑邪说，兹邑颇无此习，然其渐不可不防。化导乡愚，责在士子，惟通经术明礼义者足以劝化之。此后岁有余资，其广购经籍贮之，俾多士□经以致用可也。

书院房室计三十五间，大门三间，二门三间，讲堂五间，左右厢房十间，后院上房五间，左右厢房六间，守者住房厨房三间。照壁二，牌坊一，惜字炉一。又后义学三间，门楼一，照壁一。东西北围墙五十二丈，其赁房三所，地亩若干。有分存县学书院印簿在，不具赘。桐城王君讳王巩，济源李君讳方茂。学使帅公名承瀚，黄梅人，今任通政使。太守沈公名涛，嘉兴人，今调广平府。石门王君名大猷，今调天津县。广文杨君名衔，涿州人(今山西即用县)。殷君名秉钦，天津人。石君名汝谐，永平人。杨尉名士安，常州人，前象州刺史。邓君名祥麟，时乞假家居云。

河北《栾城县志》卷十四 清同治十一年刊本

◎ **参考文献**：

[1]岁有生．清代州县经费研究[M]．郑州：大象出版社，2013：135.

[2]岁有生．清代州县经费研究[M]．郑州：大象出版社，2013：135.

[3][4][5][6][7][8][9]中国人民政治协商会议栾城县委员会．栾城县文史资料第3辑[A]．第126，127页。

(十)灵寿县

松阳书院

原为明代万历四年(1576年)所建敬业书院。清乾隆二十九年(1764年)，知县林调燮将陆公祠前院扩建为书院，置讲堂、斋舍、书室、藏库等28间房舍，名为"松阳书院"，即陆稼书先生著《松阳讲义》处也。[1]此后历有补葺修缮，至清末废科举而停办。[2]清代方志资料对此有具体记载："松阳书院，旧在聚星门左，明季毁于兵燹，乾隆二十九年，知县林调樊移建于陆公祠前，讲堂三间，耳房三间，斋舍十二间，二门楼一间，东厢房三间，临街房七间，中设大门。三十九年，知县刘启秀重修，道光二十三年，知县胡容重修。"[3]胡容修葺松阳书院时，处于书院为科举服务时期，胡容曾理直气壮地声称："宋儒立书院以待不为科举者，夫中材讲性理废文章，科第沦落，则其地鄙野不闻朝廷之政，衣冠之盛浸久，而并绝文士，甚非教也。孔子使漆雕开仕，何害科举。"于是便以举子业课生徒，使得书院诵声洋溢。[4]

经费方面，松阳书院经费未详。三十九年，黔南刘公启秀查办绝逃地亩，以资膏火。道光二十二年，衡山胡公溶拨款发商。同治五年，蒸日上之象钦！[5]

看来书院剧变，历史动荡中改朝换代，必然诉诸武力战争，摧枯拉朽，江山朝政易位的同时，不仅是田园荒芜，经济萧条，人口迁移，而且人才养育之渊薮——教育机构总是成为浩劫扫荡的对象，真可谓是"城门失火，殃及池鱼"了。清代学者章学诚在《文史通义》中称"乱世则学校不修也"。但是，教育是永恒的事业，包括书院在内的古代教育机构又在新王朝下复苏或重建以后，以不同面貌或方式出现，亦可谓是"野火烧不尽，春风吹又生"，生生不息、天道恒毅的象征了。书院的新旧继承性，可见一斑。但笔者于此又生发臆想，假如连绵战火能避开教育机构，是否更有文化传统的承续性、育人的一贯性，以至节减社会的经济、产业资源及劳力支出呢？灵寿县县书院历明、清两代，它和县学相辅相承，为诸生习业进取提供了许多方便。尤其清康熙中期之后，不少知县、学官受到陆陇其勤政重教而为人称颂的启示和影响，经常亲赴书院为诸生授业；县内一些饱学之士(如引退知府马曾鲁等)亦不断前去讲学。[6]因而书院的开办为发展县内教育起到了良好表率或旗帜作用。

综上可以看出松阳书院的发展与官府的支持是密不可分的，但其关键因素还是书院本身所散发出来的勤勉乐学的精神，是当时康乾盛世之文化领域的重要组成部分，在当时特殊的历史转型期，在清王朝逐步走向盛世的前夕，松阳书院以及类似的教育机构的兴起，也从侧面体现了当时的社会、思想、文化、教育以及社会风气等意识领域积极进取的信念。

◎ **参考文献：**

[1]中国社会科学院近代史研究所《近代史资料》编译室主编．太平军北伐资料选编[M]．北京：知识产权出版社，2013：286.

[2]灵寿县地方志编辑委员会．灵寿县志[M]．北京：新华出版社，1993：594.

[3](清)刘素年增纂．(同治)续灵寿县志·卷2"馆舍志"[M]．台北：成文出版社，同治十二年刻本.

[4]丁钢，刘琪．书院与中国文化[M]．上海：上海教育出版社，1992：95．

[5]政协灵寿县委员会编．灵寿傅氏文化遗产略览[M]．石家庄：河北人民出版社，
2007：226．

[6]灵寿县地方志编纂委员会．灵寿县志[M]．北京：新华出版社，1993：595．

(十一) 平山县

天桂书院

乾隆三十八年(1773年)知县员家驹捐俸，在学宫东按察院旧址创建天桂书院。有正房5间，厢房东西各1间，讲堂3间，斋房4间，厨房8间，大门二门4间，共25间房，聘请名师于书院设帐讲学。另外在书院西北设蒙学1所，为书院附属。[1]文庙西侧的西学署和东侧的东学署(天桂书院)是附属于文庙的教育机构。东学署建有戏楼、牌坊、文昌宫、乡贤祠、启圣祠、天桂书院等。可惜这些建筑在历史变迁中年久失修，逐渐圮毁。中华人民共和国成立时，文庙仅存大成殿、戟门、东西配殿、宰牲房。西学署殿堂于民国年间或被拆毁，或被改建，已非原貌。东学署建筑亦于中华人民共和国成立前夕，遭破坏，面目全非。[2]

嘉庆六年(1801年)，知县李东垣酌增书院膏火经费，使学生数额由8名增至30名。道光十九年(1839年)，知州周荣鼎重修，内有园地1亩3分3厘，井一眼。咸丰三年(1853年)知县王涤心复订月课章程，实行考课，并躬亲讲演，以示训诲。又捐购《十三经注疏》《廿四史》《百子全书》《子史经华》等书41种储存，"鸿编巨制，藏诸满架"。光绪十五年(1889年)，知县石昆山购备书籍器具，整饬规条，酌易章程。光绪二十七年(1901年)改为小学堂。

天桂书院坐落于平山县县城，该县是太行山南麓的山区县，与山西省接壤。命名天桂书院，并非无源之水，实是该县除了中国共产党于解放战争时期震惊中外的三大战役指挥中心西柏坡之外，尚有一处历史悠久的名

胜——天桂山。

天桂山位于石家庄市西 100 千米处，是国家 4A 级景区，面积达 60 平方千米。风景区由青龙观中心景区和玄武峰、望海峰、银河洞、翠屏山等八个景区组成。景区内山势雄伟，山形秀丽。树木花草繁茂，时有云雾缠绕。山上山下，泉山遍布。青龙观道院，始建于明末，原本为崇祯皇帝的归隐行宫。李自成攻进北京后，崇祯帝在绝望与无奈中吊死煤山（今北京北海畔之景山公园内）。当时主修行宫的太监林重华出家为道，法号清德，改行宫为青龙观道院。后来发展成为北方著名的道教圣地，有"北武当"之称。真武殿、苍岩宫、魁星阁等古建筑，均建于绝壁断崖之上，布局精美，气势恢弘。天桂山为典型的岩溶地貌，融山泉林洞于一体，集雄险奇于一身，有"北方桂林"之称，是太行山著名的游览胜地。[3] 从天桂书院发展史来看，书院的官学化程度很高，套用常说的行话，书院与官学几无差别，是官学的别称，也是有道理的。而且，地方政府除了仿效地方官学的章程加强书院师生活动的监控之外，十分重视通过物质资源，尤其是经费、设备的投入，一方面保障书院教育的有序开展，另一方面，则是政府控制、干预书院的手段，使得书院办学更能符合封建社会政治及道德伦理的现实利益。

清代的王涤心曾经担任平山的知县，王涤心修定书院月课章程，躬亲讲演[4]，在任期间对书院的生童们鼓励有加，有词《少年游·示天桂书院生童四阙（其四）》为证："严师讲授须心领，攻错借良朋。出作名臣，处为人望，此内岂无惩。"[王涤心修，郭承先纂（咸丰）（平山县志》卷 8"艺文志"收入清代员家驹《建立天桂书院碑记》、李车垣《酌增书院膏火乡会宾兴条约碑记》。]

建立天桂书院碑为乾隆三十八年所立，乃知县员家驹创建天桂书院，以培植人才之纪石也。二者盖与学校格式碑互相发明，兹附录于后。

建立天桂书院碑

窃大化不择地而施，至治不易人而理，莞而听弦歌，君子小人同堪学道，四时布泽诗书□乐何间春冬余一行作。吏不敢侈谈声教，而昭代右文能毋仰，效覃敷平邑山谀也，人情颇为淳朴，士子亦多秀良。时长吏之教不先，斯士民之率不谨，文行未纯功名乃室。余殊悯之，平邑旧有义学一处，而地非其地，斯学非其学。余另请善地而得黉宫之东偏，即首为捐俸又得阖邑相助，延诸生老成历练，着数人鸠工庀材。不期月而罗成，规模颇为宏敞，颜曰：天桂。敦请名师即于此西北隅，另立蒙学一区，以仿古小学之制。复为筹定期膏火酌示以课期，惟朝及夕弦诵弗辍。二年之内，士皆而雅泽，躬人胥向学恐后。将来科第蝉联，人才蔚起，朝有拔茅之征，野有弹冠之庆。而余小臣亦籍以为鼓吹休明导扬盛治之一，助云而是为序。[5]

◎ **参考文献：**

[1]平山县地方志编纂委员会．平山县志[M]．北京：中国书籍出版社，1996：680.

[2]孙万勇主编；梁勇本卷主编．石家庄通史(古代卷)[M]．石家庄：河北人民出版社，2010：585.

[3]季啸风．中国书院辞典[M]．杭州：浙江教育出版社，1996：5-6.

[4]张泊川主编，李灵巧等摄影．可爱的平山[M]．石家庄：河北教育出版社，2002：236.

[5]张林，焦遇祥．平山县志料集(全)[M]．台北：成文出版社，1976：162，163.

(十二) 无极县

圣泉书院

清同治七年(1868年)，知县李葆贞激劝捐资兴学，创办圣泉书院。院址在县城东门内路北，有讲堂号舍 30 余间。时因苦旱祷于高陵村圣井得雨，遂名"圣泉"。建院事宜尚未完备，李葆祯调知卢龙县，继任知县丁文浚续办此事。同治九年(1870 年)，由城绅人士筹款 1000 吊铜钱作办学经费，知县丁文浚拨款发商生息，又将县衙"义谷"拨归书院，接着，赎留齐洽村兴国寺地 50 亩资助调用。光绪八年(1882 年)李应培购置"二十四史""十三经"等书藏于书院东楼，知县蒋继芳复开官课，亲为训导士子。十三年，知县高楷延师开课，十四年废。光绪十八年(1892 年)，知县王扬会、府县陈札饬将积谷折价生息，自本年正月起，每年得制钱 225720 文，闰月加息，拨归书院，按季支领作为经费。年终结账造册，上报县署以备核查，成为定制，历年沿用。[1](关于书院的创修，在河北《无极县志》卷二有详细介绍，见附录《圣泉书院介绍》)

李葆祯还亲手订立书院条规，规范讲学行为。[2]内容涉及课程设置、教师选聘、经费管理等多方面内容。属于清代河北书院当中较为完备的一个条规，具有一定的样板性和典型性。[3]光绪二十二年，清廷通令省办高等学堂，州府书院改为中等学堂，县级书院改为高等小学堂。无极圣泉书院随即停办。[4]光绪二十九年(1903 年)改建为无极县高等小学堂。翌年继建县师范讲习所，后改简易师范学校。[5]那时，无极县立高等小学校，学制定为三年，还另增加了一门英语课，这是其他高小没有的，所以无极县的高小毕业生，投考保定和正定省立师范或中学时，由于多学习一年，录取人数显然高于他县。[6]书院虽然历时不长，但是在培养人才方面做了一定的贡献。[7]李凤阁(1821—?)在同治七年无极县兴建圣泉书院时捐资 200吊，以作开办费用。废除科举制，将圣泉书院改为高等小学堂时，凤阁又以巨资相助。[8]

书院制订《圣泉书院条规》13 条(见附录 2)，规定书院推选两名公正廉明人士为正副董事；当然，圣泉书院对该院的正副董事有着严格的限制和约束，比如"凡属董事，除书院及一切公事外，苟涉词讼，毋得关说。蹈此咎者，书院除名。在城绅士人等，凡属官务词讼，及一切非关学校者，不许至院会议，以致嘈杂"；"书院为课试肄业之所，理应肃静。往往因无关紧要差使，借为公馆，议定无论差使官长、绅耆商民，以及董事，均不得借寓。倘有相强，众董事据章程共同力阻。"这样的规定避免了书院董事的专权，削弱董事的权力也保证了书院行政的独立性。书院院长(即山长，书院主持人)则由董事访求外州、县品学兼优者充任;主讲教师称教习，教习也是远近著名的学者名流，聘请教习按民意推荐，不得由官荐。院规中还对人事任免、教学制度、课程设置、经费管理诸事做出明确规定。上述规程，将书院作为培养人才场地，其教育基地于专业工作在环境、活动内容及人员素质方面提出特定要求，表明了教育的独立性及自身规律的诉求已纳入视野话语，这是教育学理论的深化寓意。

书院的教学以学生独立钻研自学为主，教学释疑解惑为辅。书院以儒家经典为教材，以五经(《诗经》《书经》《礼记》《易经》《春秋》) 四书(《论语》《孟子》《中庸》《大学》) 和诗赋、制艺(八股文、八股诗)[9] 为主修内容。清代的书院以"中学"为主，极少涉及数理知识，入书院的学生是准备应科举的，都是经过考试选拔的庠生和附生。书院山长为主讲，主要讲经，讲解深透。另外书院允许不同学派进行会讲，可以争鸣，比一般官学自由得多。学生学习采取问难论辩的"讲会"制度，比较锻炼人。书院每日课程分考德、背书诵书、习礼或作课艺(应举文字)、读书诗歌等五节。[10] 每年限额招收文童 15 名、武童 15 名，院内保持廪膳生、增广生各 20 名和一定数额的附生(官方不予供给经费的生员)。经科、岁二试，依缺增补。曹凤来纂修的光绪《无极县志》卷 10"艺文志"收入清人李葆贞撰《创建圣泉书院记》。

清代的书院也实行以考代教的方式，每月定期对学生进行考核。各地书院一般二月开馆，十月散馆，大多每月课试两次，一次为官课，一次为师课。无极县书院每月两课，在初二日和初七日。在课试之先，由县出示晓谕，生、童赴礼房报名备卷。届时，学生齐集书院，听候扃试。官课是指由地方官主持的考试，大多是由州县官主持，也由上级官员主持。[11]

创建圣泉书院记

（清）李葆贞

夫事，创始难，经久尤难。始以认真兴，久必以虚文废。书院，为乐育英才地，缔造甚难，往往不久辄废。其废也，延师不得其人，则废；课士不严其法，则废；以功名为富贵阶梯，以功名为功名楼橹，剿切陈言，华而不实，则又不废而废。知所以兴，秉实心，励实学，定画一之章程，于绅士之贤者共理之，而后可以经久不废。无极，民风朴愿，士习端悫。而文风不振，盖书院之废百余年矣。

下车伊始，亟思敬教劝学，磨砺风俗。因兵燹后，继以旱暵，未遑也。谒至圣庙，宫墙、殿庑焕然一新，知阖邑士民崇儒重道，固所素尚。维书院废而不举，则培植人才之道，何由振兴？广文钱君树菜闻而是之。爰询邑绅，众谋佥同；乃卜地于城之震旦，得旷宅一区，购而修葺之。因墨市之旧庐，创弦歌之新地。斯役之兴，虽余力为修其废坠，而经营董劝，则广文钱君亦有劳焉。落成，颜之曰"圣泉书院"。盖衣食足，而后教化兴。祷圣泉得雨，岁凶复稔，得以建学兴贤。谁之赐也？故名之以弗忘。虽然，人心亦有圣泉焉，虚灵不昧，具众理而应万事，非吾心之真泉乎？泉而淤之，乌乎达？淆而浊之，乌乎冽？浚以诗书，沦以师友。孝、悌、忠、信以疏其脉络；齐、治、均、平以导其源流。盈科而后进，进以此；左右逢源，逢以此也。顾名思义，求所谓混混不舍昼夜者，毋绝其源，毋汩其波。以真学化真品，化民成俗，而书院藉以不废。斯余所厚望也夫！

圣泉书院介绍[12]

邑中旧无书院。同治七年，知县李葆贞锐意建置，商诸绅士，并倡捐以示激劝。八年正月，于城东门内路北，购宅一所，讲堂号舍三十余间。时方苦旱，祷于高陵村圣井，得雨，遂名之曰"圣泉书院"。(碑记载艺文)延师课读，筹画未周，调署卢龙。知县丁文浚接办，筹款一千两，发商生息。复请于上宪，有多年积弊义谷一项，拨归书院。知县寿颐莅任，木刀沟滹沱河交流为患，义谷拖欠遂多。光绪六年，李应培因考课不行，兼奉藩宪任扎饬捐收积谷，遂出示停捐义谷。八年复任，购置局运《二十四史》《十三经》等书，藏之书院东楼。知县蒋继芳复开官课。十三年，知县高楷延师开课。十四年乃废。十八年，知县王杨曾实力起复，蒙府宪大人陈扎饬，将积谷折价生息。自十七年正月起，每年得制钱二百二十五千七百二十文，闰月加息，拨归书院。按季支领，作为经费，延师课读。年终造具清册，送县备核。书院遂为定制，又邑绅赎留兴国寺地五十亩，自同治八年，知县李葆贞拨归书院，地在齐洽村。

河北《无极县志》卷二　清光绪年间刊本李葆贞

圣泉书院条规[13]

清光绪十八年(1892年)

一、延请院长，不由官荐，以杜请托之弊。不许董事一人擅主，不许请本邑人，必众董事访求外州县品学兼优者主讲。每年议定后，禀官出盖印关书。董事徇情，公议罚款。

二、书院宜选公正绅士以董其事。董正数人每月必到，董副数人按月轮班，并管登记支销账目。年终会同众董事清算，倘有不符，同人秉公驳正。

三、凡属董事，除书院及一切公事外，苟涉词讼，毋得关说，蹈此咎者，书院除名。在城绅士人等，凡属官务词讼，及一切非关学校者，不许至院会议，以致嘈杂。即乡村绅民，凡有词讼者，不准书院留宿。

四、以后接办董事，俱宜公同酌议妥人，毋得一人徇私援入，亦不得任意推诿，庶可行之永久无弊。

五、书院宜设院书一名，即以礼房兼充，以资缮写。官、斋两课试卷，均令该书制备。卷价每本制钱二十文，所用若干本，每月按数向董事支领卷价。所有写题、封门、填榜纸张，亦令该书自办，其费已包于卷价之内，不准另支。每值课期，该书前往承办。如或不周，禀官责革另充。

六、常雇斋夫一名，每年饭食工价制钱二十千文，责令常川住院，守户供役。一切器用俱已登簿，不准私行外借。如有失却物件，该役赔偿。其充膺之时，先取保状，呈官备查。

七、每年定于二月开课，十月完课。每月两课：初二日官课，十七日斋课。每课前列应给膏火奖赏者，照榜登簿，至下月支发。

八、凡预课生童均于课前一日赴监院处报名，以便饬房造册备卷。官课点名给卷，俱照县试办理。

九、生超特等、童上中取不限额数。以当课试卷人数多少为断，务期生童咸知鼓舞。

十、书院为课试肄业之所，理应肃静。往往因无关紧要差使，借作公馆。此端一开，殊多中国书院学规集成未便。议定：无论差使、官长、绅耆、商民以及董事，均不得借寓。倘有相强，众董事据章程公同力阻。

十一、书院培养人材，必行之久远，方收实效。所存经费，不许借支。倘别有公务，官提此项，众董事具禀力阻。如事关书院，董事巧为附会，擅自借支，即行罚令赔偿，董事除名。

十二、书院经费筹画非易，膏火奖赏，为数无多，外县附课势难兼顾。即随院长肄业者，外州县人亦不得冒入。

十三、书院原本钱发商生息，该商如有歇业者，官绅公同追缴，不许董事代为求情，亦不许拨账抵还，致有亏空。

征引文献：

光绪《畿辅通志》卷一一五，《续修四库全书》本。

光绪《无极县续志》卷二，清光绪十九年刊本。

王兰荫《河北省书院志初稿》。

季啸风主编《中国书院辞典》，杭州：浙江教育出版社，1996年版。

圣泉书院与刘秀[14]

东汉光武帝刘秀，是中国历代封建王朝中最有名的一个中兴皇帝，他起兵于南阳，出名于昆阳，成帝业于河北，燕赵之地留下不少关于刘秀活动的传说、故事、名胜古迹……

刘秀与王郎在河北争夺天下，经历了无数次较量，其中在苦陉（今无极东部）屡屡发生激烈战斗。《后汉书·李忠传》载："李忠，宁仲都，东莱黄人，从光武攻下属县至苦陉。光武会问诸将所得财物，唯忠无所掠，即以所乘大骊马、绣被、衣物赐之。"看来，刘秀曾经带领将士亲征过无极。

相传，主帅刘秀带领大将冯异、李忠、耿纯、马武等与王郎军在高陵村南拼命厮杀，直杀得尸体遍野，血流成河。交战中将士们又饥又渴，央求军师邓禹想法找水，邓禹报告刘秀，刘秀焦急万分，随手把枪往地下一戳，接着拔了出来，不料顺着枪眼冒出清澈甘美的泉水。众将士以为刘秀有"神功"，军威大振，万众一心，很快取得了胜利。

公元25年刘秀称帝后，无极百姓把高陵的自流清泉砌成水井，为感念刘秀的恩德，把井呼为"灵泉圣井"，并新建井楼，予以保护。圣井昼夜不息地流水，逐渐形成小河，滋润着稼禾的成长。天旱时有人前来求雨，偶而应验，认为是光武帝"显灵"，因而这里就成了纪念刘秀的历史古迹。正如古诗所云："高陵突兀倚荒村，古迹由来圣迹存……""百尺寒泉石甃成，等闲不见辘轳声。几看旱祷施霖泽，始信人称圣井名。"清乾隆年间县令黄可润写得更为形象逼真："荒沙古木隐高丘，龙种衣冠在陇头。麦饭一盂无人问，北平何土不王侯。潆潆古屋篆香浮，中有奇泉百尺流。一自龙鬐升去后，旧藏鳞甲动灵漱。"同治九年(1870年)县令寿颐写下了《高陵村光武庙怀古》诗篇："偶过高陵里，欣瞻汉帝祠。灵泉留圣井，藓草卧残碑。大度英风古，祥符白水奇。即今深景仰，莫叹黍离离……"不难看出，这些诗篇的字里行间，无不溢出对汉光武刘秀的敬仰情怀。

清同治七年(1368年)，新任县令李葆贞(字廉夫，湖北松滋人)深感无极民风纯朴、忠厚正派，遗憾的是文化落后，文风不振。这位贤明的"父母官"认为，要开发民智，栽培后生，非"创立书院，以育人才"不可。据1936年《无极县志》载，"邑中旧无书院，同治七年知县李葆贞锐意建置，商诸绅士，并倡捐以示激劝，八年四月于城东门内路北，购宅一区，讲堂号舍三十余间，时方苦旱祷于高陵村圣井得雨，遂名之曰圣泉书院。"这就是无极县第一所书院的来历。经费不足，李公就把积蓄多年的"义谷"拨给书院，并将兴国寺在齐洽村的五十亩地划归书院调用。为了办好书院，他亲手制定了《圣泉书院条规》十三条，对兴学的指导思想、课程设置、教师选配、管理措施以及有关规章制度，一一做了精心安排。其中，特别强调聘请教师不得其人、筛选学生不按条件，书院不会办好；言之无物华而不实、弄虚作假骗取荣誉，更不会把书院办成。李葆贞认为，要办好书院，必须有务实精神。教师要真心实意地教，学生要脚踏实地地学，否则，将一事无成。

圣泉书院从同治七年成立到光绪二十九年(1903年)结束，开办了35年，其间，培育出9名举人(内有3名武举人)、6名拔贡和数十名秀才，还有数百名青少年在此受到启蒙教育。本世纪20年代至30年代，全县有107名大学和专科毕业生，虽非圣泉书院出身，但与圣泉书院的遗风是密不可分的。应当说，在无极两千多年的历史上，圣泉书院是教育事业中值得大书特书的一个泛光点，尤其与汉光武帝刘秀的历史典故相关，更有深远的纪念意义。

附表 1-1 无极县历代科举人物表[15]

姓　名	出　身	朝代年号
甄俨	孝廉	汉
甄克	孝廉	汉
甄琛	秀才	北魏
李壁	进士	金大定二十四年(1184年)
崔虎	进士	金大定二十六年(1186年)
赵孝选	进士	金定兴年间(1217—1222年)
何体仁	茂才	元延祐年间(1314—1320年)
王宗哲	状元	元顺帝年间(1333—1368年)
张翼	进士	元顺帝年间(1333—1368年)
赵向	进士	明永乐年间(1403—1424年)
李瑰	举人	明永乐六年(1408年)
王瓒	举人	明宣德四年(1429年)
李秀实	举人	明正统三年(1438年)
金砺	举人	明景泰元年(1450年)
齐礼	举人	
强彬	举人	
殷广	举人	明天顺六年(1462年)
刘渊	举人	明成化元年(1642年)
魏居仁	举人	明正德五年(1510年)
安嘉士	举人	明隆庆元年(1567年)
赵承芳	举人	明隆庆四年(1570年)
梁法济	举人	明万历七年(1579年)
刘光启	举人	明万历十九年(1591年)
刘荩臣	举人	明万历二十八年(1600年)
杨子风	举人	明万历三十四年(1606年)
张瑀	进士	清康熙三十年(1961年)

续表

姓　名	出　身	朝代年号
朱　良	进士	清康熙三十九年(1700 年)
岳主敬	进士	清嘉靖九年(1804 年)
王　琦	进士	清嘉靖十四年(1809 年)
刘本菱	进士	清嘉庆二十五年(1820 年)
雷翼潜	武进士	清康熙年间(1622—1722 年)
解治世	武进士	清乾隆十年(1745 年)
雷　霆	武进士	清乾隆十六年(1751 年)
苏自新	武进士	清乾隆十七年(1752 年)
张清士	武进士	清乾隆二十五年(1760 年)
卢荩臣	武进士	清乾隆二十八年(1763 年)
邱方城	武进士	清咸丰二年(1852 年)
高诞登	举人	清康熙四十七年(1708 年)
张元亮	举人	清康熙五十六年(1717 年)
张青选	举人	清乾隆十二年(1747 年)
刘本曾	举人	清嘉庆五年(1800 年)
王　琛	举人	清嘉庆十五年(1810 年)
王起文	举人	清嘉庆二十一年(1816 年)
王　哲	举人	清道光元年(1821 年)
李树楠	举人	清咸丰五年(1855 年)
阎汝哲	举人	清咸丰八年(1858 年)
丁大年	举人	清咸丰九年(1859 年)
李树堂	举人	清咸丰九年(1859 年)
田成已	举人	清同治元年(1862 年)
崔苓瑞	举人	清同治十年(1871 年)
李树椿	举人	清同治十二年(1873 年)
李荣绅	举人	清光绪十五年(1889 年)
崔　栋	举人	清光绪十五年(1889 年)

续表

姓　名	出　身	朝代年号
张宗哲	举人	清光绪十七年(1891年)
王钟年	举人	清光绪十九年(1893年)
李基中	举人	清光绪二十年(1894年)
张　章	武举人	清康熙五十九年(1720年)
李鹏搏	武举人	清雍正元年(1723年)
郝文章	武举人	清雍正二年(1724年)
张全智	武举人	清雍正十年(1732年)
杨上达	武举人	清雍正十年(1732年)
袁　晟	武举人	清雍正十三年(1735年)
岳志远	武举人	清乾隆三年(1738年)
苌　镇	武举人	清乾隆六年(1741年)
苌　清	武举人	清乾隆十五年(1750年)
刘心估	武举人	
张　斌	武举人	清乾隆十八年(1735年)
兰威镇	武举人	清乾隆十八年(1735年)
陈千清	武举人	清乾隆二十四年(1759年)
赵廷相	武举人	清乾隆二十四年(1759年)
王怀廉	武举人	清乾隆二十四年(1759年)
王之义	武举人	清乾隆二十七年(1762年)
杨名俊	武举人	清乾隆三十五年(1770年)
赵英才	武举人	清乾隆三十六年(1771年)
刘清统	武举人	清乾隆三十九年(1774年)
张绪乾	武举人	清乾隆四十五年(1780年)
张士俊	武举人	清乾隆五十四年(1789年)
张廷选	武举人	清乾隆五十四年(1789年)
王　彪	武举人	清乾隆五十四年(1789年)
周冲霄	武举人	清嘉庆五年(1800年)

续表

姓 名	出 身	朝代年号
周鹰扬	武举人	清嘉庆六年(1801 年)
兰朝俊	武举人	清嘉庆十二年(1807 年)
秦金魁	武举人	清嘉庆十三年(1808 年)
牛万举	武举人	清嘉庆十三年(1816 年)
刘世绰	武举人	
成国泰	武举人	清嘉庆二十一年(1816 年)
张金玉	武举人	清嘉庆二十四年(1819 年)
周擎霄	武举人	清嘉庆二十四年(1819 年)
周凌霄	武举人	清嘉庆二十四年(1819 年)
赵发育	武举人	清道光二年(1822 年)
兰书壁	武举人	清道光十五年(1835 年)
邢兆麟	武举人	清道光二十九年(1849 年)
张庆福	武举人	清咸丰二年(1852 年)
赵吉昌	武举人	清咸丰五年(1855 年)
周自强	武举人	清同治九年(1870 年)
尹善邦	武举人	清光绪八年(1882 年)
赵元凯	武举人	清光绪年间(1875—1908 年)
刘承祐	奖给举人	清末民初
刘承熙	奖给举人	清末民初
袁鸿渐	奖给举人	清末民初

◎ 参考文献：

[1][4][8][10][15]朱振泽主编，无极县教育志编纂委员会编．无极县教育志[M]．
石家庄：河北人民出版社，2004：46，45，345，46，51-53．

[2][13]邓洪波．中国书院学规集成(第 1 卷)[M]．上海：中西书局，2011：19-20．

[3][5]吴洪成，刘园园，王蓉，刘达．河北书院史研究[M]．保定：河北大学出版社，
2014：26，341．

[6]政协无极县委员会：《无极文史资料（第9辑）》，2003年，第59页。

[7][9]中国人民政治协商会议河北省无极县委员会编．文史资料选辑（第7辑）[M]．香港：中国文化出版社，1990：47.

[11]岁有生．清代州县经费研究[M]．郑州：大象出版社，2013：133-134.

[12]陈谷嘉，邓洪波主编．中国书院史资料（中）[M]．杭州：浙江教育出版社，1998：946.

[14]无极县地方志办公室：《无极地名与风情》，1989年，第88-90页。

（十三）晋州市

湘殷书院

清康熙二十八年（1689年），知州陈祖法建湘殷于州南门内关帝庙东，计有讲堂6间，东西厢房各3间，南屋4间，大门1间，大门外有陈所书碑记。晋州湘殷书院记碑清康熙三十一年（1692年）十一月立石，址在书院大门外。碑高1.7米，宽0.8米，厚0.24米。碑文记述了当时晋州文化状况、创办书院的目的和意义。此碑现存文保所内。[1]

晋州牧陈祖法，字湘殷，甚有德政，离任后，百姓为他立湘殷生祠祀。康熙三十年（1691年）陈复任，遂将祠改为湘殷书院，集诸生肄业其中。对书院诞生缘起及个中原由，其他史志文献有细述，可补信息之不充分："湘殷，知州陈祖法字也。德政最著，州人闻调缺，大集款，将群赴省保留，竟去任，因以款立湘殷祠生祀之。明年，旋复任，不忍民德已，因即祠添字，改为书院以教士，湘殷名焉。"①

据《晋县志》记载："湘殷书院，原是一座生祠。晋州牧陈祖法字湘殷，甚有德政，离任后，百姓为他建一生祠。"

相传，陈祖法是位清正廉明的好官，他秉公执法，敢于惩处流氓恶霸，为民除害，发展农桑，整肃晋州社会风气，不论贫富都能安居乐业。因此，在他离任后，百姓们就为他建了一座生祠。后来，陈祖法来晋州，听说给他建了生祠，他看后，说："吃皇家俸禄，当为百姓效劳，这不是什么功绩，建生祠不妥！"此后在陈祖法的建议下，将生祠改为学堂，在这里培养人才。乡民们为纪念这位好官，用他的"字""湘殷"，将生祠改建成了"晋州湘殷书院"。

"晋州湘殷书院"位于南关关帝庙东边，坐北朝南。北有讲堂六间，东西厢房各三间，南屋四间，大门一间。大门影碑前的木牌上写着醒目的"晋州湘殷书院"。这座书院，在当时是处比较正规的学堂。

张之洞曾就读于湘殷书院，这为他后来做高官、创大业带下了良好基础。[2]

光绪十九年(1893年)知州张钧改湘殷书院为鼓城书院，由城内乡绅董襄主办。②"后上官懋本私卖充公，仅余田七亩二分九毫一丝，庄墓五亩四分七厘六毫三丝三息。"③志书中未记录卖者身份及出于何种缘由，但不管怎样，光绪三十年(1904年)，以鼓城书院基址房宇改为县立高等小学堂。④书院办学活动中甚至出现院田变卖移为他用的现象，这在地方书院中是少见的，而从教育专业考察，则有悖于教育机构的发展及正常活动进行的条件要求，难免会导致其日渐萎缩或冰霜萧条。

《晋州湘殷书院碑记》记载："阖郡士民共建。"证明了当时乡民集资办学的事实，同时也映射出康熙年间书院禁令的松动，曾一度引发了官民的建院热情。[3]湘殷书院的前身是一座祭祀造福地方官员的庙祠，转而办书院，又是受崇祀者教化功业的行为结果，这种相因承续关系，是独特民俗文化及价值观念的深刻反映，又折射出民众对政治管理清明有效高于教育文化需求的心态观念，这在教育功能论上考察未免带有短视狭隘的缺点。书院在办学过程中，甚至出现院田变卖移为他用的现象，或许是教育行业的力量受到了地方社会其他利益集团排挤、攻击而导致的失落或退却，这在中国基层社会办学中应该是持续存在的现象(孟昭章修，李瀚如纂，民国《晋县志》卷6"金石志"收入清人纪云撰《湘殷书院记》)。

《湘殷书院碑记》

（清）纪 云

　　赐进士出身、司经局正宇、郡人纪云撰文，行取吏部主事、承德郎、直隶保定府祁州深泽县知县加一品、海宁陈奕禧书丹，荐举博学宏儒贡生、蒲州昊雯篆额。

　　湘殷书院为旧郡侯、浙东陈公作也。陈公莅晋凡四年，政平而气和，崇学校、赡寒素、轻刑去姜。而真盗必不之贷也；禁役戢奸，而善良必不之扰也。学舍祠宇废坠者举之，刍粟供应不敷者任之。任二载而士洽民安。公遽请致政去，郡人吁留不已。抚宪于公檄以"安静和平地方。"方享无事之福，而深惜其去也。勉以加意调摄，以谐众请，公不得已，复视事。方公之去请也，郡人士谋为公祠，公止之，不可得及。既留，则曰："以余今复待罪兹土，而顾显设尸祝，是重予之罪也，然既有成，功不可废。曷即为郡人士课业所乎？"政暇，日率多士讲艺其中。奖劝甄赏，崇经义，明正学。其文之有合矩式者，皆附剞劂，以为一郡有志者，劝其文，且衰然成帙矣。呜呼！一湘殷书院耳始焉，郡之人士因不能忘公也而举之，所以为公也。公不忍没其举，而即以为造就郡人士之地，是公即取郡人士之所以为公者，而仍以之为郡人士也。无何，公请去益力，尽遣家累南旋，以示必归。奈事会差舛，不得报，会踏荒收捐，种种经理，益非可骤为卒业，而公复留晋二年矣。晋里役偏苦，郡人请公均之，公曰："是虽便民，然名不可居也，调剂自我，则我将身当辜矣。"未几，而公果以此得罪。郡人皆向公称惭负，而公处之怡然，曰"去固吾志也，秉宪者一遵功令。绳吾以法，后置宽典，吾固甘受如饴焉。"即束书册，治行李，返道于龙山蕙水间，翻经史、究内典为事，而其于进退、菀枯、荣辱无几，微形于颜色。呜呼！如公者，亦可谓难矣。独是郡人士向于公之去也，而晋之所以望公之有加庇也，及公以郡人之请得罪而去，分已不能为畴昔之留矣，而苟取公畴昔余风遗教亦随湮没颓废，则公之所以加意于郡者，何其有无穷之思？而吾郡之所以报公者，几无豪末之戴也。遂佥谋即公曩昔课士之地，茸而新之；其课士之法，遵而守之；凡其曩昔较定之文艺、讲究之书史，皆藏置如法；以见吾郡不忘于公之意。而实公拳拳于吾郡之本怀也。然则此举也，亦何敢云吾郡风俗人心之厚[ ][ ][ ][ ][ ][ ]感于吾郡风俗人心者，正未可泯也。公讳祖法，字湘殷，浙江余姚人，辛卯科举人，于康熙戊辰年正月知晋州事，辛未年十二月罢，共四载。书院颜曰"湘殷"，所以记其创，系于公也。

深泽令陈公，公同谱弟也，书法妙一时丐为公书记，庶几藉以不朽云。

康熙三十一年岁次壬申十一月毅旦阖郡士民公达。

◎ **参考文献：**

[1]刘永科. 晋州市情读本[M]. 石家庄：河北人民出版社，2008：117.

[2]中国人民政治协商会议河北省晋州市委员会文史资料委员会编. 晋州文史资料(第11辑)[A]. 石家庄：政协河北省晋州市委员会文史资料委员会，2006：235.

[3]刘园园. 清代河北书院研究[D]. 保定：河北大学，2012.

[4]晋州市教育志编纂委员会编. 晋州市教育志[M]. 石家庄：河北人民出版社，2001：24.

东关书院

晋州的东关书院，始于明，废止于清末，是为迎接科举考试而设立的学习机构。清末废科举后，书院多改为学堂。影响较大的有恒山书院、湘殷书院(后更名为鼓城书院)和东关书院。[1]东关书院，清嘉庆年间(1796—1820年)知州张杰建于城内，书院记有大门1座，门房5间，二门楼1座，东西厢房各3间，讲堂5间，占地20余亩(今无)。后因私卖充公，仅剩余七亩二分零九毫一丝，庄基地五亩四分七厘六毫三丝三忽(见《旧志稿》)。[2]

东关书院规模较小，办学成效较差，因而地方声誉及重视程度均远不如湘殷书院。

◎**参考文献：**

[1][2]晋州市教育志编纂委员会编．晋州市教育志[M]．石家庄：河北人民出版社，2001：1，20．

（十四）行唐县

玉城书院

清康熙五十五年（1717年）知县王壮图捐俸数千金，创建玉城书院，列楹数十间，延师课士，按期考校，亲评甲乙。然现已无遗迹可寻。清人何世基撰著《玉城书院碑记》收入吴高增修乾隆《行唐县志》卷14"艺文志"。

龙泉书院

该书院是行唐县影响最大的书院，知县张振义始建于清乾隆二年（1737年），院址在行唐城东北隅。乾隆二十三年（1757年）知县吴高增倾囊兴教，重整书院。因院中有井名"龙泉"，遂名"龙泉书院"。道光元年（1821年）知县王延浩、教谕莫涛、训导边彦生等重修，然延师脩金、月课膏火尚无其费，以致郴院教育一度不振。同治元年（1863年）知县高建勋莅任，振兴文教为先，询及书院，仅有空名，即竭力玉成此事，于是出廉俸之余，每月召集生童严加考课，行之三年，文风丕变。

龙泉书院的建筑格局："中三楹，祀陆清献、劳余山两先生。前三楹，为讲堂。旁为学舍，延师课读。后三楹。新建有井。"书院的规模有限，而教学基本设施场所依然具备，后三楹房舍未讲明具体用途，大致可以推测为藏书之所及书院管理者住处。书院的教学、崇祀及藏书诸种功能均已具备，可以说是古代书院具体而微、以小见大的基层级别书院的样本。而崇拜祭祀人物却并非是风闻天下的名儒大师，或许是地方乡贤名宦，从中又足以反映书院办学地方化、乡土性的一面。

清代一改明代部分书院的私立性质，而成为类似的官办学府，又逐渐演变为准备科举考试的场所，行唐书院的办学便是如此。龙泉书院教学内容以"经馆"教材为主，如"四书""五经"、诗赋和制艺等。书院性质的变化，教学方法亦随之变化，不再是师生共同讨论，学生登台讲课了。龙泉书院主持者称山长，往往由知县选聘饱学儒生充任，另设堂役1人，厨师1人。山长或亲自授课，或另聘儒士讲课，山长和讲师共同管理生童。

同治四年(1866年)知县高建勋又为书院捐倡，举县之民不分贫富欣然乐从。次年，高建勋又向众大户谆谆劝喻书院教育之价值，劝募捐资兴学，重修书院诸费日渐充足，使龙泉书院重兴。光绪二十八年(1902年)龙泉书院改为官办初等小学堂，书院遂告结束。[1]（清人吴高增撰《龙泉书院碑记》，收入乾隆《行唐县志》卷2）。

◎**参考文献：**

[1]王永德主编；行唐县地方志编纂委员会编. 行唐县志[M]. 北京：中国对外翻译出版公司，1998：554.

（十五）深泽县

香泉书院

香泉书院在城隍庙东，创建无考。康熙三十年(1692年)，知县陈奕禧重修，取名为香泉书院。康熙四十九年(1711年)知县陈雅深重建改为乔山书院。乾隆辛已，知县仲周需重修，更名滋阳书院。嘉庆癸亥，知县萧泗水重修，复名香泉书院。学额每年8名到15名不等。[1]咸丰九年(1859年)知县许忠以书院倾颓，捐资修葺，改为义学。咸丰十年，复广为劝捐，重加修整，并复书院旧规，立有碑记。[2]光绪二十七年(1901年)钦定通令各县书院改建为学堂。光绪三十年（1904 年），香泉书院改建为县立高等小学校，简称"北高等"。[3]香泉书院在筹资重建过程中，三易其名，可见延续生存之艰辛。甚至于在经费匮乏之时，为免停办关闭之虞，退而求其次，改办为初等教育机构——义学。可见，清代地方书院与义学之间存在着转换余地，书院办学对经费、场地投资远远超出义学。这样，对那些无力维系办学的书院，转而办理其条件能胜任或具备的义学及其他初等教育机构，也不失为一种明智选择。清人王宗洛撰有《乔山书院记》收入王肇晋撰修咸丰《深泽县志》卷9"艺文志"。

下附《重修香泉书院碑记》。

重修香泉书院碑记

（清）仲周霈

古之教者，家有塾、党有庠、州有序、国有学。古之国学盖即今之学宫，古之党庠盖犹今之书院，其名虽异，其义则同，所以推养教化乐育人才意至良法、至周也，深泽旧有香泉书院，久圮无遗。康熙辛卯，邑宰陈君雅琛创建乔山书院在城隍庙左，乾隆辛巳邑宰仲君周霈更名滋阳，嘉庆癸亥邑宰萧君泗水又复名香山书院之与废屡矣。咸丰己未，余以书院骤难与复，因即其地创立义学延师训蒙，其修脯之资取于与化等租不足，由县捐廉等筹补事已行之一年，而邑之多士复以与复书院为请，因粗为修葺，凡得房舍十四间以备诸生肄。乐庚申二月择吉时课温文尔雅衣冠肃然，盖此事怀之数年，始得渐复旧规。与复之难如此。夫学以躬行实践为要，方今天下需才甚，集诸生，既请古圣贤书，宜请求实学上以佐。

国下以宜民虑为佳，士出为名臣，此古者崇设庠序之方。

朝廷化民成俗之意，而余所深望于诸生者也。诸生其勉之哉，再古者人生八岁入小学、十五入大学，学之大小不同，其为造就人才则一月课，以课诸生，生平日以训蒙士，两学并举，岂不美欤。至此次与复固亦邑之绅士，乐于翰将，尤赖诸君子之善于劝勉。至延请山长以及膏火等费尚多不敷，犹望诸君子广为劝捐，陆穰存息庶堪特久。夫以邑中之人，辩邑中之事，造就邑中之人才，意成文明之盛。异日，菁莪域朴之美，垂诸史乘流于竹帛。次则余所甚期而亦阖邑多士所当共勉者，也爱书本末以为异日之左券云。[4]

下附《滋阳书院记》。

《滋阳书院记》

修养废坠有土者责也，而事关造士为钜我，国家与育才学校之外，又于首会之区设立书院。教育之万既备且至，而各府州县亦罔不相继与。建邑之香泉书院久圮无遗志，有乔山书院仅存三楹六贤祠，右概之以祠相忘久矣，余俱其遂废也，量加葺治，复延师若弟以入焉而湫隘如故，辛巳秋为之鸠工庀材。内增堂宇，外建重门，祠之前筑墙以屏蔽之，委折而达于书舍然后往来之杂遝不接于目，市集之喧嚣不闻于耳，诵读其中者志专虑纯得禅心于学。余亦籍以稍慰乎，夫邑以人重人以学尊深，虽小邑敷十年来科第特盛，余所交名进十六人皆为学好修堪为有司袼式，而戁思王工学遝而行古富于著作，远近争慕之。闻其幼年，当肆有地而师资不乏哉，仿经养治事之规，进而盆上观成不还记曰蛾子时术之此之谓欤。虽然余特因乔山之书，耳若夫扩允之润色之扩罗人才而乐育之于以佐。

圣朝作人之化是又在后之守，是土者役乔山以一人名，不若以一邑名之为公爱，于落成日颜其门曰滋阳书院，凡新旧地亩坐落并勒石以垂永久云。乾隆二十六年辛巳孟冬。[5]

下附《乔山书院记》。

乔山书院记

（清）王宗洛

空同先生曰：士养于学足矣。奚贵于书院盖士群居而易荒，故为书院以萃之，萃则乐专，乐专则学精，学精则道明，道明则教化行，而士气蒸蒸。近古书院者，辅学以成后者也。深邑乔山书院，盖今君陈公置之公，以湖南名进士岁巳丑来宰，是邑寓抚字于催科化强梁为善类，良法美政志在行其，所学而倡明，学理汲引后进，尤孜孜致意焉。县治西有许公祠，其做为陈公祠，东临官廨西居，城隍朝居民鲜少，嚣声不闻。公曰：此士子肆乐所也，爰卷风修葺复构讲堂于右，与前祠并峙为三。既延师授业，又出藏稿为楷式月课文，虽童子一艺皆手为丹铅，因其才质而鼓舞早就之公于政事之暇，亦构成一编目曰：小草盖。取盒人神志且示谦也无何，公丁丙艰将去仍解囊中金，置东西厢房各二楹，周以围垣，两越月共竣。公顾而喜曰：是诚可卒俊而专其了矣。深邑士气其将有与乎，盖公之于文深入理奥，而出以新逸流转。自称一家机杼其取人尤精藻缀，初下车见风于童子中取宋子鏑与余犹子模为并首，皆得成名。科甲暨辛卯分棱得士十九人皆知名士，而于邑人士且孜孜不倦如此。公既去邑，人戴公之德，于西讲堂奉公位用志弗谖，然则游息其中者，非第奉公以位也，其必乐之专而精于学，以明其道庶无负公至，而公虽去而垂诸不朽也夫。[6]

◎参考文献：

[1][4]延连喜主编，深泽县地方志编纂委员会编.深泽县志[M].北京：方志出版社，1997：450.

[2]（清）王肇晋纂修：《（咸丰）深泽县志·卷3"社学志"》，咸丰十一年刻本。

[3]王肇晋修辑.河北深泽县志（第7-10卷）[M].台北：成文出版社，清咸丰十一年刻本：315-316.

[5]王肇晋.华北地方·第五一一号河北省深泽县志（全）[M].台北：成文出版社，

1976：313-314.

[6]王肇晋修辑. 河北深泽县志(第7-10卷)[M]. 台北：成文出版社，清咸丰十一年刻本：311.

(十六)赵县

庆阳书院

创办时间为道光末年，创办者不详，地处赵县望汉台以东、州衙以南的书院街。道光末年，讲堂、大门尚存，后渐废。

据光绪《赵州志》记载，旧庆阳书院位于州署东南侧(现县政府东南侧)，清道光二十四年(1844年)、二十五年(1845年)间，知州宝梦莲(满人)延请刘阜南先生(山东昌邑人)授课，当时书院因年久失修，"栋宇倾颓""垣墙败缺"，可见书院成立已久。后居民撤材拉土，一年未满，书院成为坑坎。同治三年(1864年)，观察段晏洲(江苏萧县人)知赵州，才移建书院至州学明伦堂西"修业斋"旧址，盖讲室3间，聘请名师丁化南(河南夏邑人)主讲席。丁先生学识渊博，讲课谨慎，弘扬正确，校正谬论，秀才们为之折服。听课者日多。同治五年(1866年)八月，刘锡谷(安邱人)署赵州，第二年大比，一人中举，数人荐贡，刘锡谷为之感动，捐出俸银，倡建书院，州中好义者纷纷捐资，在明伦堂东又建讲堂1座，明伦堂两侧又建斋舍2座，与拱门连缭。在厨房浴室南又增建一舍，(共四室，北为讲室，南与东为号舍[1]。)书院至此条件改善，环境大变。清光绪二十八年(1902年)在庆阳书院旧址之上创办赵州官立中学堂之际，书院建筑仍然完好。同年四月十九日赵州官立中学堂向州内出示招生，示知州属各县各保送学生10名来州考试，经试甲班从宁晋、临城柏乡高邑、赞皇等属县选拔有学生30名，八月十日正式开学，学制五年。[2]1913年改为省立称直隶省立中学，1928年改称河北省立第十五中学，有学生300多名。[3]1933年改为河北省立赵县初级中学校。1943年国民党当局改建为县立农业工学校。国民党撤退时校舍被毁，1951 年重建校舍恢复为赵县中学。[4]清人刘锡谷撰著有《移建庆阳书院碑记》，收入孙传械撰修光绪《赵州志》卷 13"艺文志"。

关于庆阳书院创办年代，清嘉庆年间举人、云南定远县知县王大磐（赵州人）曾作《庆源书院辨正》，王指出，"吾州之建书院也久矣，建书院而以庆阳名也亦久矣：盖以吾州故为庆阳郡，此郡讹之所以来也。考赵郡自隋唐以来皆为赵州，至宋亦然。迨徽宗时，以赵为国姓所系，升为庆源府，又升为庆源军，后人不察，误为庆阳郡，且承误踵谬，书院亦因此而讹焉，有不可不急为辨正以复其初者。"光绪《赵州志》载，赵州于宋徽宗宣和元年（1119 年）升为庆源府，靖康二年（1127 年）并入金国，金天会七年（1129 年）庆源府又降为赵州。庆源府之名前后几十年，我们以为庆源书院创建年代应在重和（1118 年）和宣和初年（1119—1124 年），因为宋徽宗当时力主兴学，曾一度停止科举，广兴学校，庆源书院随之建立，不能再晚，到宣和七年（1125 年），金兵不断入侵庆源，兵戎相接，哪还能建成书院。再一，庆源府之名那么短，历史上影响不大，如果书院为后人所建，不可能以此命名。故我们推断庆源书院建于宋徽宗年间。庆源书院历经金元明，久之，误传为庆阳书院。[5]

庆源书院辨正[6]
（清）王大磐

天下一名一物往往有不求其端，不讯其末，以讹传讹至数百年之久，而不能辨正以复其初者。如吾州之建书院也久矣，建书院而以庆阳名也亦久矣；盖以吾州故为庆阳郡，此即讹之所从来也。考赵郡自隋唐以来皆为赵州，至宋亦然。迨徽宗时，以赵为国姓所系，升为庆源府，又升为庆源军。后人不察，误为庆阳郡，且承误踵谬，书院亦因此而讹焉，有不可不急为辨正以复其初者。

赵之乡先辈有辅汉卿先生，从学朱子。《宋史》称其"淳谨勤恪"。

尝著《四书纂疏》《诗传童子问》，以发明师旨，与蔡、黄、陈、李诸人齐名。故自宋以来，学者皆知有庆源辅氏也。犹忆弱冠受书时，见讲义中有庆源辅氏，即心疑其为吾州人，然《州志》不载，或恐天下有异是而同名者。如直隶有新城，山东亦有新城，浙江有山阴，山西亦有山阴之类。心益疑其为吾州人，或其先世民赵，汉卿先生不忘本，犹称庆源。如韩文公已徙邓州，犹称昌黎，朱子已徙政和，犹称婺源也。

嘉庆辛未嘉平四日，课儿之暇，偶于敝篓中检有《尚友录》一帙始备悉汉卿先生颠末；其父名逵，官武职，本赵州人，寓居崇德，即今之石门县隶嘉兴者。盖当时避金兵而携其子以南迁者也。至此，数十年之疑团，涣然冰释，"开卷有益"，不信然欤？

书院之建不知起自何时自何人，其建之时，或泛然名之，或有取乎此而名之。皆未可知。然以古书院历历推之，如涑水书院以司马温公，紫阳书院以朱子，则庆源书院断当以此义为归。即此见信从汉卿先生之心，且使隶吾州者志先生之志，学先生之学，更因先生之志学，以溯源于朱子，而上及于孔孟，斯益不负庆源之嘉名，而吾之所谓辨正，以复其初者即在是矣。

赵州移建庆阳书院碑记[7]

（清）刘锡谷

盖闻莫为之前，虽美弗彰，莫为之后，虽盛弗传。何传乎？传之于其人也。

赵有庆阳书院，介公廨东偏，残碑剥泐，权舆莫考，《志》亦失载。道光甲辰、乙巳间，宝梦莲刺史（琳，满州人），延刘阜南先生（德骧，山东昌邑人）。举课如旧。无何，栋宇倾颓，垣墉败缺，居民撤材取土，星纪未周，故墟化为坎莓，人事变迁，可胜慨哉！

同洽甲子，段晏洲观察（广瀛，江南萧县人），摄州篆，力图兴复，而旧贯不可寻。爰谋移置。州学明伦堂阶西有斋东向曰："修业"废日久，据其址，筑三楹，聘丁化南先生（体行，河南夏邑人）主讲席，衡校详慎，士类詟服美哉，始基之矣！

丙寅秋仲，余承乏兹土，招青衿角艺，喜其争自濯磨蒸蒸日上也。越岁大比，中隽一人，登荐数人，佥谓书院教育之力。然庐室未周，私衷歉甚。乃出俸钱为倡，郡人好义者佽之。席地明伦堂之左，首起讲堂，面离背坎。斋舍连缭拱之门，峙于两翼。以庑漏迤南，复增一舍。经始于丁卯九月。中更戎事，七阅晦朔乃毕役。州治故多隙地，可以恢拓规制，独移建于此者，欲使来学之士，顾名思义，视三代胶庠之设皆以明伦为本，文艺其末焉者也。

工告阕，余受代濒行。继任墨缘高公（维翰，江南泰州人），干济才也，下车之始，羽书旁午，日不暇给，乃以课士为先务，可谓娴治谱矣。由斯以往，训迪培植之术，夫岂有穷期乎？是举也，非段公无以谋始，非高公无以图终，余会逢其适，前与后赖有传人。他年莅州赵君子，知缔造之维艰，亦思循守之匪易，因时缮葺，有基勿坏，虽传之十世，传之百世可也。

大清同治岁在著雍执徐皋月朔日建。

《庆阳书院观风》告示[8]

佚　名

照得：问俗巡方，大史有蝤轩之采，提风振雅，遒人有木铎之狗，邑有十室，忠信必生，品列四民，诗书首重。幸际作人之化，宜为圣世之光。

赵州秀挹星冈，清潆泒水，世生佳士，代有传人：荀子、毛公之著作，元忠、孝伯之风仪，买丝愿绣，佳公子雅度翩翩；完璧能归，贤大夫雄才卓卓，久渐染乎乡风，各流传其家法。青灯有味，无负鸡窗；白板谁拕，常存鹄志，盖读有用之书，通经为贵，而任斯民之寄，教学宜先。

　　本署州家本书香，世承吏治。难忘诗礼之传，愧少文章之报。敢谓求贤若渴，祇不负乎初心。须知说士能甘争摄常亲乎宿学。鸿泥凤印，常切求桢；马帐新开，又逢释菜。兹择二月初十日观风考试，同日甄别。例傲陈诗，解宗进学。生童毕至，贡监咸臻。合一州五县之材，课诸子百家之学。携来虎仆，食叶声多，走偏龙宾，粲花论著。戒众手于雷同，各抒机杼；秉一心于月旦，自有权衡，略备谘询，不似龙门声价，藉通文字，悉本鹿洞规模。爰浣蔷薇之露，待诵琳琅，各开翡翠之箱，齐舒锦绣。尔其勉旃，予有望焉。

◎ **参考文献：**

[1][7][8]孙传栻. 赵州志校注[A]. 石家庄：赵县地方志编纂委员会，1985：55，186-189.

[2]王永军主编. 赵州文史(第3辑)[A]. 石家庄：赵州历史文化研究会，赵县政协学宣文史委，2007：124.

[3]中共石家庄市委党史研究室编. 中国共产党石家庄历史大辞典(1921—1949)[M]. 北京：国家行政学院出版社，2007：417.

[4]吴洪成，刘园园，王蓉，刘达. 河北书院史研究[M]. 保定：河北大学出版社，2014：339.

[5][6]河北省赵县地方志编纂委员会编纂. 赵县志[M]. 北京：中国城市出版社，1993：744.

(十七) 获鹿县 (现石家庄鹿泉区)

鹿泉书院

　　清顺治十六年(1659年)，获鹿知县易道沛于县城东关创建白鹿书院，至乾隆前期废止。乾隆三十九年(1774年)，获鹿知县唐奕恩于获鹿城区内东北隅本愿寺西侧创建鹿泉书院，制定院规10条，于招生、开学、上课、考试、纪律和奖惩等方面有详细规定。[1]其主要培养目标是为县试、府试、院试或乡试培养应试的生童。[2]鹿泉书院名望有限，影响不大，但考诸其发生渊源，初创于清朝于关外入主中原建立全国性政权之初，而当时能兴办书院者凤毛麟角，寥若晨星，后又能在废墟上赓续延绵，也颇有其特色。

清末新政之初，清政府谕令各省书院改设学堂。"各省书院于省城改设大学堂，各府厅、直隶州均设中学堂，各州县均设小学堂。"[3]于是，获鹿县改鹿泉书院为新式学堂，即获鹿县第一高级小学校。"第一高级小学校于清光绪二十七年成立，为新文化发轫之源。"[4]

◎**参考文献：**

[1]鹿泉市史志编.获鹿县志[M].北京：中国档案出版社，1998：605.

[2]李惠民.火车拉来的城市.近代石家庄城市史论丛[M].北京：商务印书馆，2018：302.

[3]朱有瓛主编.中国近代学制史料·第2辑(上)[M].上海：华东师范大学出版社，1987：520.

[4]李惠民.火车拉来的城市.近代石家庄城市史论丛[M].北京：商务印书馆，2018：303.

二、保定

(一) 保定市

莲池书院

也有人称莲池书院为"直隶书院""保定书院"。清雍正十一年(1733年),直隶总督李卫创建。是年,清廷诏令各省在省会建立省级官办书院一所,其规制相当于后来的省立大学,由总督亲自督察和领导。[1]莲池书院属于高等教育,是直隶省的最高学府。[2]

莲池书院建成后,直隶总督李卫延请名师硕儒莅院任教,招考远近诸生入院学习,使之成为直隶全省人才荟萃之地,所谓"万卷藏书雄上谷,千金市骏重燕台。蜚英茟起畿南秀,连茹群空冀北材"。莲池书院的学制没有固定年限,凡考中举人、进士即算毕业,未中者经甄别合格可肄业,优秀肄业生可由书院推荐到基层充任公教职事。[3]直隶总督李卫接诏后,立即召集司藩(布政使)王谟、司臬(按察使)窦启英、观察(清河道员)彭家廉、郡守(知府)朱寿图、清苑县令徐德泰等所属官员会商,决定在莲池"因旧起废,建为书院"。建院工作由徐德泰具体主持。经始于雍正十一年五月,落成于同年九月。共费金若干万,其中动支公费若干,所差款项由李卫捐养廉银补足。[4]在古莲池左方,厅事5间,精舍3间,廊庑共11间,群房共40余间。后由新任院长黄彭年增修东西院讲舍共19间。莲池书院前期,院长姓名不可考。同治中叶,系聘大兴李嘉端为院长。乾隆十五年

(1751年)总督方观承大加修治，屡为高宗南巡临憩之所，有御笔"万卷楼""慈憧书院"匾额。光绪初年，黄彭年主讲莲池，倡导古学，书院藏书增多。[5]同治十三年(1874年)，李先生解馆，继聘新城王先生振纲。据碑文所记刊补，清光绪七年(1881年)，布政使任道镕、院长黄彭年，筹添经费，增修讲舍，后立碑以志，碑即李卫的莲花池修建书院增置使馆碑。

李卫的碑文甚长，现摘录如下："古莲花池上有临漪亭，肇自唐上元间。《志》谓鱼泳鸟翔，得潇湘之趣。地故寥廓，元守帅张柔崇构馆榭，始成巨观。明万历间，阛阓四集，轶有其地，先后守者，购其遗址，葺其颓圮。正其方面位次，池馆之规制遂相传至今……始，余以雍正十年，建节保阳……于公余葺理整顿，以为吾职所当为，而建立书院之诏适下……新旧共为门三、堂五、斋四、左右庑八、魁阁一、廊五、平台一、亭二、楼一、小屋四十余区、池二、桥一，经始于雍正十一年之五月，落成于是年之九月。[6]

《保定府志》卷28黄彭年的《莲池书院增修讲舍记》中载，莲池原为张柔的故园，其北面的万卷楼乃贾辅藏书之处；明朝时，其乃保定府别墅，进入国朝后改为书院，有康熙、乾隆两位皇帝御制莲池书院诗，皆勒石以志；清光绪四年(1878年)，予始重领书院，置书两万余卷，以令书生得于纵观，云云。[7]

清代后期，尤其是光绪年间，莲池书院声名更盛，前后主院者黄彭年、张裕钊、吴汝纶，皆是一代名家。[8]迨光绪十四年(1888年)，王先生捐馆，聘贵筑黄先生彭年。当是时，合肥李文忠督直，黄先生请于文忠，筹款2000两，购书21000卷，辟学古堂以课经古。莲池书院之讲朴学，自黄先生始，盖光绪八年也。黄彭年在担任莲池书院院长期间，开设古学堂、扩建万卷楼，其所扩建的万卷楼藏书包括经、史、子、集四部，四十二小类，共计33711卷。[9]未几，黄赴荆襄道任，即聘武昌张先生裕钊，倡导西学，接待外国访问学者，招收日本留学生。[10]光绪十五年(1889年)，张先生还里，桐城吴先生汝纶继之，吴汝纶高扬桐城文学旗帜，开设东西文学堂，聘请外国教师开设英文、日文课程等，皆开风气之先，轰动士林，享誉全国。[11]吴氏晚年转向实学，点勘子史，推崇新学。[12]院中高材生接踵奋起，最知名者为王树枏、胡景桂、贺涛、傅增湘、刘若曾、安文澜、刘登瀛、贾恩绂、韩德铭诸人，还包括清代著名的金石专家毕沅曾在莲池书院学习，清代最后一名状元刘春霖就是在莲池毕业的。莲池书院名声很大，以至于要求来学习的学者不绝如缕。由于书院容量有限，通常只能容纳四五十人学习、住宿，许多人只得失望而归。[13]其余以文章功业显者，尚不可指数。至于日籍学生中岛裁之、宫岛大八所建之东京同文书院、善邻书院，更成为中日文化交流的见证与象征。[14]光绪三十三年（1907 年），书院停办，改校士馆，馆长为阎志廉。民国元年，经刘续曾改保定第二师范附小，学舍、房舍一律改建。

院舍主体在莲池西北部，有讲堂、圣殿、魁阁、斋舍等建筑，另辟"南园"于东南部，作为诸生自修、研习之所。书院东侧，同时建有皇华馆，作为总督府接待往来使臣的宾馆。在这样的格局之下，就形成书院与使馆并列的局面，成为莲池的一大特色。作为京畿书院，莲池的规模是十分大的，合计门、堂、楼、阁、殿、廊、台、亭、斋、庑等房屋 40 余区。设山长一人主讲，提调官一人经理院务。在直隶各府州县择"沉潜学问"者肄业其中，岁取朝廷所赐帑银 1000 两息金为生徒膏火。设官、斋课，以四书、五经、帖括试士，另开古课，以经史、策论试士，成就了众多杰出人才。乾隆十年(1745 年)起，为迎接皇帝巡幸，使馆扩建为行宫，园中大兴土木，设岛、叠山、移花、植木、环池各成景点，山水、楼台、亭榭、堂轩，错落参差，巧夺天工，形成由春午坡、花南研北草堂、万卷楼、高芬阁、笠亭(宛虹亭)、鹤柴、蕊藏精舍、藻咏楼、篇留洞、绎堂、寒绿轩、含沧亭组成的十二大景观，被人们亲切地称为"城市蓬莱"。乾隆二十六年（1761 年），总督方观承命人分景绘图，请莲池书院山长张叙各题诗句，以《莲池十二景图》进呈乾隆皇帝，深得嘉赏。发展至此，莲池演成皇帝行宫与士人书院并列之局。乾隆皇帝本人对书院很重视，三次莅院视察，赐"绪式濂溪"匾悬于万卷楼，以理学规范莲池讲学。又赋诗一首"兹来阅诸生，颇觉知趣向。所期正学敦，讵夸词藻畅。处为传道器，出作经世匠。

械朴方在兹，勖之毋或忘"，对此时院中的师生进行勉励。[15]

书院所开课程多种多样，既包括官方规定的《圣谕广训》《大清律例》"四书""五经"，也涉猎经史子集、文学诗赋、制艺帖括等内容。考试分为官课和师课两种。由于莲池书院设在省会，各级官吏众多，因此，官课由被称为保定"五大宪"的直隶总督、直隶布政使、直隶按察史、清河道员和保定知府轮流担任主考。师课又称"斋课""馆课"，由莲池书院的院长（又称山长、洞主、主讲、教授）亲自主持，出题课试。考课内容一般为八股文、诗赋、古文、解经、策、论等。书院院长由直隶总督特聘，年薪白银八百两。下设提调一人，负责书院的事务性工作。历任院长多为当时的儒学大家。正是在皇帝和地方官员的重视之下，保定莲池书院得到较好的发展，成为直隶的文化教育中心。[16]

增辟学古堂后，院长兼学古堂讲席，又增白银800两，总计岁薪1600两。院长以下设"校官"，另设提调一人，综理院内诸般事项。张裕钊任院长时期，择生员中资历较深者二人任斋长，管理斋内杂务。书院每年正月招生，报考不受资格（是否为秀才）及籍贯的限制，凡寓居保定，成绩合格者即可录取。每年的学额没有固定数字。因受住宿条件限制，常住书院学习的学生最多不过50名左右，其他被录取学生可作为院外生参加本院听讲和考试。书院还允许院外读书人自由参加本院考试，成绩优秀者，可获与本院学生同样的奖金。[17]

书院考试有月考、岁考两种。经年初甄别合格的学生才能参加考试。月考每月举行一次，分"官课""斋课""古课"三种。官课由五大宪（总督、布政使、按察使、清河道员、知府）轮流拟题阅卷；斋课和古课由院长出题进行阶段性测验。官、斋二课考"时文帖"，古课考经史和笔记。官课和斋课原为开卷考试，不限制交卷时间，吴汝纶时改为闭卷，限二更以前交卷。上述各类考试，成绩优秀者均可获奖。斋课考试每次奖银8两；官课奖银数量不大，且不固定；古课奖银最多，第一名可获奖银10两以上。书院学制无固定年限，根据三年一度的科举考试，一般为3年。凡考中举人、进士者为毕业，未中者只要学完规定课程，经甄别合格可肄业。[18]

　　莲池书院经费较为充足，起初是由官方所拨付，在建立之时就获得了皇帝恩赐的 1000 两白银，"这些银两或委员经理，或置产收租，或筹备赏供，所获赢利皆用来作为书院师生膏火。如果收入不够开支，则准许在存公项下拨补，每年造册报销"。[19] 李卫在《古莲花池修建书院增置使馆碑记》中说："（书院与使馆之建筑）经始于雍正十一年之五月，落成于是年之九月。共费金钱若干万，动支公费若干，余皆捐养廉以足之。既成，延名宿，集诸生肄习书院，劝学兴德，敬以赐帑千金置常稔地，岁课租以资膏火。此后从游日众，脩俸饩薪，定议公捐，以期经久。"[20] 其中提到莲池书院的经费来源包括皇上赏赐、省库公银、总督养廉银、学田租银以及公捐形式。另外，莲池书院购置图书和房屋修缮费，还须由地方官吏另行筹款，包括地方公款、养廉银和绅商赞助等。[21] 人们根据在《清会典》中见到各省城书院报销的清单来推测其办学的经济来源状况或水平，那么莲池书院能够与官府银库联系起来，由此获得了充足的经济保障，从而说明了莲池书院主体属官办书院的性质。吴汝纶在上任两个多月后的五月十三日给直隶总督李鸿章上书说："恨经费过少，不足以养育成就之。为举业者讲求未精，科第减色，缘官课各署取舍不同，而斋课每次奖银共止八两，又不足示鼓励。凡书院振兴，舍宽筹经费，盖无他法。若令斋课今古二途，每岁共增千金，在通省公款所省有限，而诸生受益无穷，人才必有起色。若徒守旧来规模，难望成效。"[22] 这次上书为莲池书院筹得了每年增拨 1000 两白银的经费。另据《清会典》卷十九中记载："直隶莲池书院经费动用营田水利银。"[23] 吴汝纶在庚子年（1900 年）十月二十五日的《答宋弼臣》中指出："鸟焚其巢，窗格板片为之一空，书院已无居止之地，来年练饷局之千金恐亦无从给发，书院会须旷废"。[24] 由这两条资料可以看到，莲池书院动用的地方公款有营田水利银和练兵的军需费用。[25] 莲池书院的办学经费支出有多项，包括院长、教师及其他管理人员的薪金、师生伙食、膏火费（学生生活补助费）、月考赏银、饭银、春秋二祭费用、生徒科举盘缠、课本费、文具费、零星修缮费等。莲池书院每年经费有结余，余款一直用到直隶文学馆时期。贺涛在戊申年（1908 年）七月七日《复吴辟疆》的信中说:"莲池旧款,存者无多。毛方伯钧稽已久,以为即现定人数并一切支销,不过五千金,已不敷用,临去时令其所荐学生辞薪水,其艰窘可知。"[26]毛布政使调往他省时,令自己推荐的学生放弃月俸(每人一年240两),可见从1908年开始书院余款的利息,加上学田租银以及固定渠道来源的公款,已经不能支付文学馆一年5000两的支出了,反过来说,这种情况正好衬托出莲池书院以前丰裕的经费情形。[27]

莲池书院作为当时的京畿最高学府受到众多学人的追捧,就是当时的最高统治者也对莲池书院非常重视,如乾隆皇帝本人对书院的建设就格外关注,曾三次莅临书院视察,并钦赐"绪式濂溪"匾额,且多次赋诗以勉励院中众师生。如乾隆十一年(1746年),乾隆皇帝在巡视莲池书院时,有《莲池书院》诗云:"西巡回驻郡城边,便幸莲池读爱莲。不必有花识君子,所欣此地育英贤。"再如乾隆四十六年(1781年),乾隆皇帝再次游历莲池书院,有感而发,《辛丑仲春月下撵至莲池书院成什》诗云:"书院实在此,亭台增新样。端乃开于方,成事不说放。兴学则其善,历任踵相尚。兹来阅诸生,颇觉知趣向。所期正学敦,讵夸辞藻畅。处为传道器,出作济时匠。械朴方在此,昂之毋或忘。"而莲池书院培养出来的名人更是不计其数,虽然随着旧的教育制度的土崩瓦解,光绪二十六年(1900年)德、英、法、意四国联军侵占保定,莲池珍藏文物被洗劫一空,建筑亦成灰,战后虽再修书院,重建行宫,但已无昔日辉煌。[28]曾经辉煌一时的莲池书院在光绪二十九年(1903年)结束了它的历史使命,但是它曾经的大放异彩使其在整个书院史上都占有非常重要的地位。

下附《莲池书院记》。

莲池书院记

(清)黄彭年

莲池者,元张柔故园。其北万卷楼者,贾辅藏书之所。明为保定府别墅,入国朝为书院。康熙、乾隆御制《幸莲池书院》诗,皆勒石万卷楼南及春午坡，可证也。

自莲池为行宫，从万卷楼西界以垣为书院。道光中罢行宫，示天下不复巡幸，莲池易为宾馆。同治十年开局修《畿辅志》，予来居焉。光绪四年，予始重领书院讲席，合肥相国置书二万余卷，使诸生得纵观，增课经古，以时奖劝，于是远近来学者日众。书院广十六丈有奇，长仅十丈，而圣殿、考棚、讲堂及院长、校官之居咸在焉。其为讲舍仅数十楹，今年学者麕集，予既居志局，乃举向日院长、校官之居，以待我学者，犹不能容，或怅然而返。布政使宜兴任公闻之，命知府吴君焕采筹增舍。顾书院北临通衢，东南接莲池，西则笔帖式署，无隙地可辟，吴君乃就院中相度分布，鸠工庀材，西院增舍九，东院增舍十有一，茸废舍而新之者四，凡增二十四楹，装治用具咸备，费金千二百有奇。既成，予进诸生而诏之曰：书院之自无而有，自广而狭，今地不加广而舍增多焉，时为之也。相国之置书，方伯之增舍，吴君董役之勤且坚，与夫当事诸君之课试奖歇，诸生所亲见而身被之者也。诸生之来居于此，为其可以习举业而博科第、登显要乎？则揣摩以求合，掇拾以为美，而未可必得；幸而得之，而举空疏无用之身，又进以揣摩掇拾之术，以坏天下国家之事而有余，夫岂置书增舍之本意哉！夫学不殖则落，仁无辅则孤，中外之形势扼塞，四方之风俗美恶，古今政治之盛衰得失，不考则不知。士就闲燕，辟萃州处，讲贯而服习之，善则相劝，过则相规，学之成也。穷则以孝弟忠信化其乡，达则以经济文章酬乎世，昔郝文忠之居万卷楼也。著书足以传，大节足以不朽，今岂让古人也？诸生勉之，无负造士之盛心可也！因书以为记。

莲池书院课艺序

（清）黄彭年

书院月试制艺、试帖旧矣，当事诸公复进而试以古文、辞赋，逾月院长辄选而刊之，谓足尽其美乎？恐不能无遗也。谓可传乎？作者局于尺几，迫于晷景，阅而评者，选而刊者，不三旬而成帙，未能信也。然则奚为刊之？将以励也。励以名乎？操觚脱稿，不逾月而传之都邑，不数月而传之百里、千里，能者快于心，不能者观而感矣。励以实乎？其美者人得而称之，其瑕者人得而指摘之，已刊者知自省，未刊者足以鉴矣。励止此乎？则取前人之文，日夜诵之，仿而效之，迨其成也，足以弋取科第，驯至于公卿，则是教者竭其聪明才力，授人以揣摩迎合之术，铿锵无用之文，坏人才而害国家，学者之误，教者之罪也。然则，宜如之何？曰：文者，弟子以余力学之者也；言者，心之声也。文之实在行，行之实在心。心术端，行谊立，文虽不工，称善人焉！况充实而有光辉，文未有不著者。愿与吾徒共勉之。[29]

莲池书院日记序

（清）黄彭年

予既应聘重主莲池书院讲席，言于合肥相国曰：畿辅先儒，在汉为毛、韩、董、卢，在唐为贾、孔，在宋为邵、程，在金为赵，在元为刘，在明及我朝为蔡、刁、孙、鹿、颜、李。地非乏才也，今非异古也，士非学不成，学非书不广。富罕藏书，贫不能置书，士窘于耳目，乃溺于科举。于是筹千金购书二万卷，区其类曰经学、曰史学、曰论文，置司书，立斋长，使诸生得纵观。又言曰：先圣垂教，博文、约礼；湖州设规，经义、治事。厉士以学，未试以文。学海、诂经，彪炳近代，斐然成帙，著作之林；然课试成材，非启牖向学，限之以命题，虑非性所近也，拘之以篇幅，惧其辞不达也；积日而求之，逐事而稽之，知其所亡，无忘所能。为者不畏其难，教者得考其实，途有程也，匠有矩也。于是命诸生为日记，人给以札，旬而易焉，月论其得失而高下焉。又言曰：门户不可分，门径不可不识，陈言不可袭，法式不可不明，汇而存之，刻而布之，得失自知也，长短共见也。匪惟莛之实用，励之为学者勖，为来者劝。于是刊日记，月

97

刻一册，期年衷之为初集。[30]

晚清河北籍士人刘春堂曾于 1895 年作《莲池书院碑铭》一文，对晚清莲池书院与"北学"复兴的关系详加论述：

> 莲池书院者，北学盛衰一大关会也。……至国朝雍正十一年始于其西间壁别立书院，后设圣殿三楹，河北名儒皆从祀焉。其前讲堂学舍俱备。自道光初年，蒋砺堂节相、屠可如方伯、陶兔芗、李竹醉两观察先后筹资修葺，然其时专以制艺课士，于经史经世之学犹未备也。同治初年，合肥相国节临是邦，置书二万余卷于万卷楼，以备诸生服习，后渐增至三万余卷。聘贵筑黄子寿先生主讲。先生立学古堂，增课经古。光绪七年，推广学舍，由是北方学者莫不担簦负笈，辐辏名山，燕赵儒风为之一变。先生既开风气之先，张廉卿、吴挚甫两先生联袂接轸，皆以古文经济提倡后学，数年以来，北地士风蒸然日上，三辅英杰多出其中。夫直隶为自古名区，瑰奇磊落之才，后先继起，名臣如杨忠愍、赵忠毅、孙文正、鹿忠节诸公，名儒如孙夏峰、习蒙吉、颜习斋、李刚主诸先生，他如纪文达之博及群书，翁覃溪之殚心著述，杰人达士，史不绝书，无如后生晚学不能上绍前徽，类皆逐末遗本，专务科举之学，一切经史百家，天算地舆、海国图书，当代掌故，关焉不讲，甚至问以历朝载籍，而不能举其名，固陋相安，风气日下，如是国家安望得真才？斯世安望有真儒哉？此有心世道者所深悼也。然自书院学古堂之设，学者云集响应，皆知以空疏为耻，数十年来，儒风赖以大进，由是当事诸公奖励振兴，期诸久远，吾知必有如杨忠愍、孙夏峰诸先正者接踵而起也。则书院之关于北学，岂浅鲜哉？[31]

◎ **参考文献：**

[1][4][17][18] 河北省保定市地方志编纂委员会编. 保定市志(第 4 册)[M]. 北京：

方志出版社,1999:12-13.

[2]王立斌.书院纵横(第3辑)[M].长沙:湖南大学出版社,2017:73-74.

[3][16]张静.传统与变革.近代保定的城市空间(1860—1928)[M].石家庄:河北人民出版社,2016:118-119.

[5][12]李雪季,金峰.跨世纪领导干部工作宝典(下)[M].北京:九洲图书出版社,1998:718-719.

[6][7](日)常盘大定,(日)关野贞著.晚清民国时期中国名胜古迹图集:全本精装版(第8卷)[M].王铁钧,孙娜,译.北京:中国画报出版社,2019:276.

[8][10][11][15]陈薛俊怡.中国古代书院[M].北京:中国商业出版社,2015:122-123.

[9]张静.传统与变革·近代保定的城市空间(1860—1928)[M].石家庄:河北人民出版社,2016:119.

[13][28]朱汉民等主编,李弘祺英文撰稿.中国书院图集[M].上海:上海教育出版社,2002:189.

[14]邓洪波,彭爱学.中国书院揽胜[M].长沙:湖南大学出版社,2000:3.

[19]陈谷嘉,邓洪波.中国书院制度研究[M].杭州:浙江教育出版社,1997:94.

[20]陈谷嘉,邓洪波主编.中国书院史资料(中)[M].杭州:浙江教育出版社,1998:863-864.

[21]吴洪成,李占萍,苏国安.名胜之巨擘 文化之渊源——保定莲池书院研究[M].石家庄:河北人民出版社,2010:68.

[22][24](清)吴汝纶撰,施培毅,徐寿凯校点.吴汝纶全集(三集)[M].合肥:黄山书社,2014:645,322.

[23]陈美健,孙待林,郭铮.莲池书院[M].北京:方志出版社,1998:130.

[25][27]吴洪成,李占萍,苏国安.名胜之巨擘 文化之渊源——保定莲池书院研究[M].石家庄:河北人民出版社,2010:69.

[26]陈美健,孙待林,郭铮.莲池书院[M].北京:方志出版社,1998:130-131.

[29](清)黄彭年:《陶楼文钞 卷9》,清光绪庚寅年(1890年)砾刊本,第48-49页。

[30](清)黄彭年:《陶楼文钞 卷9》,清光绪庚寅年(1890年)砾刊本,第47-48页。

[31]王学斌.颜李学的近代境遇[M].北京:商务印书馆,2017:162.

万卷楼藏书碑

(清)黄彭年

予既序刊万卷楼书目，都人士复请刻石以垂久远，乃综其成数，凡十三经，总类卷千一百十九，易类卷七百，书类卷四百八十有三，诗类卷七百四十有三，礼类卷二千二十有四，春秋类卷八百七十五，经总义类卷千三百，孝经类卷七四，书类卷四百十有四，乐类卷三十有七，小学类卷七百五十有八，是为经部。凡正史类卷三千五百九十有二，编年类卷千六百六十有一，纪事本末类卷六百六十有二，别史类卷四百八十有七，杂史类卷百九十有四，诏令奏议类卷六百十有一，传记类卷五百七十，史钞类卷二十有八，载记类卷百四十有七，地理类卷九百七十有四，政书类卷二千七百二十有九，目录类卷三百三十有一，史评类卷百三十有二，是为史部。凡儒家类卷千四百七十有八，兵家类卷二百十有六，法家类卷八十有二，农家类卷九十有三，医家类卷百六十有五，天文算学类卷四百五十有六，术数类卷百有八，艺术类卷六十有三，谱录类卷六十有九，杂家类卷八百六十有二，类书类卷二千九百十有四，小说家类卷二百五十有五，释家类卷二十，道家类卷九十有四，是为子部。凡别集类卷三千三百有九，总集类卷二千六百有一，诗文评类卷二百八十有三，词曲类卷七十有六，是为集部，凡为书三万三千七百十有一卷，而残杂者不与焉，丛书若通志堂、学海堂、经解、古经解、小学汇函，六经疑问、十一经解、十子全书、汉魏及聚珍板、正喧堂、海山仙馆、粤雅堂、白芙堂、算学读画斋、双桂堂、十万卷楼、式训堂、宜稼堂、俞氏诸丛书、船山岭南诸遗书、高安十三种、王氏四种、李氏五种、敏果斋七种、国朝名人著述十四种、诗词杂俎九种、明季稗史汇编，其书目卷数已散见诸部，则不复著录。既为之记，更系之以铭，曰卷逾三万，未云备也。守而补之，后人事也，俭虞其陋，杂斯恣也，途径虽殊，归一致也，博观而约取之，乃藏书之本意也。光绪八年四月贵筑黄彭年撰。①

莲池书院楹联：

> 天边月到平台迥
> 林际花藏曲坞深

> 竹静似闻苍玉佩
> 松寒欲傍绿荷衣

> 花落庭闲，爱光景随时，且作清游寻胜地
> 莲香池静，问弦歌何处，更叫思古发幽情

> 堂开绿野，园辟华林，俯仰千秋留胜迹
> 地接瑯嬛，山邻宛委，师承百世起人文②

莲花池修建书院增置使馆碑记

（清）李　卫

皇上御宇十有一年，久道化成，俊乂辈出，谕德宣远，輶轩四达。命直隶省建书院，教育英才，德意之厚，与天同功。畿辅首善之地，应诏宜光。而上谷城中，楹接桓连，择地不易。又惟：《周礼》国

---

①　金良骥等修，姚寿昌等纂．清苑县志（卷五）[M]．台北：成文出版社，1968：546.

②　解维汉选编．中国牌坊书院楹联精选[M]．西安：陕西人民出版社，2007：87.

野之道，有泸，有宿，有候馆，亦王政也。会城当十省孔道，贵戚近臣，奉朝命往来，及分节畿辅大僚，以公事来者，郡无公所，假馆市瘰，何以佐明德、恢政体也？古莲花池上有临漪亭，肇自唐上元间。《志》谓：鱼泳鸟翔，得潇湘之趣。地故寥廓，元守帅张柔崇构馆榭，始成巨观。明万历间，圈阓四集，轶有其地，先后守者，购其遗址，葺其颓圮，正其方面位次，池馆之规制遂相传至今。溯诸道学之士，澄心利物，揽胜好古，今昔同揆，良有悠然当余心者，而余于斯地乃一举而两得也。

始，余以雍正十年，建节保阳，环池行数十武，亭馆就荒，池水阏遏不东注。顾以林泉幽邃，云物苍然，于士子读书为宜。周回余址，宽闲爽垲，又于冠盖住宿为便，辄欣然有得，期于公余葺理整顿，以为吾职所当为。而建立书院之诏适下，爰与司藩王君、司臬窦君、观察彭君、郡守、县令商，度以大门甬道折行池北，故有南向厅事、堂后精舍便室、东西廊庑、大小曲房若干间，因旧起废，建为书院。凡栋宇、檐楠、榱楣、轩窗、阶除、墙垣、门户之制无不新，铁石、瓦甓、丹雘、黝垩、屏幛、几席之材无（不）饬。计徒庸书糇粮，属其役于清苑县今徐德泰而董其成。名以"莲池书院"，从其始也。又即书院东甬道西地，鸠工庀材，构皇华亭馆若干楹，方向规模略如书院。公遇燕见，退食居息，宾从登眺，骖服仆御，莫不有所，制摹备矣。循甬道直行池东折而南，地可五六亩，旧有敞轩曲廊，葺而治之。益构南向厅事五区，东向精舍三区，亭一所。小山丛树，竹篱松牖，参错其间。为垣三面，别曰南园，备课士谭燕之所。又使节之同时并集者，可以环池而居也。新旧共为门三、堂五、斋四、左右庑八、魁阁一、廊五、平台一、亭二、楼一、小屋四十余区、池二、桥一。经始于雍正十一年之五月，落成于是年之九月。共费金钱若干万，动支公费若干，余皆捐养廉以足之。既成，延名宿，集诸生肄习书院，劝学兴德，敬以赐帑千金置常稔地，岁课租以资膏火。此后从游日众，脩俸饩薪，定议公捐，以期经久。榜所下诏旨于院之上方，而志其条约于讲堂之次。雍正十二年冬，亲藩奉命过保阳，搴帷池上，亦得适馆之安。若其他公卿侍从，行李往来，车马有所，无患燥湿。使馆之成，于政体得也。两院东西相属，面清流为限，跨石梁为阈，使节应酬与匡坐吟诵不相妨杂。至其丛薄交映，碧浪成文，群籁吹万，时鸟变声。虽喧寂异境，动静殊趣，然一俯仰而同领略其高旷；一闻见而同触发其天机。游神物外，不分畛域，会意象中，通无隔阂，则又天造地设，而两得其所者已。

曩，余制浙，修举紫阳、敷文两书院，训迪浙士，颇有振兴。又凡湖山胜概，旧迹所存，加意修葺，以为太平涵洽咏歌之一助也。今兹之举，既以宣朝廷乐育人材之雅化，而益以广圣皇恩惠使臣、轸原□之盛心。且以表王畿都会之中，巍乎焕乎，有以扩大古人之遗迹而更新之。吾知萃麟凤于文苑，征杞梓于儒林，乐嘉宾之至止，颂德意之孔昭。弦歌诗诵，旨酒吹笙，池馆之盛，山川之灵，且自庆其辉光之日新，而遭逢盛事，有仲伯于千载以前者。是固封疆大吏有事斯土者所乐为，后之君子亦愿以时修葺，历永远而勿替者也。记其缘起镌诸石以告之。①

重修保定古莲花池记

（清）于振宗

十稔以还，国家多事，兵戈糜沸云扰，凡属用兵区域，无不公私涂炭，百物灰烬；其廨署黉舍，商阓民宅，一经军旅屯驻，则蹂践搜掠，无所不至。兵燹之后，室庐什物，荡然无复留遗。于是叹兵祸之

---

① 陈谷嘉，邓洪波．中国书院史资料（中册）[M]．杭州：浙江教育出版社，1998：865.

日深而疮痍之难骤复也。保定古莲花池，肇自唐之上元，建有临漪亭。《志》谓："鱼泳鸟翔，得潇湘之趣。"可谓古之胜迹也。元守帅情柔，凿池构榭，聿成巨观。清雍正十一年，总督李公卫于万卷楼西界以垣，增葺讲堂，创设莲池书院。光绪八年，总督李鸿章广储书籍于万卷楼，订立学古堂章程，以为诸生肄古学之所。当是时，贵筑黄子寿先生都讲于斯，实左右之旋。黄先生奉命分守荆襄，武昌张廉卿、桐城吴挚甫两先生相继都讲。四方贤俊，担簦负笈、受业门下者，趾踵相接；其以勋光文曜，彪炳于仕途、议院、学校者，不可屈指数。是以莲池书院之名洋溢乎中外。

然则古莲花池者，不仅为保定名胜之巨擘，且为北方文化之渊泉，岂虚语哉！自清季庚子八月间，拳匪肇衅，英、法、德、意诸国联军内犯，驻军保定十余月之久，莲池台榭俱成灰烬矣。迨联军退，杨廉甫制军开藩来保，乃筹款重修，仍复旧观。惟以万卷楼及砚北草堂等院宇划规学校。盖是时，书院改学校正在经始也。泊民国十年，曹巡阅使复加修葺，焕然聿新。惟保定扼河北之形胜，为战守之要区，向有重兵驻防；而统兵诸将帅辄以莲池为列幕宿营之地，尤以十五、十六、十七等年驻兵甚伙。楼阁桥梁，垣墉户牖，摧残不遗余力，惨黩狼藉，不堪言状，阳九之阨，何其酷耶！保定绅商早有重修宏愿，顾以民力拮据，官帑奇绌，而惧大工之未易就也。且池水来源系由一亩、鸡距，二泉自满城东南流，至保定城濠合流，由西水门入城，潴水于莲池。自辛酉以后，城内河道易为暗沟，积久淤塞，池水遂涸。重修初步，非先疏浚河道不可。工程浩大如此，（逾）若无所措手矣。十六年间，剿匪司令商总指挥起予，率师来保，悯惜莲池之荒废。予接见管理员姚君寿昌及朱君廷桢、袁君际凤、周君维章等，殷殷然提议重修，并拟捐五千元以为先导。惟饬工勘估，共需万余元，未克立办。旋以奉命为河北主席，旌节北上。未几，移节山右，事遂暂寝。庚午之秋，东北陆军独立第十三旅李旅长振堂来保驻防，治军之暇，协议兴修，并允率全旅士兵担任浚河工役，不受地方津贴。于二十年四月兴工，胼服奋锸，将久湮塞之渠道逐段挑浚，河流得复畅行。《清苑县志》载张柔部将范德疏决旧渠，引鸡距等泉灌城中，居民□之。李旅长之义举，可与范公后先辉映矣。浚河之工既竣，复由军政绅商诸君规划莲池动工程序。多方措办，集有两千余元，又王上将军子春助洋一千元，王主席廷五助洋一千元，维时商主席拟助之五千元亦交付商会。李旅长复蒐集大宗砖瓦材木，辇运助役；安公局李局长恩培，督饬警察协助不怠；清苑县孙县长迪，挈纲举要，擘划无倦容，并遴著名绅商为监修员，设置莲池整理委员会，会同管理员姚寿昌筹划。既均就绪，乃于六月五日经始修建，畚臿云集，邪许齐作，材不寸弃，人无刻休，凡三阅月而告成。昔日颓圮晦暗之莲池，至是轮焉奂焉，均复旧观。既讫工，计用款一万一千余元。不敷之数，议由保定各官厅另行筹款补足。有某工程家见之，谓此役如属之公家，约计浚河及莲池土木等费，非十余万金不办也。

舟鹏飞、贺艺棠二君以书走天津属振宗曰："保定同人愿得子文为记。"噫嘻！数年以来，兵祸烈于往古，吾民之生命财产销毁于炮火之中、蹂躏于戎马之足者，几非巧历所能计算。莲池之惨被破坏，其事至微，末不足道。惟近三四十年间，北方文献焜耀于史册者，皆由莲池孕育而成，倘竟任其凋敝颓残，长此终古，弃置既久，或遂废为邱墟，恐多年郁积递嬗之文化因以坠地。事观厥成，作新翘秀之宏规，销弭兵劫之陈迹，使黄、张、吴三先生之遗风教泽，犹得沾溉后人，靡既其意，量綦宏远，岂特经营台囿，保存古迹于不敝而已哉！窃愿此后总师干、膺闾寄者，详览振宗所记，怦然有所感动，殷殷与以爱护，首将严禁驻军及士卒作践二事，垂为令申，颁以戒条，免使莲池再毁于兵，则尤幸矣。中华民国二十年，岁次辛未，仲秋谷旦，枣强于振宗撰。杭县许以栗书，莲池整理委员会委员梁凤池、冉凌云、贺宗儒、赵维伦、程兆康、张心余、侯景春、莲池管理员姚寿昌同立石。①

（二）安新县

渥城书院

渥城书院始建于清康熙五年（1666 年），院址在安新县城东大街，初为渥城义学，系刑部尚书高景为家乡所建。康熙十年（1671 年）生员杨尔嘉捐地 50 亩，康熙十八年（1679 年）知县杨对捐俸银修葺。嘉庆十二年（1807 年），知县侯宗秩重修院舍并题匾"渥城书院"。关于渥城书院，史载：渥城书院分前后两院，前院东西各一排教室，东面有侧院一个，后院除东、西两排教室外，北面还有一排教室。前后院之间有一过厅，厅内设教员休息室。书院建成之初，前院授课，后院为塾生休息处。一进校门有松木制作的影壁一座，上书"渥城书院"。影壁后为院落。在前院东西教室间有一古槐，筑有鸟巢若干，鸦雀常聚，此停彼鸣。每逢夏日，深荫遮盖半个院落。树下有一口深井，井深莫测。井上有三角木架，用粗绳缠挂着辘轳，用以摇动提水。当地人称井有两怪：一怪为井在古槐旁却无一根细小根须伸入井壁。二怪为井水冬暖夏凉，冬日饮用，从口中暖入胃内；夏日饮用，爽口清心。[1] 渥城书院前院与东边跨院内有石碑数通，其中既有记述渥城书院建造始末的，也有为记录几次修葺而撰写的碑文。碑文中有这样的记载："为学莫严于义利，学而言义，去其自私自利之见也。"这句话讲出了渥城书院建造之初衷——以"义学"为重，与初建时题写的匾名"渥城义学"相吻合。[2]

道光十二年（1832 年），安新撤县，书院闲置。咸丰元年（1851 年），

---

① 陈谷嘉，邓洪波．中国书院史资料（中册）[M]．杭州：浙江教育出版社，1998：866.

乡绅武家谟劝捐重修。光绪十六年(1890 年)，安州知州章钧考虑新安乡学生赴试安州不便，加之新安文庙年久失修，采纳乡学廪生管倬等人意见重修渥城书院，并请示直隶总督李鸿章，李批示："据禀安州书院设在州城，乡学生童应课不便，因从乡学廪生管倬等之请，将旧渥城书院捐复，业已落成，应准分课。"重新之后，中举的拔贡接踵而来，和高景首创时一样，出现第二个高潮。章钧离任后，刘播任知州，和新安士子关系甚密，每次来新安都住在书院，他捐给书院的书籍价值百金。1900 年，八国联军侵华时，书院为德法军需处，书籍大多遗失。新安学人遂将渥城书院的房舍进行修葺改建，于光绪二十九年(1903 年)春正式开学。至此，时经二百三十七年的渥城书院(包括渥城义学)宣告解体。[3]

重建渥城书院碑记

(清)高赓恩

渥城书院者，新安讲学之旧址也。学隆于国初高似斗司寇，实兴于孙征君钟元先生，而肇于刘文靖公。此之不可不存也。考舆志新安县建于元，沿于明。元属中书省保定路，明属保定府安州。文靖当元时倡教于新安之三台乡，与梁南溪至刚讲学昕夕不倦。一时高第弟子如王刚、刘英、梁泰皆新安人也。三台旧有静修书院至今尚存。征君当国初因似斗司寇与薛锦轩诸老寄寓新安之云宿舍，司寇又与诸门人为筑双柳居。其时弟子传其道者魏莲陆鳌、王五修之征，其尤著也。他如崔玉阶蔚林、李晋亨知新、仇异渥宪稷、管公式有度、管振声嗣音、周御五维翰、陈宪五大廷、杜孟南郊、杨乾行行健、亨予尔嘉、湛予尔淑。桥梓李性甫体天、仁甫合天、信甫明天昆仲，及刘之跃、刘绎祖亦皆新安人。新安之学盛，而渥城书院兴，书院兴而新安之学乃传之天下后世，故曰不可不存也。诸先生既没，而学少衰。道光壬辰新安县治并于安州，第存学制、学额于乡，而书院课士之法亦归安州，其学脉盖不绝如线。今州牧章公定庵与缙之族建议，因渥城书院旧址增葺讲堂号舍，专课新安士子于其中。此殆刘孙两大儒之道复兴之会欤？学子至斯地，其必奉文靖征君之学规，而兼考刘、梁、魏、王诸先生之所以学私淑而艾之，以其余力及于训诂制艺，使新安之学复著于天下。此新安所以存也。

余友伊生人镜暨杨学博琦喜其乡书院落成，属余一言，表诸乡先之学以励同志，期无负郡伯作育之盛心也，是为记。

赐进士出身翰林院编修、国史馆纂修、上书房行走京察一等记名道府、前四川提督学政、乙丑恩科湖南乡试正考官宁河高赓恩撰，钦加通判衔。

辛卯科挑取誊录邑庠生员杨振锷书并篆额

光绪十七年岁次重光单阏阳月立启[4]

重建渥城书院碑记

（清）章　钧

天地清明，纯洲渊懿，灵秀之气即地而存，亦历时而在，顾其凝之也，有物而发之也。有机圣人知其然也，设为弦歌诵读之区，以萃天下之士。而是气之流行于天地间者，乃得晬然焕然于共闻众见之间。振古以来，兹理不泯，独所谓凝之而发者，则有屡迁其术者焉。汉以上一系于学，汉以下则有观、有监、有馆、有舍、有斋、有塾、有社。书院则始于唐。史载，唐玄宗置丽正书院，聚文学之士撰讲议是也；及元中统之间，一时贤士大夫魁儒宿学争出钱粟，立为书院，以赡学者，而书院遍天下，明代亦然。入我朝而其教益昌，其风益盛。然则书院者无学校之名，有学校之实。凡以弦歌诵读俾天地清明，纯洲渊懿，灵秀之气有所寄而凝，有所积而发，而不可使一地有阙，一时或息者也。若然，则余于新安渥城书院之颓而复振，不能无一言一志之矣。书院旧为义学，创建于康熙五年邑人大司寇高公名景者之手，嘉庆间有侯君名宗秩者宰新邑而以书院易其名。厥后，新安屡被沈灾，地多沦陷，至道光十六年而并于安，维时众口不咸，士气颓沮，而所谓渥城书院者日就倾圮，亦几若存若亡，无有过而问焉者矣。比年以来安州修建安新书院，新安乡学之士附课其间，教泽所濡原无畛域，而道途修阻跋涉维艰，观望趑趄，一前百却，岁已丑余摄篆是邦，省方设教异而洵之廉得其故益，恍然于天地清明，纯洲渊懿，灵秀之气不能无所寄而凝，无所积而发，而书院之设诚不可使一地之或阙，一时之或息也。爰谋复书院以振其颓，分课士子以□其瘁前□廉以为之倡，而士气顿奋翕然，徙风校士之时彬稚鳞萃一时，有力之士鸠工庀材，书院之将圮者整而新之，已圮者恢而复之。凡为屋宇有五楹，讲堂学设毕备，落成之日求言于余。余则致敬而言曰："兹土之有书院也，义学基之也，义学之有创自高公也。"高公之言则载于新安旧志矣，其言曰，为学莫严于义利。学而曰，义去其自私自利之见也。则揭之于门，门内有屏，屏中为轩，曰广育作人。轩有两翼，房东曰敦，行西曰懋，学轩后小斋曰退密。呜呼！观高公之命名则可以知其心，知其心而即以高公之心为心，则天地清明，纯洲渊懿，灵秀之气可以凝可以发。而兹地口才之盛且可媲美于当时。今虽然义学为书院，而名异实同。高公有言，余虽无言也可矣。虽然有属焉，士先器识而后文艺，所异后之学者，母以文以薄行，益善宝其物而畅其机，则书院之系于新安者，非浅鲜矣。众曰然，即以斯言为之记。而修建之时日用财之多寡，捐助及经理之姓俾自考其实，而刊之于碑阴。

诰授朝议大夫四品衔权知安州事梁溪章钧撰文

国史馆誊录生员杨振锷篆额

廪膳生员高攀口书丹

光绪龙飞之十有七年岁在重光单阏[5]

◎ **参考文献：**

[1][2]李春雷，张梅英．美哉雄安[M]．保定：河北大学出版社，2017：52．

[3]政协安新县文史资料委员会编．安新县文史资料（第4辑）[M]．保定：政协安新县

文史资料委员会，1996：109.

[4]政协安新县文史资料委员会编. 安新县文史资料(第4辑)[M]. 保定：政协安新县
　　文史资料委员会，1996：114.

[5]政协安新县文史资料委员会编. 安新县文史资料(第4辑)[M]. 保定：政协安新县
　　文史资料委员会，1996：117.

葛乡别塾

葛乡别塾始建于清嘉庆十九年(1814年)，在安州北关桥北路西。"渥城书院""正学书院""葛乡别塾""静修书院"，被称为白洋淀四大书院。[1]

书院的办学历程异常曲折，清乾隆初年，安州陈懿长在其家塾办书院，并请学正陈淑起(俞湘的老师)等有名望的人任山长，书院历40余年，后中断。嘉庆十九年(1814年)，合州公举俞湘的父亲俞星溪为山长，创办书院，俞湘的祖父俞士杰在北关外捐学舍一所，并在东河涯捐园地4亩以备修增院舍所用，并题匾"葛乡别塾"。别塾自立学以来，不但本地从学者很多，外地来此求学的人也络绎不绝，书院虽不专在科举，但进学者甚多。

◎**参考文献：**

[1]周振国. 加强雄安地域历史文化的研究和保护[J]. 共产党员(河北)，2017
　　(14)：23.

安新书院

安新书院建于清光绪十六年(1890年)，在安州州衙西，是由章钧前任知州用全州摊派款和罚捐修建的。该官离任时将安州余款交给安州绅士，继续办理，将新安余款贪污[1]。光绪二十九年(1903年)，书院改为安州高等小学堂。"比年以来安州修建安新书院，新安乡学之士附课其间，教泽所濡原无畛域，而道途修阻跋涉维艰，观望趑趄，一前百却，岁己丑余摄篆是邦，省方设教异而洵之廉得其故益，恍然于天地清明，纯洲渊懿，灵秀之气不能无所寄而凝，无所积而发，而书院之设诚不可使一地之或阙，一时之或息也。"[2]

◎参考文献：

[1]安新县地方志编纂委员会编．安新县志[M]．北京：新华出版社，2000：861.

[2]政协安新县文史资料委员会编．安新县文史资料(第4辑)[M]．保定：政协安新县文史资料委员会，1996：117.

(三)阜平县

育才书院

育才书院设于阜平王快镇。清乾隆五十八年(1793年)，知县张极改王快大公馆为"育才书院"[1]。"置地七倾一十余亩，房七所，并分载田地各段之坐落亩数及水旱滩园之种别，及房之所在地。"[2]每岁收租作为书院办学经费。

◎参考文献：

[1]阜平县地方志编纂委员会．阜平县志[M]．北京：方志出版社，1999：669.

[2](清)劳辅芝纂修：(同治)阜平县志·卷4"学校志"，同治十三年刻本。

启秀书院

启秀书院位于保定阜平。清代时，保定地处京畿重地，直接隶属京师，"一座总督署衙，半部清史写照"，清代保定的书院不仅在数量上直接冠绝其他地区和省份，而且分布面极广，启秀书院就是保定阜平两所书院之一。在此之前，阜平仅有义学(乾隆十一年邓持重设义学)、学宫(乾隆十三年知县罗仰镶所创)和先师宗祠。学校条件简陋，教育条件极差，考取科第功名难于登天。[1]

清乾隆五十八年(1793年)，知县张极在县城南门外创"启秀书院"。

启秀书院是一所官办的书院。但是好景不长，启秀书院房舍倾圮，复蒙荆棘，学田因水患沉沙，书院就此中断。道光十九年(1839年)，知县张复吉督率邑绅张鹏程、袁国程等人于城南旧址重建已坍塌的书院。士商捐土地与钱款五百缗钱，几月后竣工，一切循旧制，在邻院文昌庙左侧添置南北两楹作为退让地。教育条件至此改善，渐有学子接连中举，未中者品行高洁，伦常植于其品，极尽书院教化功能。"人才之盛衰，岂不由教化之广兴哉？"也不算辜负朝廷请学明伦之意。[2][3] 启秀书院以校田作为经费，共有校田971亩，校舍房8所。[4] 据该县志书记载："师生束脩膏火之费，皆妥为筹备。"费用支出看来足以维系办学所需之各项需要，那么数额多大呢？又有资料显示，启秀书院"知县张复吉重修，置地六十一亩，房一所，每岁收租，作为经费。"房一所，学生数十分有限，但学田数量却颇为可观，难怪乎经费用于各项办学活动较为宽裕。保定阜平启秀书院有学田山地2顷61亩2厘，启秀书院的田亩，皆由各董事收租，为脩脯膏火奖赏经费，其收数随年之有无多少不一。这里明确讲明学田的职事者为董事，而租税多少并不划一硬性规定，而根据年成好坏富有弹性伸缩。这种差异柔性的管理不仅合乎农业生产受物候天象，水旱及病虫等诸多因素影响的特性，而且恰如其分地反映了书院办学自由活泼、主体活动及自学探究的精神。[5] 清朝末年到民国年间，本县私塾、学院先后被改良为学堂，接近于当今所谓学校。县城在"启秀书院"的基础上改建成城厢小学，设校长1人、教师1人，学生1个班45名，1927年与阜平县第一高小合并为城厢完全小学校。校址在今阜平中学小操场处，设初级小学5个班，高级小学4个班，校长1人，教师11人，学生400余人，小学学制为4年，高小由3年改为2年。抗战前，城厢完全小学(俗称阜平高小)，是当时全县最高学府，阜平县早期共产党员李国轩等人以教员身份在这里传播马克思列宁主义，秘密发展党员团员，联络进步青年，成为中共阜平地下党的主要活动阵地，王宗良、李心仁等烈士曾就读或工作于该校。此后，学生党员杨耕田等人在这里发动群众，组织了震动全县的"砸盐店事件"，反对奸商盘剥百姓，造就出一大批共产党的干部。[6] 清人张复吉撰著《重修启秀书院记》(见附录1)、张鹏程撰著《重修启秀书院碑记》(见附录2)均收入劳辅芝纂修同治《阜平县志》卷4"艺文志"。

重修启秀书院记[7]

(清)张复吉

邑故无书院。乾隆五十八年前令张公极始改王快大公馆为育才书院,既又以其地处东偏寒峻者,或艰负笈,乃复筑一院于城和熏门下,东坐西向,正厅三楹,旁两耳房附之。南北厢亦各三楹,对峙为六,墙垣周砌,门坊正开,额曰启秀。当是时,阜比有地,继晷有资,师儒教化之间必有可观者。距今仅四十余年,而堂无倾圮,复蒙荆棘。盖自嘉庆六年以后,膏火地亩患水沉沙压,频垦频没,其仅存者学舍无主悉归留养,莫为之继。虽盛,弗傅亦固然无足异者。然入其疆,而民俗里居率无暴桀与言弦诵成,慨然兴典型,先正之思未必非前,此教泽之遗也。迺会同城教佐于十社议重修之举时,则有若邑绅张鹏程、袁国成等力任其事。踰月竣工地湫隘。故规制仍旧仅于邻院文昌庙左侧添置南北两楹为退让地。丹青土木完固悉臻,属余记之。余为人心风俗之醇原,于教化昔贤谕之详矣。兹不具赘,独愧余继宰于斯弗克光大,前修徒率都人士,补苴罅漏陋已避,补苴之陋而坠不举,废不修又或妄议前人,辄务变置,会不揆时,量力偶一掣肘,新图未就旧业已。隳呜呼。是又不若,不避补苴之为愈也,是役也。糜金钱五百缗,有奇皆取办于士商之捐输,计有拟生息以助膏火,应附房地暨捐赀姓名数目,另勒一石以诏来兹。

重修启秀书院碑记[8]

(清)张鹏程

夫先王端本于庠序,非儒士不使治民,圣人莞尔于弦歌,惟读书然后为学子，产不毁乡校，常留遗爱之称。文翁修起学宫，高列循良之傅不固，此日重见高风阜邑，僻居北隅，逼近西陲，水复山重，民醇士朴，耕田凿井，村多负耒之民说礼敦诗，邑鲜横经之士。泥金未就赖陶铸，于良工，琴瑟不调，待更张于善政。我邑侯旦初，夫子一代名儒，阖邑慈母蒲鞭，不事常挥宓子之琴，皇比宏开大启马融之帐，谓百工末技，犹居肆以程功岂多士。穷经乃逸居，而无教爰谘爰度，尔卜尔筮，挥肆业之良，区开宏文之别馆，爰有厚堂，李少府以练达长材，俯从吏治。进亭薛广文以淹雅名，宿来范学宫用能辅我邑侯，同成胜举，共扩宏图。念何地之无才，谓小子之有造，隔蓬山于弱水，假慈航而始渡迷津，励伟志于强台，非援手而乌能坦步。于是求前邑侯张公书院旧基扩而广之，开而新之分光华，于奎壁室近文昌挹灵秀于山川，地踞名胜。由是已，编课读陈，张华励志之诗子夜，篝灯诵江总修心之赋庶可无惭乐，育不负裁成也已职，等同坐春风均沾，化雨心仪，盛治目睹成功。瞩庶士之前修，怀我公之厚爱，用磨元石以志仁恩，敬布菲词永绵教泽。今日韦编子弟，幸叨随问字之车他年竹马，儿童当尽作研经之士，是为记。

◎ 参考文献：

[1]凤凰出版社编．中国地方志集成·善本方志辑·第 1 编·乾隆阜平县志[M]．南京：凤凰出版社，2014：355-360，374-379．

[2]劳辅芝撰修：同治《阜平县志》卷 4"典政上——学校"，1874 年。

[3][7][8]劳辅芝撰修：同治《阜平县志》卷 4"典政下——艺文志"，1874 年。

[4][6]高明乡主编，阜平县地方志编纂委员会编．阜平县志[M]．北京：方志出版社，1999：669-670．

[5]吴洪成，刘园园，王蓉，刘达．河北书院史研究[M]．保定：河北大学出版社，2014：256，341．

龙泉书院

清道光十九年(1839 年)，知县张复吉督率邑绅张鹏程在龙泉关建立龙泉书院。书院以学田作经费,共有院田 971 亩,校舍房 8 所。同治《阜平县志》卷 4"学校志",仅有片言只语:"龙泉关亦有龙泉书院。"余无所载,可谓语焉不详,足见该书院绩效有限。

(四)高碑店市

紫泉书院

清乾隆初年在南关建紫泉行宫。行宫是清皇帝南巡的驻跸之所。咸丰六年(1856 年)春,紫泉行宫改建为紫泉书院。[1]清咸丰九年(1859 年),知县杨雯萝召集众绅士商议在紫泉旧址(今新城中学)改建紫泉书院。众绅士捐银 2000 多两,建筑房屋 35 间。阴历六月动工,十月落成。"复集资置地八顷充膏火之资。"紫泉书院聘请县内外名师讲学,讲授内容以"五经"为基本,教学方法以学生个人读书钻研为主,教师进行有针对性的指导。当时,书院规模和声誉很大,不少学生在科举考试中榜上有名。[2]清光绪二十九年(1903 年)紫泉书院改为县官立高等小学堂。[3]

◎**参考文献:**

[1]高碑店市地方志编纂委员会编. 高碑店市志[M]. 北京:新华出版社,1997:75.

[2]高碑店地方志编纂委员会编. 高碑店市志[M]. 北京:新华出版社,1997:633-634.

[3]中华人民共和国民政部,中华人民共和国建设部编. 中国县情大全(华北卷)[M].
  北京:中国社会出版社,1992.

(五)高阳县

濡上书院

高阳县书院、义学、社学的情况如下:

雍正二年知县管凤苞建忠义节孝二祠,乾隆十八年知县史在篇重修(史在篇有记)。嘉庆十二年,知县刘旭,同治五年,知县张恩熙,教谕张康侯各有修葺。教谕宅在学宫东,训导宅在教谕宅西。学额原额科岁试各取文童二十三名,岁试取武童十八名,廪膳生二十名,增广生二十名二年一贡。社学一在旧太仆寺东,一在隄村。义学在县城东街,雍正七年建。[1]

清咸丰二年(1852年)由知县杨景彬创建濡上书院,院址在文庙旁义学旧址。同治十一年(1872年),知县赵秉恒上任初期,在书院学习的童生不过数十人,书院规模狭窄,当时"以各乡庙产为基金",经费不足。赵秉恒遂增修书院,为补充书院经费,用无契田产的租税补贴办院,到翌年四月,肄业童生增至百余人。张祖樾,字筱昀,受同邑属高阳知县王塏聘,曾主讲高阳县濡上书院。[2]清人赵秉恒撰著《重修濡上书院记》(见附录),收入李鸿章等修、黄彭年等纂光绪《畿辅通志》卷114"学校志"。

附:《重修濡上书院记》

重修濡上书院记[3]

(清)赵秉恒

庚午冬,余奉代斯邑,下车伊始,即诣书院。观风时,生童来课者不过十数人而已,书院仅止讲堂三楹,环堵萧然,并无生舍可以棲止。虽旧有田亩存款,而出息无多,膏火既不敷给,且有侵射之弊,亟为厘剔而整顿。自此,每月两课,课无虚月。当与绅董熟筹新立条规入则,悬诸讲堂以示久远。复虑经费不足,凡遇争讼无契田产,令归书院招佃收租以期积少成多,贴补赀脯。至次年二月以后,肄业生童增至百数十人。及夏四月,筹膏火增葺齐舍,按月课试,必严必公,延请山长务由绅士,公举品学兼优者主之。余因书院屋舍本极狭隘,拟就基址,新葺生舍,增扩旧制,遂捐廉为倡,与绅士商议劝捐。适因河工未竣,又遭大雨兼旬,滂沱四溢,田庐被灾,遂至奔驰。抚恤启处不遑嗣,蒙发帑及粟饬,令以工代恤,因于城堤各工之外重修书院。于今岁春初,择董购料与工。越三月十有八日,而藏其事,今将增建舍屋门墙若干,以及新增田亩租数若干,并开列于碑阴以垂久远,其他加等列增膏火则另有规条在。

◎参考文献:

[1][3] (清)李鸿章修,(清)黄彭年纂.畿辅通志(第115卷)[M].保定:河北大学出版社,1928:12.

[2]徐泳.山东通志艺文志订补8集部(第3册)[M].济南:山东人民出版社,2016:86.

(六)容城

正学书院

旧志载,本县只有一所书院,名为正学书院,清康熙八年(1669年)知县赵士麟创建正学书院,认为"为政必以养民为先,养民必先造士,造士必先明理"。常临书院讲学,学崇程朱,倡躬行实践[1]。设于城内(西)大街路北县治东。史志文献记录表明:书院由学术讲演的社会教育组织演化而来,以社会教化为讲学要务[2]倡建者起了核心主干作用,同时又得到商绅的赞助。"先是公每朔望率绅衿诣明伦堂讲解经义,一时冠冕,云合雾涌,几不能容,遂谋为书院之置,而难其地与首倡者。会中贵杨范偶抵邑,闻之欣然,购得大宅一区,估金三百定券,俄顷,慨成斯举,有所不足,公则捐俸倡募以足之。其立绰楔,加丹垩,置书籍,次第毕举。"后因时代的急骤变动而衰颓。正学书院建筑布局分前(南)后(北)两个院落,屋舍共计31楹,置地112亩[3]。"讲诵燕息庖游之所,靡不备。"[4]后院两房为正厅,名"敬一堂",东厢为注讲课试之所;仿宋代经世派教育改革家胡缓(字安定)遗意,前院东厢名"经义斋",西厢为"治事斋"。书院的管理较为正规，开始设有院董，首任张传薪，继任杨巨卿，再任梁倬峰。此后，"又延请院长"；再后，由县学教谕兼管。[5]清人崔蔚林撰述《正学书院碑记》收入赵士麟修，李进光等撰康熙《容城县志》卷7"艺文志"下；清人吴思忠撰《正学书院记》收入俞廷献等修，吴思忠等纂光绪《容城县志》目录前。

正学书院后改名为正义书院。据志书记载："正义书院，在县治东，原名正学书院，有地112亩，作为经费。咸丰六年，知县张某捐资，发商生息，以资膏火。[6]书院订立辨学、立志、明性、正心、慎独、躬行、笃伦、改过、虚受、读经、持久、申约等12条《兴学会约》，集诸生会讲其中。学制无明确规定，只在每月"初二、十六辰刻"，赵知县亲"集邑之学士、大夫及善民俊彦"于书院的明伦堂内，"与诸生讲论"。办学宗旨极为明确，每每针对"近世言学者""心目足身口，自相背而驰"的弊端，"讲经义"，"阐明正学"，"以正人心，敦风俗"，并要求诸生"首以去欲存理为急，次即以躬行实践为先"。书院的组织纪律亦有严格规定，要求"诸君每月纵有俗务相妨，亦须破冗一会，共成远大"。道光十六年（1836年）刻《三贤集》。[7]

书院颇受欢迎，每"诸生讲论"，常常"观者如堵"。书院的"延师月课之资"来源有三项：其一，国拨经费。"旧有籯火生息京钱一千二百吊，新增籯火生息一万余吊，以为延师月课之资。"其二，收纳地租。"书院地六十四亩"，"村民耕种，免差役，延掌教，收其籽粒"，"以为延师之用"。其三，士民资助。"邑侯捐俸钱，邑人捐钱发商生息，为书院敬惜字纸之费。"[8]

道光十六年（1836年）刻《三贤集》，咸丰六年（1856年）增建前后院，"以为注讲课试之所"，新增膏火生息钱1万余吊，"以为延师月课之资"。[9]光绪间，仅存正厅3楹。祀文昌帝君。讲堂斋舍皆倾圮无存。[10]下附《正义书院记》。

正义书院记

自国家以文章取士，书院之设遍于行省各州县，然名存而实或亡，旋兴或即于废求，所谓一人倡之，众贤和之，行之久而无弊者，非以持之，贵有其人与。丙申岁，容邑纂修县志局设书院中，余因从事其间，闲谈之时，有院董张君传薪、杨君巨卿、梁君倬峰始知书院之兴起，虽不尽关夫三人之力，然非三君之经营筹画则又未必若今日之美备也。其初，膏火生息成本仅一千二百吊，膏火寥寥，生童率观望不前，屋宇狭隘，师生亦无栖身所，三君悯之。适逢泸溪罗公，高公，临安俞公前后来宰是邑，慨然以振兴文教为己任，三君乃谋，诸邑侯禀请大吏共拨公款京钱一万余吊，发商生息每岁得生息金若干，用度由是绰有余裕。又命三君总司院事，数年中重修屋宇，内外数十楹，焕然一新，加增膏火，爰立规条，又延请院长以便观摩。今得与同人月会日习于此者，不得谓非诸君子之力也，第恐多历年所后我者忘所自，而无所取信，将废弛院中事，使不可救药，是仍无补作育之本意，谨为文载之邑乘，以垂永久。濡笔而书其崖略如此，后之人继继承承，无忘此三人之意也，则善矣。

正学书院会约[11]

（清）赵士麟

容城为前贤刘静修先生讲学地。厥后，椒山公亦以理学名家兼著忠节，当世若孙徵君皆倡道兹土，后先辉耀。不肖叨莅此邦，心切仰止，自恨质庸诚陋，于学无窥，然此心耿耿，未能放下。爰创正学书院，集环邑之士，而月一再会焉，非日登坛说法也。令，民牧且教化之司也，簿书期会而外，施施然，泄泄然，不肖之所不敢出。若夫质疑订学，就正交修，其本志也。

予惟正学之不明也久矣。流俗之渐既深，功利之乘易人。声色货利泪其内，文章技能骋其外。于是乎富贵则汲汲，贫贱则戚戚，得则喜，失则忧，穷则滥，乐则淫。更势以相轧，利以相图者，比比也。虽有豪杰之士，亦鲜克振拔。饮其毒而莫觉，哀哉！近世言学者谈王说霸，酌古准今，高极于无始，细入于无伦，大者冒天地，而阔者范三九矣。徐视其履，乃多不厌人心。目足身口，自相背而驰者，又比比也。盖醒习既久，则祓除为难；淆淄既深，则澄滤不易，势使然耳。今日正要清源正本，首以去欲存理为急，次即以躬行实践为先，专精于身心性命之微，敦笃乎亲亲长长之谊。澄其心而醑然不滓，修诸身而确乎不拔。征之家庭而雍雍翕翕，推之民物而蔼蔼熙熙。此则见之履者即其所语者也。若以神理为精，日用为粗，比拟卜度，与自己生机何所干涉。且如此会，有堂上坐者，有堂下观听者，揆以前贤满街圣人之论，则此观者，未有不指我辈为圣人，自视为愚夫妇。须知我辈当自视为愚夫妇，观者尽是圣人，彼特行不著、习不察，不自知其为圣人耳。我辈若悠悠忽忽，虚过此生，不得一安身立命、真实受用道理，虽欲求其为愚夫愚妇而不可得。孟子曰："人之所以异于禽兽者，几希。"是可惧也。盖我辈心机智深，巧发幸中，易泪其良。彼辈朴鲁，无识无知，能全其天也。彼辈草木衣食而外，溪壑易厌。我辈声华相高，营营逐逐，比于乞墙穿窬者更可耻也。功名富贵，得之不得，有命焉，不可幸而致也。若自性自命，人人固有，求之即在，圣人可学而至，岂难事哉！须将一切世情冷暖，好丑顺逆，全体放下，寻着一条血路精神，打拼归一，直做到底。如登山者必极其巅，溯河者必穷其源，令此方寸地光光明明，一点无翳。所谓太阳一出，魍魉自消。富贵贫贱之间，有无人而不自得之趣，视听言动之际，有触处逢源之宜。出则发为经纶以兼善天下，处则蕴为康济以先细民。孔颜饮水箪瓢，明道光风霁月，身世之内，穷达之间，泰如也。此名教之乐，虽黄金白璧不易焉。不肖不揣不类，敬列会约十有二条于左，诸君每月纵有俗务相妨，亦须破冗一会，虚心相受，共成远大，惟吾党是望焉。

辨学

士何学？学以变化气质，求至于圣贤之道也。自尧舜以迄周孔相传，自有正传，精而性命，显而伦纪，仰而参天，俯而法地，内而诚正格致，外而修齐治平，本末体用无不备举，此正学也。吾辈须择天下第一学术，舍是而功利，已焉，五霸以来陋也。舍是而训诂，而谶纬，而九流，而释老，已焉，汉以来陋也。舍是而词章，而科第之文，已焉，隋唐以来波荡至今，又陋也。学有不同，人品因之，不可不辨。

立志

学莫先于立志。志不立则学鲜有成者，有必为圣人之志，而后有求至于圣人之学。先儒曰：贤希圣，圣希天。孔子十五而志于学，即希天也，故曰"五十而知天命"。吾辈为孔子徒，既择天下第一学术，即须学天下第一等人。志在诗文，则亦诗人而已；志在文人，则亦文人而已；志在功名与气节，则亦功名气节之士而已。若志在圣人，为天地立心，为生民立命，为往圣继绝学，为万世开太平，凡此者，非有神奇之术，高远不可企之事也。论本体，愚人亦是生知，论工夫，圣人亦是学知，我欲为之，斯为之而已矣。语曰：取法乎上，仅得乎中。若取法乎下，则将愈下。念之哉！

明性

性者何？理是也。理者何？仁义礼智是也。赋于人谓之性，出于天谓之命，元亨利贞是也。道者何？率性而行，各有仁义礼智，父子，君臣，夫妇，长幼，朋友之道是也。至所以具天命之性，全率性之道，皆本于心。故曰：心统性情。自孟子而后，荀、杨以来，或以为性恶，或以为善恶混，或以为性有三品。至宋诸大儒出，谓性即理，断然于有善而无恶，然后阐发明白，大著于天下后世。至今庠序育材，师儒讲习，粹然出于尧、舜、禹、汤、文、武、周公、孔子、颜、曾、思、孟之正，绝口于汉唐异端驳杂之学者，周、程、张、朱诸君子之力也。

正心

心者人之神明，具众理而应万事。自非朱子言之，人鲜不以知觉为心者。人心自有正位，寂然不动，感而遂通，正即得其正位之谓也。《大学》因心体上难着力，乃教人于心之发动处用功，故有"诚意"一段功夫，意窍于知，知彻乎物，故又有"致知，格物"两段功夫。其实一正心而自足，若主宰得正，还其虚灵之本体，廓然大公，则动于意自无不诚，窍于知自无不致，彻乎物自无不格，发于目自无非礼之视，发于耳自无非礼之听，发于口与四肢自无非礼之言动。赤日当空，群晦自灭，必然之理也。董子曰，正心以正朝廷，正百官，正万民，齐治均平，不越乎此。此端本澄源之学，一以贯之之道也。

慎独

孔门心法相传，惟曰慎独。独者，吾心灵明之体，即天命之性，而率性之道所从出也。慎独而中和位育，修齐治平，天下之能事毕矣。然独体至微，无所容力，则严之于不睹不闻之地，一真无妄，敬肆之分，人禽之别也。曾子曰：十目所视，十手所指，其严乎！暗室屋漏之中，凛然上帝临汝。一涉自欺，万恶渊藏。吾辈若错过此关，后来枉费气力，到底为厌然之小人矣。君子之所不可及者，其惟人之所不见乎！

躬行

世之誉理学者，非伪则腐。吾辈试一一查点：当天下国家之任，果能有齐治均平之略乎？若犹未也，则不免于腐；察衾影窬寐之中，果能无愧怍疢恶之事乎？若犹未也，则不免于伪。往见谭道者，恒言本来无物矣，而不免竞刀锥；恒言万物一体矣，而不免介睚眦。岂非躬行不逮，暗室多亏之徒，喋喋于口哉？孔曰观行，孟曰论世，此何以焉？先儒云：学者于理若有所见，便须一一与之践履过，故反身而诚，则乐莫大。盖非徒知之，实允蹈之也。顾端宪公学，不苟自恕，常言昼观之妻子，夜卜之梦寐，二者无愧，始可言学，不可不知。

笃伦

父子之亲，君臣之义，夫妇之别，长幼之序，朋友之信，五者天下之达道也，而仁义礼智之五性属焉。与生俱生，个个系属，何等关切！信如君不君，臣不臣，父不父，子不子，夫不夫，妇不妇，兄不友，弟不恭，友不信，则人道废，乱之所由生也。先儒曰：五伦间有多少不尽分处。孔子求于子、臣、弟、友四者之间，而曰“丘未能一”，盖言不尽分处多也。吾辈安可不常怀不尽之心，以求必尽之道？倘大伦有亏，虽文章妙今古，鸿猷震寰中，疚心多矣。圣贤千言万语，学者许多穷理功夫，兹会下许多讲说，皆为这几件要紧事。若此处落空，百无足数。凡我同志，循分自尽，求其无忝，可乎？

改过

喜怒哀乐未发谓中，中节谓和。常中常和，何过之有？一有不中节处，便有过尤不及，不及亦过也。子曰：小人之过也必文。小人既知文过，则是人有过未有不自知者，何改者之难其人也。颜子有不善，未尝不知，知之未尝复行，上也。亦有过而不自知者，昔子路，人告之以有过则喜。吾辈此会正当要相规相劝，以善补过，虚心逊志，察言观色，痛自惩艾，改之又改，过复无过。若只皮面补缀，强缝虽工，终陷于恶，是谓过矣。陆子曰：涵养是主人翁，省察是奴婢。吾辈大略俱是钝根人，请先为其奴者，须得讼过法，将平日声色货利病根逐一查简，直用纯灰三斗，荡涤肺肠，于此露出灵明，方好商量过端下落。期与诸君共勉之。

虚受

谦受益，满招损，时乃天道。器虚则受，实则不受，物之恒也。一得寸长，矜烯炫露，高视阔步，旁若无人。以此事君则不忠，以此事父则不孝，以此求友则不益，以此进学则无成。即幸而发科取第，才华声誉笼罩时，终非大受之器也。吾辈须以大舜之舍己，孔子之无我，颜子之若无若虚为法，冲然欲然。勿效时流以文章渺同辈，以才技博虚声，以堂阏之见而侈然自盈，以井管之窥而鳌然自是。以此结果一生，则善矣。

读经

《易》《诗》《书》《礼》《乐》《春秋》，各为一经。心乃全经，心之理散见于六经，谓六经一心可也。尧、舜、禹、汤、文、武、周、孔，一人可也。以经求经而经亡，不因祖龙之煨烬而亡；以心求经而经存，不因简册之昭垂而存。故曰：六经皆我注脚；六经注我，我注六经。求之精神血脉之徵，彰之出处措设之大，庶几经以人存。若工程式，专训诂，蔽昧剿剿，其去秦火几何哉！

持久

天以恒而常覆，地以恒而常载，四时日月以恒而常运行。人而有恒可以作圣，无恒不可以作巫医。盖此道知之非难，行之为难，非暂行之难，持久之为难也。学者往往以厌喜之心乘之，或作或辍，锐进速退，故亦旋得旋失，岂有忘哉？《易》曰："天行健，君子以自强不息。"《诗》曰："学有缉熙于光明"盖言久也。圣人亦无大过人者，独是久而不已，志诚无息，与天之于穆同归，遂蔓绝千古。孔子自十五至七十，少而壮，壮而老，何时非学，况在吾辈又何有哉？一堕百堕，前功尽弃，良足惜也！

申约

每月之会，初二、十六辰刻赴院，一揖就位。趁此日力讨个身心性命着落处所。勿浮躁，勿戏亵，勿骋能心，勿夸胜见。茶毕，虚心静坐，默对凝神，然后启请。或证所得，或质或疑，或征六经、四字之言，以为折衷，或举千人嘉言懿行，以为楷模，议论稍有不同，则平心顺理以商之，贵则意逆志。争在躬行，勿争在字句，勿固执一偏之见以求胜，勿为机锋之语以混人。说得来，即需行得去，方与自家身心有益。子弟有愿听教者，不防携至，使观法考镜，俾知向道，则习心习见可破除也。继吾后者，当视此为名教乐地，按约举行，庶几此会之可永也。[11]

下附《正学书院碑》。

正学书院碑

荣城前有刘静修后又杨忠愍两先生，节烈俱足风属百世。今徽君孙先生复接慷之傅为海内儒人师表，虽浮家洪水倡道苏们而荣邑一席地固归然灵光在焉。邑侯赵公以滇中名进士来位，兹邑入祠必敬过卢必式治垂五载正身格物、吏畏民怀。一日慨然曰，人生而蒙长无师友则愚，余既听任师帅而承流宜化，无闻俱无以报称服官之意。于是集邑之学士大夫及耆民俊秀于明五堂月凡再会，因人心之固有，发天命之本然，反复开导切实明白。不期年，而士民蒸蒸，群为鼓舞，去登高之，呼所由然也已。而念明五堂，实有专司，非宰官罪，比谈经学，士藏修游息之，所欲别规久还，又苦清俸无余。会邑中贵人杨清还旋里捐囊金，敷百于治东左次置大宅一品，门宇堂廊规模宏整，因奉赵公请学教士于其中，清还素慷慨意气，尤乐接贤士大夫亦其所为好善恶恶盖亦巷伯孟子之五维，是淫祠梵宇榱桷连云媚福徼利之私。中于人之心髓而莫之能解也非一日矣而清还独知崇敬正学，助宣名教毅然挥金于不报之地可不谓卓然拔俗见义必为者乎。赵公用是大为清祀，修之廊之丹之船之榜为正学书院会宣听于中旁，垂诸子像颜其堂曰，敬一又仿胡文昭公遗意，署经义治事雨斋。诸乡先生服教乐义，将贞珉以志不朽走书请余一言祀其事。余乃发书曰诸先生亦知公以正学命名之。意乎民受天地之中以生所谓性也，中含五德还未五伦听人欲书五伦以全五德发立五教，五教修而五伦尽矣，五伦尽而五德立矣，五德立而五行序矣。听人修己治人之道，参赞位育之功端，不外此乃异端炽而正学晦。于是有隐怪之学，以鸣高有刑名之学，以规利有记诵之学，以夸博有词赋之学，以炫才邀誉间有自命为读书躬理从事于身心性命者，则又多砭砭自是执固鲜通又或色取行还高自位置阳假假学倡道之名俭，以求其富贵利达之志。鸣呼，此与于异端曲学之

125

甚者也，诸先生及多士，素沐静修忠憨之风，且亲炙徽君先生之教，固皆深明正学之义者，今又得公提斯倡导，共澄渊源。从此穷六经之指，扫诸儒之同，异本之敬一，以定期志肆之经义治事，以厚其德而赡其才，则是院也恢弘而嗣续之。虽与白鹿鹅湖并存天壤，可也侯之兹土者，尚其永念前徽。聿勤后效无使赵侯父母师保之心，与清远乐善尚义治举，为诸草莽也哉是为记。[12]

◎ **参考文献：**

[1]季啸风.中国书院辞典[M].杭州：浙江教育出版社，1996：482.

[2]张惠芬，金忠明编.中国教育简史[M].上海：华东师范大学出版社，2001：369.

[3]邓洪波.中国书院学规集成(第1卷)[M].上海：中西书局，2011：44.

[4](清)赵士麟修，李进光等撰：(康熙)容城县志·卷3"学校志"，康熙十二年刻本。

[5]容城县志编辑委员会.容城县志[M].北京：方志出版社，1999：353.

[6](清)李鸿章等修，黄彭年等纂：(光绪)畿辅通志·卷114"学校志"，光绪十年刻本。

[7][10][11]邓洪波.中国书院学规集成(第1卷)[M].上海：中西书局，2011：44-46.

[8]容城县地方志编纂委员会.容城县志[M].北京：方志出版社，1999：353.

[9]季啸风主编.中国书院辞典[M].杭州：浙江教育出版社，1996：7.

[12]容城县志，清光绪二十二年版。

(七)唐县

唐岩书院(原名焕文书院)

唐岩书院在河北唐县，为本县清代高等学府。清道光十五年(1835年)，知县张梦蓉以是邑文风不振而在旧城东门外(今唐县中学处)创建唐岩书院，并明定章程。初名焕文书院[1]。书院设斋长，聘请掌教先生和讲席负责教务指导和授课。书院聘用德高望重、学识渊博之士任课，讲授诗书礼乐，推荐学生参加乡试、会试，奖励成绩优秀者，大兴重教助学之风。[2]道光二十一年（1841年），知县饶翠重修。同治七年（1868年），知县陈泳整顿地亩，添修屋舍，有房屋47间，学地149.2亩多，更名唐岩书院。47间房屋分别是：正院大门3间，阶级5尺。外有照壁，内有屏门。讲堂3间，题曰"崇实"，南厢房8间，后院主讲斋3间，北院西客厅3间，南北房各2间，过庭3间，正房3间，又北正房3间，为张公祠，左北配房3间，右北配房2间，东房2间，西房3间，南院车门1间，南厦3间。此种规模的书院每年用于修葺房屋和置备设施需要相当一部分资金，这笔支出也是需要经过事先的预算："书院岁修房屋，添补器皿什物，每季不过制钱二千二百文，俱由值季斋长同书吏，先将需用工料价值禀县，俟批准后，方许修补。如有兴作大事，着四季新旧斋长公同估计，具禀县亲勘复核，并查明有无经费盈余，妥为筹议，分别缓修动工，事竣报县验收。"[3]史称："因唐岩山为一邑钟秀之所也。有地亩十四顷九十二亩八分，又发商生息成本若干，每岁租息，作为经费。"书院地亩坐落：高昌店北高昌地91亩2分；东西和三都亭地2顷92亩8分4厘5毫；长古城村地2顷11亩8分1厘2毫；西南京小庄地36亩；白塔村地60亩；醴泉村地5亩；李家庄地2亩5分；大马庄地16亩；王景村地18亩；勺堤村地20亩；放水村地5亩；朝阳洞地18亩；明伏村地19亩；大常峪村地11亩；城内承种地74亩6分7厘5毫；东关图子村地57亩；河南村白合村水地8亩1分5厘；南洪城村水地1顷18亩9分；罗庄水地91亩1分9厘8毫；苑家会村水地1顷42亩1分；屯村水地10亩；大张合庄水地1顷63亩9分3厘。以上共地14顷72亩3分1厘，每年租大钱376千799文。唐岩书院于道光十五年（1835年）"发商成本大钱七千六百千文，每年八厘行息。嗣又发商成本大钱四百千文。"同治七年（1868年）由知县陈泳"整顿旧租，交斋长添修房屋，增置考试桌凳，建立张公祠宇，余剩发商生息，加添生童膏火。"八年正月发商，每年1分行息，同治十二年（1873年）"罚款大钱五百千文，发商每年八厘行息，现今成本大钱八千五百文，每年生息共大钱六百八十八千文，以备支发生童膏火。"可知，书院学田收入主要用于教学设施、祭祀崇拜、建筑维修及学生补助等项目。[4]明隆庆六年(公元1572年)，唐县无学田，训导王汝扬请用"马金"剩余资金从县城东购置肥地120亩，作为县学贫困辅助之需。清光绪四年，唐岩书院(即明代县学)学田增至1472亩，县学发展到2处，购置学田244亩。乡间社学7处，置学田138亩，是年唐县学田1854亩。民国时期，部分庙产转为学田，民国36年(1947年)土地改革时全部转为民田实行土地平分。[5]

饶翠制定书院章程，对纳生名额、聘请掌教、斋长职责、考课规程均作了规定，章程规定了该书院的课程分为官课和斋课，其中官课由地方官主持，而斋课由书院院长自行组织，并定每月初三为官课，十三、廿三为掌教斋课。每年自二月至十一月，官斋两课共计30次。特别需要注意的是，唐岩书院的考试均为闭卷考试，这种形式的考试也滋生了书院的一些不良之风，徇私舞弊现象开始出现，为了杜绝此类现象的扩大和消极影响，焕文书院在章程中明确规定"如有雷同，核扣膏火"。这种严厉的举措和规定净化了书院的考课之风。同时，在焕文书院的章程中，我们还发现了有关院长选任的特殊现象，章程中指出本县官员和乡绅等人不得对该书院的院长选任进行真正意义上的干涉，章程指出："本处绅士延访文行兼优之科甲，呈县官聘请，县官新故及各处函荐者，俱不许延请，如县官殉情延请，其束金即由县官赔出。"这样的规定充分保证了书院行政的独立性，有助于书院精神的弘扬和传播。书院还设书吏一名。书吏，书院职事之一。承负备办试卷，发卷张榜，管理图书，清点住斋生徒，发放膏火，催收租谷，协修房舍等事责不一。清光绪《唐县志·唐岩书院条规》："经管书院点名、造册、写算一切事宜书吏一名，每课发给饭食、纸笔制钱五百文。"[6]书院曾尝设打扫夫。打扫夫，书院掌打扫卫生之员工。清代唐县唐岩书院尝设此员，每年给工食及折米大钱14280文，遇闰年加增，秋收时则与书吏、看门一同下乡催租，另给工价大钱5000文(见清光绪《唐县志·唐岩书院条规》)。[7]唐岩书院设有多名斋长，然后按季轮流理事。值季斋长又称经营斋长，书院职事之一。清光绪《唐县志·唐岩书院条规》规定，设斋长4人，"书院一切事宜，斋长按季管理，毋许争执推诿"，"每月应发钱文，即由值季斋长会同县房，查照章程准给数目，先期开具清单，禀县核明批准，再持三簿支"。"值季斋长管理三个月，即将所存书院印簿一本，交下季经营斋长收贮，以后按季管交如前。"[8][9]监院是书院中仅次于山长的职事，实际上往往处于行政首脑的地位。山长虽兼行政首长，但并不管具体事务。院中"庶务"包括行政、财务学生管理、图书管理等皆统于监院一职。监院主要是由地方行政长官委派或以学官兼任，也有地方公推的。官命监院有称作"监院官""监院教官"者，权力较大，名义上受山长约制，但它是官方在书院的代表，可以越过山长直接向主管衙门负责。河北唐县唐岩书院的监院就由儒学教官"教谕、训导，按月轮流管理"，"如肄业生童内有嗜酒闲游，不勤攻读者，该监院随时训责。如有不遵约束者，即牒县逐出"。[10]清代的书院是准备科举的教育机构，光绪四年(1878年)额设肄业生监20名，童生正课10名，另设附课均不计名额。书院开销以学田租息支付。光绪三十一年(1905年)，废科举兴学堂后，该学院改建为唐县东关小学堂。[11]清人张梦蓉撰《焕文书院碑》(见附录2)收入陈泳修，张惇德等撰光绪《唐县志》卷4"书院志"。

焕文书院条规[12]

(清)饶　翠

一、原议书院掌教先生，由本处绅士延访文行兼优之科甲，呈由县官聘请，不得将干食束脩，不亲到馆之人滥充讲席。又本县绅士呈请议定掌教先生，县官新故及各处函荐者，俱不许延请，如县官徇情延请，其束金即由县官赔出。查新旧斋长，曾于道光十八年十二月间，因延请掌教，互相争执，嗣经前任自行聘定，方息争端。其县官教职之同年，并佐贰营员之亲族同乡，俱不许延请。至聘定掌教先生，与后任县官同年亲族同乡，果系文行兼优者，毋庸另请。

二、原议书院为作养人材而设，其已中式者，即不准再食膏火等语。查县属书院，与各省城踊跃观光赴院考试者不同，自应循照旧章，毋庸再议。

三、书院额设肄业生监二十名，童生正课十名，附课均不计名数。俱于正月间，由县悬牌扃试甄别，如有携卷外出，及起更后尚未交卷者，概不取录。正月间甄别未到，及未经取录生童，以后均准收考，并许在院居住。每月初三日为官课，十三、二十三为掌教斋课，均扃门考试，榜示等第。所收超等，壹等，不拘名数，总以每月官课取定生监前二十名、童生前十名为正课。每年自二月起，至十一月止，共计官、斋课三十次，如遇闰月，则六月停课，仍归三十次之数。逢八日，掌教愿否加课，应听其便。

四、书院一切事宜，斋长分季管理，毋许争执推诿。如有事故请退，如徇私侵蚀，众斋长禀县确查详明更换。所有书院地租，官为征收，发交当铺，同生息一并存贮。登记印簿三本，一存县署，一存书院斋长，一存县房。每月应发钱文，即由值季斋长，会同县房，查照章程准给数目，先期开具清单，禀县核明批准，再持三簿支取，分别致送发给，由县按月开单，实贴书院。如无县批示及三处印簿，不准当铺应付。倘斋长、书吏持所存印簿，私向当铺支钱，着即赴县禀究。若徇情支发，其钱即着落当铺赔偿，以免亏挪而垂永远。

五、掌教每岁束金制钱一百八十千文，薪水一百二十千文，迎送车价盘费十二千文，如路远不敷，由县捐补。正课生监二十名，每名每月制钱一千文，童生十名，每名每月制钱五百文，附课并正月间甄别，均无膏火。一月三课，以官课为准，如官课取列正课，而斋课一次不到，扣膏火三分之一，两次不到，扣膏火三分之二。凡发膏火，于下月初三日发上月膏火。

六、每月官课，生监考列正课第一名者，奖赏一千文，二名至五名，奖赏五百文，六名至十二名，奖赏二百文，童生考列第一名，奖赏制钱五百文，二名、三名奖赏三百文。斋课无奖赏。该生童诗文，如有剿袭雷同，比照斋课不到之例，核扣膏火。本课官如愿自捐奖赏，在外，不拘钱数。

七、每月三次大课，无论生童，给饭钱五千文，均于下月初三日发上月饭钱。掌教加课，不在此例。如有诗文剿袭雷同，或并不交卷者，不列等第，毋庸给发饭钱。其正月间甄别未到，及未经取录生童，每月官、斋课考列超特一等者，一体给与饭钱，考列附课者，不发饭钱。至官课未到，及未经取录生童，斋课考列超特一等者，亦一体给与饭钱，考列附课者，不发饭钱。以杜冒滥，而示区别。

八、监院由儒学教谕、训导按月轮流管理，每岁各致送三节节礼，各制钱十二千文。又监院并经管书院斋长，每课共用席钱一千文，掌教加课，不在此例。

九、经管书院点名造册写算一切事宜，书吏一名，每课发给饭食纸笔制钱五百文。逢乡会试之年，报冲捐地纳租，另给大钱十五千文，添补节年纸笔之需，无乡会试之年，不得援以为例。又书院看门打扫夫一名，岁支工食并折米大钱十四千二百八十文，遇闰加增，每年催租工价大钱五千文，遇乡会试年，均毋庸加增。

十、原议书院地亩租数并发商生息本利，分造三册，由县盖印，一存县署，一存儒学，一存经管绅士，作为永远底本。仍另订地亩租钱册本，由县盖印，作为收租之用。每年十二月初旬，将收支细账清单报县，查核所收租息支用余存及膏火扣存空旷，无科场之年，作为修理书院房舍器皿支用，遇有科场之年，作为在院诸生应乡试盘费支用，如有不敷，官为捐补。其书院诸生董事与肄业同，其诸生不在院肄业者，不给盘费。有科场之年，五月后不复收考。查书院自置地七顷一十七亩三分五厘，捐地现成一顷四十九亩三分，每年共收租大钱二百六十三千四百三十六文，捐地报冲三顷八十亩零三分五厘，每年应收租银二十两零三钱四分，应收大钱三十七千九百二十文，已有钤印底册。又新捐地四十亩零二分，应议租大钱八千零四十文。现将报冲捐地查明，同新捐地，酌令俟乡、会试年，分别纳租，以作乡、会试文武举生盘费，并修理书院房屋，添补器皿什物暨斋长生监饮食，并县房添补纸笔之需。其发商成本七千六百吊，每年生息大钱六百零八吊，业经取领详明有案。惟当铺领成本大钱四百千，亦按年利八厘行息，仅载书院碑记，并未具详令定为书院收支经费。每年十二月初旬，设立印簿三本，将本年支用余存租息，并次年额征租暨当铺生息各款，开写印簿，首页并载明收支章程，谕知当铺，一存县署，一存书院，一存会房。值季斋长管理三个月，即将所存书院印簿一本，交下季经管斋长收贮，以后按季管交如前。遇有科场之年，乡试诸生在院肄业者，每名发给二个月膏火，作为盘费，不在院肄业者，同文武会试及武乡试武生，均照在院肄业之生员每名所得之数减半给予，正月间甄别考取二十名者，以在院肄业论，其二十名外，并未经取录及未到诸生，以不在院肄业论，书院斋长与肄业者同，均于场竣后，俟生童课期，由县先行示谕。文生除中式外，呈送落卷，武生除中式外，投具并非未经赴试亦无冒领互保甘结，批饬斋长，会同书吏，开单禀准，持簿支出钱文，听候查询，生童佥称实在进场，当场分给。至文武会试举人，应俟奉到入场行知，再行核发。有科场之年，文生如有事故，不能赴试，六七八月仍准考课，查照常例，仅给奖赏饭钱，不发膏火。书院岁修房屋，添补器皿什物，每季不过制钱二千二百文，俱由值季斋长同书吏，先将需用工料价值禀县，俟批准后，方许修补。如有兴作大事，着四季新旧斋长公同估计，具禀县亲勘复核，并查明有无经费盈余，妥为筹议，分别缓修动工，事竣报县验收。其斋长、监工饭食，无论人数多寡，为时久暂，总以工料每大钱百千以上之数，酌给监工饭食大钱十千文，岁修不得援以为例。

十一、收租时，由县出示晓谕，并给院夫印票，协同乡保指户催纳，勒限十一月内全完。责成书吏，查照底本，另造地亩租钱征册，注明完纳日期，送官核销，给予钤印执照。所收钱文，每逢十日，发交当铺存贮，登记印簿三本。如有花户抗租不纳，禀官饬差传案追比。院夫催租不力，限满未完五分以上不给工价。其该商利息，俟书院应发钱文之时，由值季斋长会同书吏开单禀准取用数目，再行执持批簿支取。

十二、原议监院应支月分，不时亲赴稽察，如肄业生童内，有嗜酒闲游，不勤攻读，该监院随时训责，如有不遵约束者，即牒县逐出等语。查书院为诸生肄业之所，自应循照旧章，令监院稽察，毋庸再议。

十三、凡非书院肄业之人，无论官幕，一概不准在院居住，亦不得以书院借作公馆。一切器具，俱不准本县各衙门及绅士人等借用。斋长设簿，按季查点，递相交代，责成院夫收管。如有损坏，堪以修整者，禀县批准，即行修整，不堪修整者，禀县批准，再行买补，均将需用工价开明，以凭核示。每年正月间，由书吏造册，禀请县官赴院清查，分别管收，开单示谕。遇有短数，着落经管斋长同院夫赔偿。

十四、原议义学先生，每岁由书院拨给三节礼，各制钱九千文；又义学先生如功课不勤，由教谕训导牒县辞出另请等语。查义学节礼，应准照旧拨给。惟每年息租七百七十吊，核计岁需师生膏火等项，仅可敷衍，其乡会试年，应收地租银钱，又有文武举生盘费等项之用，如现议章程内并未准销之项，即与书院无涉，不许饰词请销。遇有必须支用之款，应由新旧斋长，当令生徒，听候详请宪示，俟奉批允后，饬令遵办。若不当众公禀，断不准行。倘斋长、书吏朦混禀准支发，日后查出，其钱即着落斋长、书吏分赔。

以上十四条，道光二十一年，知县饶翠酌改旧章，申请立案。

焕文书院碑[13]

（清）张梦蓉

且夫学校之设，所以广教化美风俗而储人材也。故古者立教必为之诗书礼乐以习其心志，羽龠干戚以习其德容，乡射饮酒之仪，于是焉。举养老乞言之典，于是焉。行论狱讯囚出兵，爰成之事，无不于是焉。具故出乎其中者，备德全材，既笃实光辉，皆归诸实用。即片长曲能，亦皆践履笃实，而不至徒托空言而无用。自秦火而后，圣人之制作，尽广无所谓学，固已。凌夷至于汉武始大兴文教，百家之说杂然并进，纯驳抑又难言焉。然去古未达其说，多有师承尚可存，什一于千百，故犹有以实学而征实行者，迨王弼以庄老之学说易圣学，遂沦于虚。无后又有诡其说以求胜者，阳儒阴释而圣学更闭于元妙，昏蒙否塞莫此为甚，故精其傅者类，皆迂拘不通而无益于时事。其日用不知者，亦惟执笔以求利达而已，岂古之所谓学者哉？方今圣学昌明，革百王之制度，阐先学之精微，黜后世之异说，复大道之极轨，设学立塾以勤士功，延师取友以广士业。迨其成焉，而试以经艺，验其学之浅深与术之得失，故大者大效，小者小效。其未用也文也，即其行也。悉于文征之。其既用也行也，即其文也，皆于行之。岂苟为炳炳烺烺，竞胜负于文字间者，所可同日语哉。余癸巳岁来莅是邑，广文雨辰。余宗兄也切切然，以士行不振为虑，因与余共勤辞此事，不辞劳瘁。二年间俾合邑绅民皆踊跃捐施，至是告成，属余为记，兼以训诸生。余曰经天纬地，谓之文，惟其有之是以焕焉。诸生苟体此意以为学，则异日用于朝廷可以出谋，决疑处重大而不惑，投之于利害死生而不见夺，即试之。一官一邑，其足为生民造福焉，胥于此决之。愿诸生永励其志而勿替焉。道光乙未六月。

◎参考文献：

[1][6][7][8]季啸风. 中国书院辞典[M]. 杭州：浙江教育出版社，1996：12，686，691，720.

[2]史登顺. 唐县历史文化读本[M]. 石家庄：河北人民出版社，2014：74.

[3][10]吴洪成，刘园园，王蓉，刘达. 河北书院史研究[M]. 保定：河北大学出版社，2014：267，256.

[4][13](清)陈永修：河北唐县志(第3—4卷)，1941年版，第148-151，152-153页。

[5][11]河北省唐县地方志编纂委员会编. 唐县志[M]. 石家庄：河北人民出版社，1999：148，659.

[9]顾明远.教育大辞典(第8卷)[M].上海:上海教育出版社,1990:110.

[12]邓洪波.中国书院学规集成(第1卷)[M].上海:中西书局,2011:48-50.

(八)望都县

尧台书院

清乾隆二十八年(1763年),县令卫学诗追回被侵占的义学田及应缴租金,借尧母祠东西两廊房舍延师课士,因建于尧母祠,取名为尧台书院,招收科举世子肄业者就读。乾隆四十八年(1783年)县令沈寅重修尧台书院,因县有龙泉之胜故更名为龙泉书院。嘉庆四年(1799年)县令赵锡蒲认为书院设于尧母陵只是权宜之计,因此在尧母祠右边另建1座讲堂,书舍3间,置学田100余亩,从此书院有专地,因县有击壤风。[1]易龙泉书院名为康衢书院。道光二十一年(1841年)县令吴步韩在康衢书院荒废40余年后,筹谋恢复书院,南关黄桂林捐200金,重建讲堂3间,书舍3间,西舍10间,大门1座。因院内池莲茂盛,即景,易康衢书院名为小莲池书院。后有文人吴小岩《题望都小莲池书院》云:"修我墙屋,非直为观美也,比及三年,郁郁乎文哉,于斯为盛;率其子弟,又从而礼貌之,有能一日孳孳为善者,何用不藏。"描摹出尧台书院后续者小莲池书院当时的胜景。"(门前果木)芽苗荣茂,实累累盈枝,金云应人文瑞。门外池莲净植,周遭杂众木,每当课艺,树影花香,波光上下,济济多士,文思勃发,人才盛而科名踵起。"[2]

尧台书院演化为小莲池书院,仅80年时间,易名之快,名称之多,在河北书院史上实为罕见。对此变故及新的转机,方志史料有翔实记述:"过此以往,渐又废弛,邑宰疲于差务,弗暇劝学,学田百余亩,奸胥侵蚀殆尽,院宇倾圮,移瓦木而济他工,曾四十余年间,盖将鞠为茂草之场矣。道光二十一年,邑令吴公步韩筹复旧规,南关黄生桂林独力输二百金,重构讲堂三楹,西舍十间,大门一座,右外除两间。明经广文麻元直种池莲益盛，吴公以曾垣莲池书院之目，故亦即景易名曰小莲池。"

至此，书院有院田地共 5 顷 32 亩 5 分 4 厘 9 毫，每年收租京钱 221 吊 664 文，且分载各段之坐落亩数、租户姓名及租值。书院经费成本六宗，共京钱 4330 吊文，发商生息。自是书院膏火倍增，应课者日多，达到盛况。光绪二十五年(1899 年)知县戴华藻增建文昌阁，二十年知县李兆珍等增经费至 4330 吊钱，发商生息，时另有院田地 532 亩，年收租钱 221 吊 664 文。自是膏火倍增，应课者日多。二十五年增修文昌阁，二十六年停办，二十七年邑人麻孟海创设小学堂。[3]次年，受义和团运动、八国联军侵华特定背景影响，书院停办，可谓匆忙结束其夕阳光彩之一幕。1901 年，邑人麻孟海在旧书院基础上改设初等小学堂。卫学诗撰述《新建义学(尧台书院)碑记》收入清人李鸿章等修，黄彭年等纂光绪《畿辅通志》卷 114"学校志"。清人赵锡蒲撰述《康衢书院碑记》、吴步韩撰述《小莲池书院碑记》均收入陈洪书原本，李星野重订光绪《望都县志》卷 9"艺文志"。

◎参考文献：

[1]河北省望都县地方志编纂委员会编．望都县志[M]．北京：方志出版社，2004：654．

[2]陈洪书原本，李星野重订：《望都县志·卷 2"书院志"》，光绪三十年刻本。

[3]季啸风．中国书院辞典[M]．杭州：浙江教育出版社，1996：5．

(九)徐水县

古遂书院

清乾隆二十四年(1759 年)，知县谢昌言和士绅捐银于城内东南隅学官之西书院。书院的创建得到了直隶总督方观承的大力支持，他亲书其匾额"古遂书院"，楷书体，遒劲有力，给书院增添了高雅庄重的气氛。[1]据"新建古遂书院碑记"载："古遂，固声名文，先代多以德业文章显，今士气薄而科第稀，振物邦而兴之"。[2]民国时期县志资料有完整记载：知县谢昌言捐银75两，邑绅共捐银3700余两，占地面积达3500平米，建筑面积1200平米。[3]创建大门1间，东门房2间，西]房2间，东茶坊2间，西厨房2间，卷棚1座，月宫门1座，讲堂3间，东斋房3间，西斋房5间，西耳房5间，堂后凉亭1座，大门外莲花池半亩。聘请饱学宿儒，充任院长。每月城乡生童齐赴书院会课二次。一为官课，由县官命题；一为斋课，由院长命题。录取前列者给奖。今改为第一高级小学堂。蒋士铨曾留宿"古遂书院"，为该书院题一首："善气油油四境和，都人士更解弦歌，儒生事业循良传，得力陈编不在多。精舍峥嵘辟讲堂，重辟静院夹修廊。丈人奇石三峰立，君子名花一镜香。卓午停车叩县门，谈经席上笑言温。人间滋味都尝遍，来就先生咬菜根。门生几子绿樽陪，风致翩然两秀才。合向西堂种金粟，明年应看接枝开。桑下情牵一宿留，来朝喧挽令君驺。卖浆台下迎骖筱，知有人呼郭细侯。"[4]

◎ **参考文献：**

[1][2][3]中国人民政治协商会议徐水县委员会编：《徐水文史资料·第2辑》，1995年第4页。

[4]王立斌. 鹅湖书院[M]. 北京：中国戏剧出版社，2004：126.

凤山书院

乾隆四十三年(1778年)，知县张钝捐资在北关外刘守真君庙后清初创办的一座书院原址上重建凤山书院。书院有讲堂、斋房、厨房等设施。①其中大门1座，讲堂3间，东耳房2间，西耳房3间，东斋房3间，西斋房3间，堂后廊房9间，东厨房2间，西茶房2间。书院建置、管理及教学均与古遂书院相类。

注：

①徐水县地方志编纂委员会. 徐水县志[M]. 北京：新华出版社，1998.

(十)易县

双峰书院

双峰书院在县西南 50 里五公山双峰村，清初容城孙奇逢(世称"夏峰先生")率领族人、弟子和乡党避乱于五公山中。孙奇逢在那里搭建茅屋数楹，匾其额曰"双峰书院"。在书院，孙奇逢与弟子们讲论圣贤之道，讨论朝政时势，抑或登高望远，吟咏酬唱，赋诗述志。据民国历史学家赵尔巽等编《清史稿》记载："时畿内贼盗纵横，奇逢携家入易州五峰山，门生亲故从而相保者数百家。奇逢为部署守御，弦歌不辍。顺治二年，祭酒薛所蕴以奇逢学行可比元许衡、吴澄，荐长成均，奇逢以病辞。……奇逢弟子甚众，而新安魏一鳌、清苑高桥游最早。及门问答，一鳌为多。"双峰书院虽然名曰书院，实际不过是茅屋数楹而已，随着孙奇逢和避难众人的离去，茅屋很快就坍塌朽坏了，但孙奇逢的双峰讲学却开启了当地的文脉，成为易县文化史上的一座丰碑。孙奇逢移居杭州西湖后，其易州弟子魏一鳌等继之讲学。并祀孙先生。[1]清顺治年间，孙奇逢的弟子王余佑回到了当年的讲学之地，重新搭起草屋，躬耕著述，分列经义、天文、地理、礼乐、兵刑、耕桑、医卜诸斋课授生徒，循循善诱，穷析端委，重视实功，从学者数百人。往返论学者有张罗哲、高桥、管青、王之征等名儒，极大地促进了夏峰思想在畿辅地区的传播和发展。[2]王余佑是孙奇逢最重要的弟子之一，师生情谊深厚。孙奇逢在清初南下苏门的时候，王余佑相送，日息不分，走了一程又一程，依依不舍，徒步千里，一直到辉县苏门，方才返回。王余佑又是个交游很广的知名学者，定兴人杜越、祁州人刁包、博野人颜元都与他往来密切。所以王余佑隐居双峰村，对于易州文脉的延续起到了很大的作用。从此，一个小小的偏僻山村竟然获得了崇高的声誉，到清光绪七年(1881 年)，顺天学政孙诒经又重修双峰书院，弘扬夏峰精神，延续圣贤文脉。[3]光绪二十六年(1900 年)春，棠荫书院山长高赓恩按课期乘轿赴双峰书院上课。[4]

孙奇逢，明末清初北方大儒。《清史列传》载："孙奇逢，字启泰，号钟元。生于明神宗万历十二年（1584年），卒于清圣祖康熙十四年（1675年），年92岁。少倜傥，好奇节，而内行笃修，负经世之略。万历二十八年（1600年）乡试，与鹿善继讲学一堂。左光斗、魏大中、周顺昌均与之善，以气节相尚。光斗等被珰祸，奇逢倾身营救，时与鹿善继、孙承宗称'范阳三烈士'。明末避乱入易县五公山，晚岁移居苏门之夏峰。从学者数百人。自明及清，前后凡十一征，均不起。"孙奇逢与黄宗羲、李颙并呼"三大儒"。学者称其"夏峰先生"。容城与刘静修、杨忠愍同祀，保定与孙文正、鹿忠节并祀。道光八年，从祀孔庙。奇逢为理学大家，以慎独为宗，以体认天理为要，以日用伦常为实，著有《岁寒居文集》、《答问日谱》、《畿辅人物考》8卷、《中州人物考》、《理学宗传》26卷、《四书近指》、《圣学录》、《两大案录》、《甲申大难录》、《乙丙纪事》、《读易大旨》5卷、《尚书大旨》6卷、《诗经述指》、《理学传心纂要》8卷、《四书近指》20卷等30余种，著述颇丰。其理论对当时理学的发展颇有影响，有"清初理学大家"之称。

双峰书院始建于明崇祯十一年（1638年），历经沧桑，曾多次被修复。最后一次是光绪壬午年（1882年），是易州棠荫书院院长高赓恩先生主持修复的。详情见高赓恩著《双峰祠记》和《双峰书院启》。《双峰书院启》中曾这样写道："容城孙征君（孙奇逢）夫子，当国朝定鼎之初，身系道统数十年。一时，大儒多出斯，有弟子之目，北学渊源于是乎大。而我易人之渐渍教泽，大震儒风，则自双峰始。"可见当时双峰书院的影响之大！

明《保定府志》载："隰崇岱，字千里，尚勇子中信焉。学左光斗，视学直隶补诸生，与王余佑友善。孙奇逢避乱西山（双峰），集同人讲学，及迁苏门。崇岱、王余佑、魏一鳌等葺旧庐，为双峰书院，石记之。崇岱为河北大儒，孙奇逢作五子诗，崇岱其一也，惜其事迹，不概见，夏峰有酬，隰千里诗一章，足以观其为人。"诗曰[5]：

夙昔闻君名，笔墨极奇峭。

相隔仅百里，未得楼言笑。

今卧共城边，十年形影吊。

忽然枉芳讯，惊喜蹄素料。

夜窗一再读，寒灯耿想照。

因忆口子游，与君皆年少。

同入有道籍，君高白雪调。

雁形断中天，鹤迹凌绝峤。

梦想已有年，君德亦称邵。

何时入深林，缥缈苏门啸。

孙奇逢为明大儒，明亡后，清廷征召他为官，孙不仕，因而后人称其为征君。他在双峰书院开馆授徒创办双峰书院，孙死后，他的学生在双峰村建衣冠冢，并刻墓志铭一通，以示纪念。双峰村孙奇逢征君祠堂联是：

挺生成一代名儒寄迹苏门吾道南征桃李遍

继起为两朝遗老泽流易水斯人北学梓桑同

值得庆幸的是，今双峰书院建筑尚存，格局未变，如修复重启，并非难事。[6]

附：桐城方苞《修复双峰书院记》[7]。

容城孙徵君，明季尝避难于易州之西山，徙学者就其故宅为双峰书院。其后征君迁河南，生徒散去，为土人侵据。其曾孙用桢讼之累年，赖诸公之力，始克修复，而请余记之。余观明至熹宗时，国将亡，而政教之仆也久矣，独士气之盛昌，则自东汉以来未之有也。方逆阉魏忠贤之炽也，杨、左诸贤首罹其锋，前者糜烂，而后者踵至焉。杨左之难，先生与其友出万死以赴之，及先生避乱山谷间，生徒朋避弃家而相保者比比也。呜呼！诸君子之所为，虽不能无过于中，而当是时礼义之结于人心者，可不谓深且固与？其上之教、下之学所以蕴蒸而致此者，岂一朝一夕之故与？夫晚明之事犹不足异也。当靖难兵起，国乃新造耳，而一时朝士，同闾之布衣，舍生取义与日月争光者，不可胜数也。尝叹五季缙绅之士，视亡国易君若邻之丧其鸡犬，漠然无动于衷，及观其上之所以遇下，而后知无怪其然也。彼于将相大臣所以毁其廉耻者，或甚于与古台，则贤者不出于其间，而苟妄之徒回面污行而不知愧，固其理矣。明之兴也，高皇帝之驭吏也严，而待士也忠，其养之也厚，其礼之也重，其任之也专，有不用命而自背所学者，虽以峻法加焉而不害于士气之伸也，故能以数年之间，肇修人纪，而使之勃兴于礼义如此。由是观之，教化之张弛，其于人国轻重何如也。余因论先生之遗事，而并及于有明一代之风教，使学者升先生之堂，思其人，论其世，而慨然于士之所赏自励者。至其山川之形势，堂舍之规，兴作之程，则概略而不道云。

◎**参考文献：**

[1][4]黎仁凯.直隶义和团调查资料选编[M].石家庄：河北教育出版社，2001：51.

[2]李留文.孝友传家教泽长 北方儒宗孙奇逢[M].郑州：大象出版社，2018：18.

[3]顾明远.中国教育大系·历代教育名人志[M].武汉：湖北教育出版社，2015：240.

[5]徐世昌.大清畿辅先哲传(上)[M].北京：北京古籍出版社，1993：338.

[6]贾延清.易水史话[M].北京：中央编译出版社，2015：182.

[7]王鹤鸣.中国家谱资料选编16(图录卷)[M].上海：上海古籍出版社，2013：720.

(十一) 定州

定武书院

清乾隆戊午(1738 年)，州牧姚立德创修，州牧沈鸣皋继修。有讲堂三楹，学舍数十间。书院以"读孔孟之书，辟邪异之说，洁其身，励其行，朝夕砥砺观摩，共相期于远大"为宗旨。教授"五经""四书""性理"和习字。经费主要靠2313亩学田的年地租105.8石和制钱180千文。[1]乾隆五十九年（1794年），州牧郭守璞重修。嘉庆二十三年（1819年），州牧袁俊改"定武"为"奎文"。道光二十八年（1848年），州牧宝琳捐廉修葺，仍复名为"定武"。[2]咸丰七年（1857年），知州王榕吉请改归绅士经理，所有历任捐置地亩及发商生息钱文，交绅童支领，作为经费，重修斋舍，明定章程，以垂久远。其中规定院务"经官绅议定，俱由绅士经理，所有董事分监院、营造、催收、支发，各司其事"。监院"专营供应山长，稽查生童"，其他则管房舍修建、租谷收取、经费支发。定武书院对考课的管理非常严格和细致，"在院作课，不许私行出外，违者削除"，对考课时间的规定也非常严格，"日落交卷，不许继灼，不完者不录"等，定武书院严格的考课规范对生童的自律意识、书院的考风纪律等都产生了重要的积极作用，为当时其他书院所效仿。书院又订《课士条规》，规定每月官斋课各1次，生员取25名、童生取5名。当时，因为每年捐助书院的钱财越来越多，书院成为肥缺，所荐之人"恒挟大力而来"，既为山长，却终年不到书院讲学，"生徒以识面为难，既邮寄所业，亦只稍稍点笔，罔收实例。"[3]定州本籍人张朴由任归里任书院董事时，改定聘请山长的规章，"却官荐，避同籍，杜觊觎也；询谋佥，乃具币聘，惩偏私也；延访耆宿，非畿辅人文不得与，取方言素习，讲诲易明也"。[4]咸丰九年（1859年），又将聘请山长之权归于绅士，规定"耆宿非畿辅人，文不得取方言"者方可任院长。时又增建南院、经舍、讲堂，筹钱3000千文，纹银500两，发商生息，以增膏火。辛丑之后，地方绅士的桐城派学人开始认识到想要救国改变国家的落后状态，需要的是民众的觉醒，而开启民智的唯一途径是兴办教育。因此他们于家乡兴办学堂。[5]光绪二十八年（1902年）绅士王振霆、谷钟秀等桐城派学人改名为定武学堂，旋改为中学堂，其办学宗旨始终不出"中学为体，西学为用"。[6]卢举臣任监督，王铭轩为司事，聘中、日名宿任教习，第一届学生30人。学堂建立，事属首创，驰名保南。次年，遵《奏定中学堂章程》学制定为 5 年，开设的课程有：算学、外国语、博物、物理、化学、法制、理财、历史等新学科，还设有"读经讲经"课。每年春、秋(二、八月)举行祭孔典礼。此外每逢朔日、庆祝日、纪念日，全堂师生对"万岁牌"或"至圣先师牌位"行礼。光绪三十一年，借鉴德国中学的办法，分文、实两科，招收高等小学毕业生，学制 5 年。清宣统三年(1910 年)，改为定县官立中学。本年购校北店房 2 亩，东侧拓入州置之续阅古堂自新所北，建斋舍 20 余间称西斋；东建 30 余间称东斋。[6]1913 年改为省立第九中学。[7]清人姚立德撰述《创建定武书院碑记》沈景曾撰述《重修定武书院碑记》收入王榕吉等修，张璞等撰(咸丰)《定州志》卷 4"艺文志"中。

创建定武书院碑记[8]

(清)姚立德

自古学校之设，所以乐育英才，陶熔善类。党庠术序而外，有书院焉。其制仿于有宋。于时，名儒宿学，作为规条，嵩阳、岳麓、鹅湖、鹿洞之成规，班班可考也。顾相沿既久，结习渐生，风气所趋，流而日下。延师则拘势位，课士则尚虚声。谈者用相垢病，以为文具焉尔。虽然，犹愈于已。余承乏定州。定，故唐国，后曰中山。州民淳朴，无浇漓奔竞之习。政治之暇，每思有以振起之。稽诸地册，得厅廨西偏隙地五亩，谋诸僚属，鸠工庀材，创立书院，讲堂、学舍、制度粗备。先是，前州牧王公大年，买地二顷二亩一分有奇，后州牧毛公览辉，买地一顷五亩。岁租所入，堪为肇造之基。旷久因循，未遑藏事。予又勘出水冲荒地三顷六十六亩一分有奇，以此数合充生徒束脩、膏火、簪花、奖赏之资，申请宪台允行。而绅士之董其事者，并刊于石，不没其劳。

夫定州形胜，诚非小弱也。在陶唐，则古帝之故墟也；在春秋战国，与列辟相雄长；在汉，为诸侯王国都；在唐，则河北之藩镇也；在宋，则边城之关隘也；在明，则京师之拱卫也。我朝列圣相承，莫安区夏。今天子亲礼嵩岳，时巡戾至，天章奎书，辉映河山。而况景仰前贤，开阅古之堂，树雪浪之石，则韩苏二公之流风未泯也。征楔帖之谱，访薛氏之遗，则肥瘦二本之名迹为昭也。乃若北抚曲阳，恒山之神镇焉；东临深泽，滹沱呕夷之水汇焉。名山大川，著于《禹贡》，纪于职方，扶于磅礴，必有瑰奇伟特之俦，以应朝廷作人之化。文治光华，武功载戢，将欧阳子所谓穆然陡见山高而水清者，非欤？因取宋定武军旧号，以颜其额。莅斯土者，务循名而责实，勿循情以蹈虚。或加之意焉，扩而充之，尤所望于将来也。时乾隆三十四年岁次己卯夏四月谷旦。[9]

重修定武书院碑记

（清）郭守璞

中山为畿南重地。恒山峙其西，滹沱绕其南，沙滨唐□诸水交流萦贯其中。土脉丰腴，山川杰秀。际国家昌明之会，士俗民风，蒸蒸向化，固人文钟毓之区也。乾隆丁丑，姚公立德牧是州，创立定武书院。构讲堂三楹，学舍数十椽，规模爽垲，卓有可观。岁戊戌，仁和孙公景曾继修之。迨戊申，余承乏兹土，屈指三十年矣。时，同乡叔如王君主讲席，余每于公余往论文艺，课士子，见庐舍半坪，几无以蔽风雨。虽随时捐俸鸠工略为涂塈，思欲易旧更新，遽未能也。然古刹道院接栋连云，金碧辉煌，费或亿万计，而乡愚广输金钱，计日造成者，在所多有。况建学崇文，其有裨于人心风俗者何如，而集事顾畏其艰耶？

查前牧李公宪宜，曾改抬头村佛堂为义学，而延师教读，久仍废弛。兹请于上宪，移其木石用以修补书院，并以其地若干亩增作师生度支。移误用之财，置当用之地。育人才于斯，正风化亦于斯矣。从此，有志之士，负笈而来，咸知读孔孟之书，辟邪异之说。洁其身，励其行，朝夕砥砺观摩，共相期于远大。上可备朝廷吁俊之选，下可作族党乡邻之望。风教日隆，人材日出，岂惟士林之光，实亦莅兹土者之厚幸也。是为记。时乾隆五十八年岁次癸丑六月谷旦。①

重修定武书院碑记

（清）张 朴

昔欧阳文忠公云："学校，政之本也。"则凡事之有关学校，即为图政者所急务也久矣。我州以定武名郡，为前代用武之地。然自韩、苏莅治，文教叠兴，所以牖启郡人者详且备，不徒名园志乐、片石留铭之胜迹已也。

我朝养士数百年，学校修明已久。良有司承流布化，广育人材，凡著循猷，罔不先兴文教而孜孜不倦者。尤幸本郡后先济美，及我生而三见焉；斯不独一己所快逢，实阖郡之厚福也。粤岁戊戌，中州王公雨农莅兹土，嘉惠士林，意无不至。而考棚之修，规制冠通省，应试者，永沐其休。迨岁戊申，长白宝公梦莲莅兹十，整饬士习，教无不周。而文庙之修，礼仪复古，初游庠者，咸仰其盛。此前后相继者已属不易觏矣。而今之郡伯山左王公荫掌，尤蔼然慈惠之师焉。公自莅治以来，其抚字之心，祥和之政，已难悉数。而于书院课士，必躬亲训迪，口授指画。其殷殷致意者，弥见谆详。诸生幸亲炙者已三年矣。

昨春，阖郡绅士因山长久不住院课士，而体公之事繁且劳也。公同具禀，请以书院事宜归绅士经理，并山长亦由绅士聘请。而公亦乐归绅士，俾积习可除，斯主讲无虚席，肄业获实益焉。故不惟慨然允准，且厚分清俸，增益膏火之资；严定条规，筹备经理之策。其斟酌尽善而不遗余力者，为向来所未有。非情深文教者何能如斯之勤恳靡

---

① 陈谷嘉，邓洪波．中国书院史资料（中册）[M]．杭州：浙江教育出版社，1998：927.

已也乎！朴虽州人，久仕于外，前王公、宝公之莅治也，耳熟而未获亲瞻。兹因告养家居，适值其盛，同人邀与共事。朴外事不敢与，惟以读书人办读书事，事属分内，何敢自外？且生平所历之区亦尝以读书事责读书人，岂身当之而诿之耶？乃与同事诸君谨尊院规，襄理课事。先照新定章程敦请本省人主讲，并请山长常住院。每逢课期约束生童，俾无陨越。自去春及今，已周一纪焉。郡伯复因度支不敷，筹款生息。而在事同人又捐资帮补，共得缗三千，以足生童膏火之用。庶经费有常，而尊行无替已。其书院堂室，重加修理，焕然一新。遂于院南构地基一所，葺房屋数十间以备肄业所居。则斯举也，不淑足振兴文教。而见荫堂公之普惠效士者，近可与雨农、梦莲二公相继为美，远可绍韩、苏之雅化，以永垂教泽于无穷。则所以修学校而敦政本者，前后一辙，有举无废也哉！是为记。[10]

重修定武书院碑记

（清）王榕吉

道光甲辰，余捧檄燕南于役。过中山，见州治道左，有门宇闳敞，台级层上，巍然与学宫相望者，为定武书院，心窃仪之。越七年，来守斯土。既受篆，趋诣院舍。至，则寂无一人，鞠为茂草，怅然失所望。诘所以致此之由，谓："得毋经费阙如乎？"或对曰："非也，皆历任贤司牧有以致之也。"余更适适然惊，进都人士而问之，皆嗫嚅不肯言，惟欹歃长太息而已。久之，有老生揖而言曰："言之果不余罪乎？我州之有定武书院，自乾隆己卯，经始于姚公立德，踵其事者，沈公鸣皋、郭公守璞。嘉庆初载，袁公俊更其名曰'奎文'。道光戊申，宝公琳重修之，复名'定武'。厥初，不过学田十余顷，修薪□粥，咸取给焉，经费亦寥寥矣。然而，膺讲席者，率皆纯笃之儒，以春至，以腊归，终岁矻矻讲授，无虚晷，多士实受其益。历任贤司牧，悯其资之廉也，捐俸钱为助。深泽、曲阳两县，每岁各有捐助，将恢而张之也。而书院浸废，计自储脯稍丰，主讲一席谋之者，视为利薮，恒挟大力而来。关聘既具，往往别寻径途，终岁不一至，或岁仅一至焉。名为院长，而生徒以识面为难，即邮寄所业，亦只稍稍点笔，罔收实益。因而讲院久虚，皋比蒙尘，贤司牧造士婆心，付之逝水矣！设使惰脯之专戈，仍循其旧日，不有贤司牧为之增益，其废坠尚不至此。"言讫怃然。嗟乎！营逐成风，波及文教，良法美意，名存实亡，良足慨已！

越二年，张小波太守乞养回籍，首以整饬书院为己任。率同阖州绅士，呈请修复，并以州牧公繁，势难兼顾，请委其事于众绅，自行经理。其致词甚婉，而其不言之隐，则良苦矣。余为之怃然。盖数十年来，惟宝刺史独能慎选主讲，他则，或受长吏之荐，或徇同官之请，甚且以其亲故，滥膺斯席，虚糜公费，士林之衔怨切齿，隐忍而不敢过问也，亦已久矣。噫嘻！父母教养之谓何？余纵不能振兴而恢廓之，忍以历任贤大夫所苦心图成者，自余废之哉？遂亟允所请。自是，支发膏火，延聘院长，咸归绅士主裁。复严定院规，刊石以垂永久。却官荐，避同籍，杜觊觎也；询谋佥同，乃具币聘，惩偏私也；延访耆宿，非畿辅人文不得与取，方言素习，讲诲易明也。适桂燕山节相以比部郎官荐，据情以闻，事得中止。遵制府、庆宫保，先后各有推举，以所刊院规进，均不复再荐。非惟不见罪，且蒙嘉许。万藕龄少宰按试中山，见州绅所刊院规，慨然曰："善乎！使天下书院条约，均能如斯，何患不文教昌明哉。"比岁以来，师耻倦诲，士懔辍学，非只科甲联翩，抑且敦品励行，蒸蒸日进。因复添购南院，增建经舍，讲堂内院，一律重葺，规模益觉崇闳，并陆续筹款集资，共得制缗三千，纹银五百两，发商取息。一以增膏火之费，一以助肄业诸生乡试行李之资。维时，监院者为张太守朴、田司马树德、王司马灏。张氏昆季书丹书图，两广文实佐之。司度支者，张明经四达；司营造者，田明经树谷、张茂才书田、张职员四术，均有辅翼文教之功。后之君子，果能永守成规，不以造就人才之区，为应酬干谒之具；司事诸君，果能实心任事，历久不懈，不以潜避嫌怨，致启推诿，则奚止二三子之幸哉？我国家菁莪棫朴之化，实赖之矣。是为记。时咸丰九年己未孟冬谷旦。[11]

定武书院新议经理章程十二条

（清）王榕吉

一、书院连年废弛，皆因山长多来自权要。今书院一切事宜，既议归绅士经管，嗣后，山长亦归绅士延聘，务期士林能收实益。倘仍有瞻循情面，暗受请托；或山长受聘而不到馆，及到馆而不久于其事；所有一年修脯，著落监院与众绅士罚赔。如当道有情荐山长者，即抄呈条规，公同力辞，不得再蹈覆辙。

二、书院一切事宜，经官绅议定，俱由绅士经理。所有董事分监院、营造、催收、支发，各司其事，俱要实心经管，勿许推诿懈怠。

三、监院专管供应山长，稽查生童。遵照院规，从严约束，或干犯规条，立予戒饬。有不遵者，禀官究处。

四、营造专营岁修之事。书院如有应行修补工程，官绅商定，开明款目，向公所领取钱文，支发工料。修造事讫，将用项逐一开具清单，送公所存查。

五、书院经费甚少，每年地租尚不敷生童膏火之用。此后，须公议捐补，以期经久。至山长修脯，全赖本州官捐及两县所捐银两。应遵议定章程，分别按季具领，存于公所，以备支发。至地亩所出，经此次查明地亩坐落，租石确数，公议绅士专管催收之事，认明租户，照数收纳，交存公所。不得无故增减更换，如有拖欠，禀官究追。

六、支发一切用项，俱由公所开单支取银钱。先将用项名目开明，如无名目，不许滥支。公所登记账目，亦将用项名目注明，不许滥发。即官有应发用项，先行开单，交董事支取，不得径向公所取用。

七、经费。每届年终，监院会同众董事清算一次，注明有无盈缺，并开具清簿一本，送州存查。如书院有应行公议之事，亦即公同商定。

八、延聘山长于每岁十月初旬，监院集同人公议，不许一人作主，亦不许延聘本籍及外省人主讲。脩脯薪水俱随时酌定，其数于关书注明，山长到馆后，按月支送。上馆解馆，接送一次。每岁节礼，按节支送。山长务请常川住院。

九、肄业生童，每月官课、斋课各一次，具赴院作课。现因经费不敷，生员先行酌取超等十名、特等十五名，童生先行酌取上卷五名、中卷十名。俟经费宽余，再行增加膏火，多寡因时酌定，随课发给。官课奖赏，由官捐发，斋课由公项支发。

十、支发膏火出榜后，于课日按名发单，俾生童自向公所领取，以免克扣。

十一、书院各规条，系官绅面同议定，以后具要遵照奉行，如有不遵，董事公同禀官议罚。

十二、书院众董事，无论在城、在乡，公举妥人禀官酌定。以后如有事故，不能经理，亦公同议人禀官代换，不许无故自辞，亦不许私相换替，暂代者不拘时。[12]

定武书院事宜改归绅士经理公呈
清咸丰七年（1857）二月初九

阖州绅士等为公恳事，窃思书院原为培养人材而设，各郡邑建立书院，经理其事，或由官长，或由绅士，多未能画一。兹查定武书院，经费本自无多，除所有地租并深、曲两县捐项之外，历任州尊仍复每岁捐廉，添备膏火以资作养。多年以来，均聘请山长常年住院，士林获益实深。自公祖大人莅任，又复捐备脩脯，加意整顿。每遇官课，必面加训诲，所以嘉惠士林者，至详且尽。惟因近年山长多由外

149

荐，主讲者久不到馆，虚靡公项；浸至肄业生童，无一住院者。在公祖，虽怀乐育之心，而官课、斋课势难兼顾。目以州境地方辽阔，公务繁多，夙夜焦劳，绅等素所目睹。若书院一切事宜，仍逐一全赖公祖经理，心实未安。兹阖州绅士公议，重修书院，力换积弊。吁息鸿慈：可否将书院事宜并地亩底册，统交绅士公同择人专心经理。山长亦归绅士延请，且必须常年住院。日集生童，朝夕讲贯，庶不致有名无实，于书院人材大有裨益。如此，更定章程，不惟绅等稍可分劳，亦冀仰副公祖大人作养人材之意。

再，书院地租所得无几，生童膏火，全赖深、曲两县所捐经费。此项银两，可否由绅等随时具领，以供支发？至于不敷之项，应如何筹备？统希钧裁，非敢擅拟。谨此具呈，公恳伏候批示遵行。

附王州尊批示：

查各州县设立书院，原应本地绅士经理。只因各绅士，往往引避嫌疑，互相推诿，遂举而诿诸守土之官。由是，流弊日生：或瞻徇情面，推荐所亲；或要路求书，冀图沾润，以致虚靡脩脯，有名无实，恶习相沿，何怪士风之不振耶！今该绅等，既肯任为己责。志在整顿，本州又何惮而不为哉？著即照所情。嗣后，凡书院一切支发及延聘山长各事，宜均归该绅士秉公商办。务须慎选贤能，妥议条规。至延聘主讲，务择品端、学优、循循善诱者，认真督课，方能获益。至膏火不敷，查历前任，按年垫支，均在二百金内外。此后仍照旧日，每年由本州捐发纹银二百两，同深、曲两县捐解银两。按四季支领，以供作养士子之用。其不足者，著再公议捐助，以期经久。[13]

定武书院教诸生识字训约

丁酉承乏，主定武讲席，既进诸生而课以文义，文义既斐然矣，将择天资尤敏慧者，教以通经服古。于时州中鲜藏书，学校不备经史，士子墨守一经，尚未及其义疏。所为举业文字，大率取给坊刻时文，转相沿习，不能得立言柢蕴，经传授用所由来。俊英子弟，闻余倡导，欲有志乎古人，咸请措力所以始者。余惟小学之教，古人所先，名数训诂，文字辨识，盖自童蒙习之。由是疏通大义，搜抉奥旨，至于神明变化，名世传家，要其业之所基，不能舍是而遽能有得。其于决科程式，亦以平日所业，举而措之，浅深高下，自各有以随其诣力所至，而皆可以通乎大道，则以本之出于一也。自经术衰歇，小学之教不传，学者未辨训诂方名，一经卒业，即欲奋为文辞，其中茫无执守，以其聪明才力，自逐所趋。中才以下，宅句安章，不能当于法度，即资禀稍聪颖者，不过猎取形似，饰以浮华，读书不能详其义蕴，作文无所当于理实，则以学无所本，而师心自用，其势不可合于一也。夫子曰："十室之邑，必有忠信。"言人之资禀不甚相什百也。孟子曰："师旷之聪，不以六律，不能正音。"言由于法度，则智愚贤不肖不能越也。今学者以通经服古为迂谈，而剽掠浮薄时文，以为取青紫如拾芥矣。究之所求未必得，而术业卑陋，不可复问。及见通人达者，则以谓天授，非人力相与，安为固然。其所自处，甘为庸下，而不知所以兴起。是何不思"六律五音"之理，人皆可循，而"十室忠信"之风，天非有所独绝者耶？今诸生耳聪目明，春秋方富，向之所谓从事举业而求捷取功名，其效既可睹矣。语云：七年之病，求三年之艾，苟为不畜，终身不得。以不可多得之聪明岁月，而为是朝成夕毁未可取必之时文，虽至愚者不为，而未知所以变计，则不知取法，所由拘其习而无由变也。夫梓匠轮舆，能与人规矩，不能使人巧。诸生诚能好学深思，自得师于古人，则各以资之所近而力能勉者，神而明之，青胜于蓝，冰寒于水，余且请从而后矣。至若引而不发，规矩斯存，譬如行远自迩，登高自卑，巧者且不能逾，拙者亦自可达。则学古不外乎通经，通经不外乎识字，功既约而可守，道亦坦而易行。诸生要以行之有渐，久而不忘，则是化臭腐而出神奇，易虚文而为实用。同一精神学力，以彼易此，孰得孰失，又不得智者而辨之矣。

卫氏古文，名曰《官书》，颜氏字书，号以《干禄》。乃知同文之治，功令所先，登进之资，昔人尤所致意。学者纵不能有志于古，而农夫不为出疆舍其来耜，则所业又安可不豫乎？今科条例，题款错讹，辄干摈斥，即院府小试，偏旁书误，亦难以幸列前茅。以是知文字之学所以不可废也。

双声叠韵，切响浮音，其说始于沈氏，当时不尽信从，至唐、宋制科专重诗赋，于是声律对偶，令式所颁，即非家言矣。《广韵详定》《雍熙韵略》⑤，系名礼部，是则官有法程，士遵绳墨，金科玉律，不可易也。今科举诗帖平仄拈背，本非难解，而土音不同，平仄讹舛，致乖律吕。即经书文义，虽体制迥与词赋不同，然以场屋所需，不能不参排句偶调，以归庄雅。乃以方音不合，易致音节聱牙，辞意虽工，亦遭按剑。以是知音韵之学所以不可废也。

在心在志，宣志为言，饰言为文，文足成章。《易》括乾坤，不过积画；《书》穷海岳，不过累字。不能分而求积累之数，何由合而通义指之归。是故读古人书，有得于文字而不得于理道者矣，未有不得于文字而能得于理道者也。至于作为文章，求知于世，未曾辨字，何由遣辞。貌取形似，则精神不亲，剽掠成言，则引喻失措。虽有清思妙解，无由展达成章。杂凑为文，科场最忌。以是知训诂之学所以不可废也。

文字之学，当以《说文》为主，《字通》《字汇》，不得部次之法。今不遑深求也。但取监本经书，大书正格，其偏旁点画，不可私意增减，则作书可免俗讹矣。仍用《说文》小篆冠于上方，注明许氏部次，为将来考索文字之资，若经传所有而《说文》所无者，阙之，可以考许氏之逸文矣。

音韵之书，《广韵》最为近古，其分析异同，今亦不遑深求也。但取经传文字，依其部次编入，其《广韵》所无，及经传中音义训释与《广韵》训释不符者，别册记出，可以补韵书之不足，而核韵书之讹谬矣。训诂之学，当以《尔雅》为宗，郭注既略，而邢疏亦陋，今亦不遑深求也。但取《尔雅》正文殿于诸经传文字之后，则《雅》文与经传训诂不谋而合。其《尔雅》所有而经传文字所无者，俟经传毕功，旁及周、秦诸子、《史》《汉》诸书以补足之，则可以补郭注之略，而斥邢疏之陋矣。《易》曰："形而上者谓之道，形而下者谓之器。"夫道者，仁者见之谓之仁，知者见之谓之知，百姓日用而不知，无定体者皆是也。学者不求有据之形名象数，则教者与学者之所致力，未有去章句训诂而可以有得者也。古者八岁入小学，教之数与方名，即《尔雅》训诂之属也。惟其童而习之，故可疏通而知远。而才之相去，有什百倍蓰之不同，则于义理所得，亦有浅深厚薄之不一，知非以是为究竟也。近世小学之教不传，好学深思之士，求通乎古，乃以后起之功，殚毕生精力赴之，于是专门以名家，亦已瘁矣。更由是而求进古人之所学，势或不遑焉。今使童蒙习之，则事半功倍，以其资之所习近，而求其力之所能勉，又岂区区小学之功所可限量哉？[9]

◎参考文献：

[1][6]定州市地方志编纂委员会：《定州市地方志》，1998年，第894页。

[2](清)宝琳等纂修. 定州志[M]. 台北：成文出版社，1970：1636.

[3](清)王榕吉：《重修定武书院碑记》，河北《定州续志》卷四，1860年。

[4]王志明. 清代乡居进士与官府交往活动研究[M]. 上海：上海书店出版社，2018：89-90.

[5]江小角，方盛良，盛险峰主编. 桐城派十二讲[M]. 合肥：安徽大学出版社，2017：50.

[6]定州市地方志编纂委员会：《定州市地方志》，1998年，第88页。

[7]季啸风主编. 中国书院辞典[M]. 杭州：浙江教育出版社，1996：9.

[8]王榕吉等修，张璞等纂：《(咸丰)定州续志·卷4"艺文志"》，清咸丰十年刊本。

[9]章学诚著，仓修良编注. 文史通义新编新注(下)[M]. 北京：商务印书馆，2017：630-633.

燕平书院

明洪武元年(1368年)初建,嘉靖年间(1522—1566年),因之创养正书院,后改乐群书院。清乾隆二十二年(1757年),知县李衡以"义学之名存实亡,士风不振,思新建官塾,远迎名师"。欲改变士风,乃筹资重建书院于东街,并改名燕平书院。书院置地367亩,官绅商民捐银1194.5两,以供经费,又购书千余卷,以备阅览。道光四年(1824年)知县张良志等重修。光绪初,清末官话运动的重要代表,时任知县劳乃宣捐俸供学子阅读,于是院中"经籍琳琅满目"。光绪二十八年(1902年)改为县立高等小学堂。三十四年(1908年)院地900余亩划归县劝学所。

(十二)涿州

古洇书院

清乾隆年间(1736—1795年),州牧郭守璞(山东潍县人),曾召集僚属、绅商,倡义集资,他首先拿出全部俸银,在城内参府胡同购得旧房十余间[1],粗加修葺建成涿州教育史上第一所书院——古洇书院[2]。该书院开学不足两年,因郭调任,又因经费断绝而停办。[3]几十年后,嘉庆十五年(1812年),江苏无锡人秦承需接任涿州知州。秦承需在城南偶然发现"古洇书院"的匾额,经向耆老打听,才知道古洇书院的兴废经过,他很感慨,很想把古洇书院恢复起来。后因不久调任离去,这个愿望未得实现。

十三年后(道光五年,1825年)秦承需又调回涿州,他决心把古洇书院恢复起来,并扩而广之。但州衙的经费仍然不足,自己的俸银也仍是八十两,秦承需也只能走郭守璞的捐资办学之路。此时,正赶上涿州人卢坤(陕西巡抚)因遭母丧,回涿州守孝三年(古制:丁忧去职,守丧三年,守丧期间不做官、不婚娶、不赴宴、不应考)。秦承需就经常去拜访卢坤,一起讨论恢复书院的事,希望卢坤能首倡捐银。卢坤很赞成,并愿为故乡兴学出力。于是，秦承需立即召集他的属下以及本城绅士、年高有德的老人商议、筹备此事，自己则率先捐献出全年俸银。众人都踊跃捐银，共集白银六千余两。

秦承需记取古洇书院的历史教训，认为不仅要把书院恢复起来，而且要把书院一代一代办下去。办下去的关键，是保证书院的经费。而保证书院经费的具体措施，是为书院购置不动产——学田。秦承需算了一笔细账：购房费、修建费、开办费及学田购置费，大约需白银一万两。现有银六千余两，尚缺五千两之数。秦承需面见卢坤，说："《诗经》上说：'维桑与梓，必恭敬止。'——您是有这种精神的。办学之事，仰仗中丞大人帮忙了。"卢坤慷慨解囊，补足了所缺之数。

古洇书院的旧房子，因几十年闲置、无人管理，为风雨侵蚀，连几根可用的椽子都找不到了，秦承需想在城内找一个地理位置适中的地方，买一所宅基大些的旧宅，然后修建一座全新的书院。

道光六年(1826年)四月，秦承需用一千零五十两银买到参府口内范姓的一座旧宅(共有瓦房、土厦计六十九间半)，经过几个月的修建施工，建成新房三十余间，有了讲堂、研房和浴室，请来了本城最好的讲师，不久就开学了。秦承需将书院命名为"鸣泽书院"。[4]

◎ 参考文献：

[1][2][4]中国人民政治协商会议河北省涿州市委员会文史资料委员会编：《涿州文史资料第2辑》，1988年，第91，92，92-93页。

[3]涿州市地方志编纂委员会．涿州志[M]．北京：方志出版社，1997：583.

鸣泽书院

清道光五年(1825年)，知州秦承需(江苏无锡人)和涿州人时任陕西巡抚卢坤，解囊筹建鸣泽书院，院址在城内参府口内，这是涿州历史较长、影响也较大的书院，有碑为证。[1]方志文献对此有详细描述：鸣泽书院，道光五年，州牧秦承需建，时陕西巡抚卢坤以忧居里，倡捐乐成，共捐银一万余两，于州治参府胡同购房一所，为斋舍三十余间，余置地二十八顷有奇，岁得租息制钱八百余千，充书院公用，秦承需所立碑，见碑铭门。[2]清人秦承需撰述《新建鸣泽书院记》收入李鸿章等修、黄彭年等撰光绪《畿辅通志》卷114"学校志"及万青藜等修、张之洞等撰光绪《顺天府志》卷62"书院志"。

以上是将两所书院以独立方式叙述的，认为是清代涿州先后设置的不同的书院个体。但是也有方志资料记载，这只不过是不同名称、但前后连续更替的同一所书院。由于缺乏其他佐证，只得留存待考。后来找到了佐证(在古洏书院处写)，兹将相关史实铺设于后，其中也不乏在学田、经费方面的拓展性认识。"鸣泽书院，在涿州治参府胡同，本名古洏书院，乾隆间建，久废。道光五年，知州秦承需重修，改名鸣泽，时陕西巡抚卢坤以忧居里门，捐资首倡，置地二十八顷有奇，岁收租钱八百缗有奇。"[3]清光绪二十八年(1902年)，鸣泽书院改为鸣泽学堂，次年改称涿州学堂，宣统元年(1909年)改称官立两等小学堂。清代的鸣泽书院共维持了83年，为涿州培养了几代英才，是涿州教育史上很有内容的一页。[4]

下附《涿州鸣泽书院碑记》。

涿州鸣泽书院碑记

(清)秦承需

曩视涿州篆于治之城南隅，见有古洏书院，额询知为乾隆间建，旋及废。慨然思复之，以代任去有志焉，而未逮也岁，乙酉重摄兹土，都人士以此为请会，厚删卢中丞以忧居里间，政之暇，首议及此，爰集合属绅士耆老谋。所以乐成之余，先捐廉俸，景徒者众焉，考旧址焉，风雨所欺无数橼存者，遂于适中之座椅别构一区徒而修葺，不数月，而议室辟焉，庖厨治焉，拥皋比咨于众而询谋金同焉，然后向之所为旧者庶岁可以于矣。夫天下事创始难即修举亦难，修举而欲其速成，且期其尽善也则尤难，今不畏其所难而并乐为其所难，此固治人争先慕义亦守土者不敢辞其责也，是役也，计捐资六千余金不足，则请于中丞力任之时日：维桑与梓必恭敬止，中丞有焉。按州治独鹿山下有鸣泽渚，为涿水萃秀之区，遂取以颜其额，非徒以更旧名也，国家文运蒸蒸日上，涿为畿辅近地人才辈出，自今以后其必取师资，共相砥砺则余之厚幸也，夫亦则中丞之厚望也。夫爰濡笔而为之记。[5]

◎ **参考文献：**

[1]涿州市地方志编纂委员会．绚州志[M]．北京：方志出版社，1997：583.

[2](清)吴殿福续修，卢瑞衡纂：《(同治)涿州续志·卷3"书院志"》，同治十二年刻本。

[3](清)万青菜等修，张之洞等纂：《顺天府志·卷62"书院志"》，光绪十二年刻本。

[4]杨少山．古今涿州志要[M]．北京：新华出版社，1990：292.

[5]《河北涿县志》，第七至八卷。

(十三) 涞水

涞阳书院

涞阳书院在河北涞水，北门内路西。清康熙十八年(1679年)知县谭蓉建于县城西关外原社学旧址，有地73亩，年久倾废。后改今名，知县徐士煜置地29亩，知县吴慎置地6亩5分，知县方立经置地26亩，旗人方国玺置地7亩，共1顷93亩5分。邑人赵宇祺、王峋、赵芳芽捐地7亩，建房居民，汇取租息，以备膏火。乾隆三年(1738年)邑人陈璋、赵松玲、冀显先、方鉴捐地1顷66亩，知县张鉴助成之。道光十三年(1833年)迁至城内，重新建立，名为"涞阳书院"。民国后改为学院，曾为涞水师范、高小校址(涞水县城内小学位于涞水县城内，正阳街，占地面积13亩。于民国元年(1912年)改称为涞水县第一高等完全小学校,而后又曾名为涞水高小、完小、实验小学。[1])新中国成立后,屡经扩建,原貌已变。现为城内小学校址,尚存有道光十七年立石碑一座。[2]

重修涞阳书院碑记[3]

(清)黄仲畬

同治四年春,大府以畬题补涞水令。六月奉檄赴官受篆。逾月,集邑之人士,命题校艺,以观文风。复月课书院诸生童,拔其课业,优娴首评点甲乙,列其次第而奖励之。程量品藻,月异日新,深喜此土秀挺之士,可与敦勉,而砥砺于成材也。今年秋,学博司训沈刘二君相遇以涞阳书院。自昔废驰,前岁单邑侯来权斯篆,倡议兴修文庙并书院,而葺治之规模粗具。方拟为文以记其事,而单侯去任,因以记事嘱畬砻石以俟,虽惭谫陋,不敢以不文辞。按县志修于乾隆二十七年,以后邑中建置不可复考所载涞阳书院。康熙十六年,知县谈镕建在西关外,仅名社学,未立书院之名。然捐置学田,构立堂宇然可稽。自是厥后,邑令涂侯士煜、吴侯慎,复增置田亩经费,振兴鼓舞其政绩典型具存邑志,而碑碣无可考。乃倏阅数十年董理无人。栋宇倾圮,基址屡更。所谓学田半归侵蚀,诸生不复知有书院矣。道光十七年丁酉,鲁侯杰临是邑。复与绅士等倡捐措置,增地若干亩,建立讲堂、学舍,始有涞阳书院之名,榜题石碣尚有存者。至咸丰初元复废颓榛芜,听其湮堕者又十余年。同治三年甲子,国家布治维新,气象昌明,文教聿兴。涞邑近接神京,得风气之先,读书稽古之英,有志奋励者,莫不争濯磨,而关左单侯傅及来权此邑,睹其倾圮,锐意振兴。商于沈、刘二君及绅耆士庶莫不踊跃孚惬于是,倡捐以为之率,集腋以底于成。不逾年而缔构毕备,纲目粗陈。单侯解任,畬受篆于兹邑周星矣,自愧德薄坐享其成,捐俸增其奖赏,拨地助其经费。而原额陇亩之被侵渔隐匿者,按籍清理,惩创究治,润色增广,视昔有加，兹则足为此邑庆者也。单侯之创治，沈、刘二君之赞襄，邑绅方刺史恒禄、文生罗恒吉、杨泽等之趋承宣力，均不可以不书。畲谨条其梗概记其岁月焉。

◎ **参考文献：**

[1]河北省教育史志编撰委员会编．河北学校概况［M］．保定：河北大学出版社，1991：882.

[2][3]王同敬主编；涞水县志编纂委员会编．涞水县志［M］．北京：燕山出版社，2000：815，796.

(十四) 蠡县

成材书院

成材书院在县城石牌坊街南路东。清道光二十年(1840 年)知县丁希陶"以滇南名进士来宰斯邑，汲汲以振兴文教为急务，查书院旧址久已无存，学田俱成乌有，遂择尊经阁前隙地，于 1842 年春捐俸，倡修创建讲堂 3 间，大厅 3 间，东西厢房各 3 间，院长住房 3 间，书房 10 间，门房 1 间，厨房 2 间，门楼 1 间，缭以周垣，饰以丹漆，并添制桌凳百张，以备岁科两考之用，共费京钱 5400 余缗，合银 891 两"[1]。"总其成者，教谕贾吉云、训导吴锡嘏；司其事者，生员吴锡龄。监生宋朝梁又筹捐京钱 2500 馀缗，发商生息，作为生童膏火之需，按期课试，分等批评，鼓舞奋兴，文风丕振。"保定市蠡县成材书院在清军与太平天国林凤祥、李开芳北伐军发生剧烈战事期间，经费恐慌，办学衰废。"咸丰三年，发逆鼠扰深州，县城威严，设局办团，经费不支，暂将书院公顷挪用，至近十年来，兵荒交困，尚未议及捐补云。"[2]蠡县成材书院的经费来源于官绅名流，甚至商人、民众的捐款。其款项集资人员如下：监生梁炳耀捐钱 400 千，廪贡张荆壁捐钱 400 千，照磨衔谷忻捐钱 400 千，千总冯九畴捐钱 600 千，理问衔魏炳捐钱 250 千，庠生赵鹏程捐钱 250 千，千总李奇观捐钱 250 千，庠生张镇国捐钱 300 千，千总田中魁钱 200 千，监生张琴捐钱 200 千，监生张元熹捐钱 148 千，庠生胡锡龄捐钱 150 千，庠生王奎璧捐钱 150 千，监生马先达捐钱 150 千，监生梅芝捐钱 150 千，俊秀卢洛广捐钱 150 千，俊秀戴得元捐钱 150 千，贡生田种玉捐钱 150 千，俊秀赵鹏扶捐钱 100 千，俊秀王显祖捐钱 100 千，庠生鲁金台捐钱 100 千，贡生彭起运捐钱 100 千，俊秀刘从云捐钱 100 千，庠生宋殊动捐钱 100 千，举人刘桂芳捐钱 100 千，廪生杨廷鉴捐钱 150 千，千总王振邦捐钱 80 千，廪生郭玉丛捐钱 70 千，武生刘渐逮捐钱 70 千，廪生王锡智捐钱 50 千，监生伍箴捐钱 50 千，监生刘振彩捐钱 30 千，廪生任希昉捐钱 50 千，其余不敷之顷，均由丁公捐廉办理。其中可知捐资者身份，既有应试人员、及第举子，也有地方官员，而其中"丁公捐廉办理"是指知县丁希圣兴地方书院事件。[3]

◎参考文献：

[1][3]岁有生．清代州县经费研究[M]．郑州：大象出版社，2013：134，148．

[2](光绪)韩志超等修；王其衡等纂：(光绪)蠡县志·卷3"书院志"，光绪二年刻本。

(十五)雄县

雄文书院

又称九河书院。清同治十二年(1873 年)，知县松龄提县库杂款创建该书院于文庙东文昌祠西，因雄县位于九河下游，因而命名为"九河书院"，后易名为雄文书院。初创时，院内有讲堂、号舍，后来因无余款请山长招生肄业，院舍被借作县署，即"知县到任，往往以县署名圮毁，以书院为讼庭"。光绪三年(1877 年)，清河道巡道叶伯英捐膏火银 1500 两，发商生息，动利存本，置书院田地 87 亩，得租若干，始聘山长，招生童数十人会课，每月官斋二课，由知县、山长分别评文。"自是以后，文运日兴。"光绪二十六年(1900 年),德法侵略者驻县城,县人某借口支应洋兵而将本息银全部动用,由是月课遂停。二十九年(1903 年)冬,清政府颁布《奏定学堂章程》,推行"兴学运动"大张旗鼓地开展,雄县积极响应,雄文书院院舍改建为县立小学堂。清末全国"兴学运动"大张旗鼓地开展,雄县积极响应,雄文书院院舍改建为县立小学堂。

(十六)定兴县

紫峰书院

地址在固城店(今固城镇)大街,同治十年(1871 年)邑人刘灼创置。该书院的教学方式以学生自学为主,学友共同研习与教师指导相结合,学习内容主要是经学义理和儒学学说。

(十七)安国县

贞文书院

创建于明代嘉靖十四年(1535 年)间的贞文书院,于乾隆年间(1736—1795 年)渐渐衰落。清光绪六年(1880 年),知州朱润保再建书院于学宫西侧明伦堂旧址,分东西两院,东院为授课之所,西院为试院,系月考生员之所。邑绅卜应鳞等督导其中,月例会讲两次,初二讲授官课,初三为斋课。明末清初,贞文书院有学田 59 亩,以租金作为经费开支。清末,知州朱润保将修建贞文书院的余银交当商生息,为书院用度。[1]清光绪三十年(1904 年),知州张祖谅奏定章程,创立新学。首批将贞文书院改为祁州高等小学堂,13 所义学改为初等小学堂,高等小学堂教员由省师范学堂选派。[2]

◎**参考文献**：

[1]河北省安国县地方志编纂委员会．安国县志[M]．北京：方志出版社，1996：714．

[2]赵英．安国县志[M]．北京：方志出版社，1996：605．

三、唐山

(一)唐山市

华英书院

清光绪二十八年(1902年)英国传教士韩蔚士在便宜街(今胜利路西段),为进行宗教活动[1],创立了华英书院,但徒有书院之名,实为初级小学,是市区建立最早的教会小学[2],1912年在王谢庄以西建筑校舍[3]设高级小学,1920年迁至岳各庄丰滦街[4],1922年设初中,1925年华英书院由王谢庄迁至吉祥路[5],更名为私立丰滦中学。[6]

时丰滦中学占地200余亩,坐南朝北,东南与岳各庄相连,西隔京山铁路与唐山交通大学相望,北隔吉祥路与铁路机修厂相对。学校中央矗立一座3层教学楼,为当时唐山市最高的建筑物,楼北是2层红铁瓦顶学生宿舍楼和宿舍区,中央设一占地4亩的花园,栽植有丁香、核桃、花椒、马樱花等树木。每当夏秋之季,鸟语花香、蝉声阵阵,令人心旷神怡。楼南为一拥有400米跑道的大操场,中为足球场,系当时全市的唯一。其东南部设有2个篮球场、2个排球场和网球场。操场南是一个约200平方米的水坑,四周古槐参天,坑内水波荡漾,为学生课余饭后散步的场所。其东为一座尖顶英式古典建筑,是民国二十九年(1940年)兴建的礼拜堂,设200余座位,供学校基督徒进行宗教活动之用。[7]

华英小学建校之初,学校负责人均为英国人。最早是韩荫士,继之雷汉伯(译音),再次之瑞加斯,教务主任是中国人郑兰之。[8]学校课程以英语为主,每天都有《圣经》,学生入学首先要买一本《圣经》,通过上《圣经》课,向学生灌输宗教思想。除英语、圣经课外,还有算术、地理、尺牍、写字等课。[9]

1927年添设高中。1931年6月,王又得来校当校长,他燕京大学毕业,精通英语,善于社交,聘请社会名流陈敏修、王祥和、刘玉山、蒋义达等为校董。王祥和、刘玉山捐款盖了学生宿舍,名之曰"祥和斋""玉山斋",以资纪念。同年7月,以校董事会名义向省教育厅申请,1934年被批准立案,改称"河北省私立丰滦中学"。30年代末40年代初,是丰滦中学兴盛时期,当时高、初中有学生近千人,教员近50人。[10]学校经费来源有三:一是教会补贴,每年300英镑;二是校董会成员捐助;三是收缴学费。[11]

可见在1902年,在全面废除科举制的前夕创立书院,只能是徒有其名罢了,这也从一个侧面体现了中国古代书院在清代末期已经逐步沦为科举附庸的事实。而书院又"实为初级小学"这一描述,又说明其课程、教学及办学模式实为西式教育机构,书院只是套用传统的形式或招牌,而实为新式学堂。

◎ **参考文献:**

[1][3][4][5][10]刘秉中:《唐山文史资料第15辑·昔日唐山》。

[2]靳宝峰,孟祥林主编.唐山市志(第3—5卷)[M].北京:方志出版社,1999:2826.

[6]唐山市地方志编纂委员会.唐山市志[M].北京:方志出版社,1999:2825,2809.

[7]王铁志等主编,唐山市路南区地方志编纂委员会编纂.唐山市路南区志[M].北京:海潮出版社,2000:625.

[8][11]唐山市教育志编委会编.唐山市教育志(1840—1990)[M].北京:教育科学出版社,1993:170,231.

[9]刘水主编.唐山市教育志[M].北京:教育科学出版社,1993:170.

(二)遵化县

燕山书院

燕山书院在州城东街，本旧义学，清康熙五十四年(1715年)，知州刘之混就察院遗址建。乾隆三年(1738年)，知州杜甲，九年(1744年)知州严文照，十八年(1753年)知州刘靖相继增修。三十九年(1774年)，知府李荫椿改作书院，额曰"燕山书院"。计有讲堂3楹，院长住房3楹，厢房3楹，仪门1楹，临街房5楹，厨房1楹。院中经费，官地2顷37亩，每年秋后，收租粮21石1斗，院门房左右每年收租钱九千。丰润、玉田二县，每年捐解束脩膏火银360两。其支发未敷，知1州捐俸补给。

嘉庆八年(1783年)，知州李景梅重修讲堂，额曰"敬业堂"。二十三年(1818年)，知州张家本倡捐，重修大门讲堂，题额曰"乐育英才"，添建前院厢房游廊等处。道光六年(1826年)，知州白明义添建后院东西厢房，倡捐租息各项，购置书籍，立定条规16则：公延山长、选举绅董、甄别章程、月课章程、宣讲定期、讲书课程、逐斥顽劣、稽查出入、敬惜字纸、节慎经费、储金定数、膏火定额、奖赏定数、课卷定价、津贴定数、工食定数。咸丰八年(1858年)，知州何兰馨倡捐，复兴租息各款。[1]遵化燕山书院除了地租之外，还有粮租和房租收入。[2]租息原地2顷37亩，租粮21石1斗，续添地3顷42亩4分3厘，租粮51石3合，又院东铺房2间，租东钱60千，又地41顷22亩7分3厘2毫，又草房41间，租东钱2860余千文，又地3顷59亩5分7厘，草房6间，租银23两2钱7厘9毫。每年计收粮72石6斗3合，东钱2920千250文，银33两2钱7分6厘9毫。本州发当生息成本东钱21000千，每月息钱250千，由绅董支收。玉田县生息成本东钱4800千，每季生息东钱210千600文。丰润县生息成本银1200两，每季息银30两，各由本州批解。

始住院生员名额(碑文未录)，仅书楹联一副：学问有渊源，五桂风

高，莫忘枕经葄史；扶舆积清淑，千山环峙，宜思造极登峰。[3]咸丰十年
（1860年），知州李廷瑞及州人史朴捐置考试桌凳190套，李知州并书楹联
云：循义塾之成规敬业乐群、多士至今思谏议；值讼庭之清暇论文讲艺，
同舟何幸得林宗。亦"附跋"："五代时燕山窦公义塾数十楹，广招四方游
学之士。今讲院以此题名，不忘旧也。余于咸丰十年来牧斯土，与郭子坚
院长月课诸生，三载如一。章右成效，书以志之。"[4]同治三年（1864年），
知州李廷瑞、州人史璞捐置考试桌凳190份。

光绪三年（1877年），奏建试院，改书院为州判署。移书院于试院内东
边，建院门1楹，二门1楹，讲堂3楹，斋舍即就试院前后四厢为之，环
境更显深静。光绪七年（1881年），知州郓桂孙议复旧规。十一年（1885
年），知州缪彝捐置图书15种，并参订规条20则。光绪十三年（1887年），
知州陈以培重葺。[5]清末，燕山书院延聘的山长，岁束（年工资）银120两，
另每月薪水50吊（每吊1千文，约160枚小制钱）。端午、中秋、过年"三
节"还敬送制钱200吊。私塾老师待遇靠收学生束络（学费）维持，数量
不等。[6]

与书院这种旧有教育机构变迁不相协调的是，燕山书院在光绪年间达
到发展鼎盛，这就表明书院在晚清社会剧变当中，其自身命运如何，在各
地呈现出犬牙交错、震荡波动的复杂性，其差异性何止存在于地区之间，
还集中反映在区域之内。燕山书院条规章程内容丰富，涉及办院活动诸多
方面，例如，规定院务由绅董会负责，另委儒学教官为监院提调。院长
"由经管绅董公访科甲出身品学兼优、夙所共知者，禀商州署，由绅董具
关聘订。不得官为勒荐，亦不得以幕友官亲塞责。每年二月由知州甄别，
取内课生员二十二名，童生八名肄业。外课生童无定额。每月逢一、三、
五、九讲书，生童环听，间日分班回讲"。"生童各具功课本一册，逐日将
所读经史、诗文一一注明某篇某行或某句上"，以便山长第二天"抽取背
诵，以稽勤惰"。每月二十六为官课，由知州点名屇试，一文一诗，当日
交卷，生员前五名、童生前三名，各给奖赏。初七、十二、廿二、廿七为
斋课，院长命题评卷。[7]燕山书院独立规章，按章做事，在院长选聘、生

童请假、酗酒赌钱以及考课蒙混等方面，官说勒荐之类方式丝毫无用，并以之为耻，惩责不贷。

燕山书院条规

（清）缪　彝

一书院每岁延订山长，以前冬十月为率。由经管绅董公访科甲出身、品学兼优、凤所共知者，禀商州署，由绅董具关聘订。不得官为勒荐，亦不得以幕友官亲塞责。

一院长每岁束金京平银一百二十两，分季致送。每月薪水东钱五十吊，到斋按月致送。年节敬共东钱二百吊，端阳中秋，各送东钱六十吊，年节送东钱八十吊。

一每岁二月，陬定吉期，由州札行示谕，开课甄别。如有路远临期未能赶到者，准于甄别后三两课内续考甄别，俟榜发取列超特等上中取内，方准补开篝火，藉防滥竽。过三课后，不准再补甄别。

一肄业篝火定额，生员二十名，童生八名。饭食茶水灯火，均由该管绅董妥派斋夫供给伺候，每名月给东钱三百四十文。生童等既免炊爨，专心勤习，各期上进。不得以童生请补生员篝火，以示限制。

一外课生童无定额。每逢官课，饭食由院中供给。

一官课每月定于初二、十六日，届期点名扁试。一文一诗，当日交卷。阅后榜列名次。生员前五名，童生前三名，分别给奖，以示鼓励。生员一名，奖银八钱，二名六钱，三名五钱，四名四钱，五名三钱，童生第一名，奖银八钱，二名三钱，三名二钱。每银一钱，折东钱八百文。其州署捐奖，由宫酌给，不在此例。

一生童课卷，每本制钱十文，由礼房备办。近年酌定，每年准领卷价东钱六十吊。如或停课日久，仍照扣领。

一委儒学充监院提调，按年每份津贴东钱七十二吊，经理书籍津贴每份二十四吊，该管绅董，每份津贴七十二吊。

一斋课每月定于初七、十二、二十二、二十七等日，凡四课，院长命题阅课。如有代倩抄袭诸弊，定令改作。

一书院经费，选派老成殷实绅士数人，轮年经营，毋许推诿。如遇事故，另行择举。所有当商生息银钱，由该管绅董，按季支取。玉、丰两邑当商息银，按季由州提取。学田银粮钱项等租，由州派书承征，均发交该管绅董照收。设立印簿，一切出入款项，随时登记。年终开列清单，揭黏公所，即将印簿递交轮办绅士接管。

一生童同舍肄业，立身植品，均宜互相琢磨，不得相聚高谈，嬉谑旷废，甚或酗酒赌钱，冶游观剧。至于招集亲友，弊端百出，殊失建立书院本旨，应由监院随时察禁。倘敢不遵口责，立即扣火逐出，永远不准在院肄业，以为不知自爱者戒。

一看院向设门役一名，每月东钱五吊，饭钱九吊。斋夫一名，火夫一名，每名每月工饭钱七吊二百文，每岁另加经理书籍车钱二十四吊。

一看院门役，毋得擅离。遇有生童亲友有事进院者，须禀明院长，再行放入。生童有事回家，亦须告假，言明何事。如有私自外出，该门役瞻徇容隐，不预禀明，惩责不贷。

一书院移建试院内，凡大门内外及院落斋舍，均宜洒扫洁净。设有遗弃字纸，尤为世子所当敬惜，各斋各置一虎，随时检拾，月终，交门役送惜字局焚化。

一每月除课期外，逢一三五九日讲书，生童环听。闲日分班回讲。

一生童各具功课一册，逐日将所读经史诗文，一一注明某篇或某句止。次日早起，整理清楚，静候抽取背诵，以稽勤惰。每日仍于院长前篝火册内，亲笔书名画到。

一玉、丰两邑解到生息银钱，及本州发商生息钱文，征收学租，一有入项，即发值月当商收存。俟有用项，再向当商支取。

一常年篝火原为培养攻苦之士。生童自应按课呈文，以期进益。

近有考取甄别，常年住斋，并不考课，实属希图晡啜，贻笑素餐。以后内课生童，官课点名不到或斋课连次不交卷者，立即扣火除名，另由外课选补，不准开复。

——在院生童，无论内外课，遇有词讼事件，亟宜先自回避，不得在院居住，遇课期并不得朦混考课。倘有以住院考课为名，藉端构讼，率递禀词，定即扣火除名逐出，永远不准住院考课。即绅董等人，亦不得从旁关说，自取侮辱。

——遇科场年分，考课生员，由该管绅董酌量经费，增加奖赏。经费不足，官为捐补。闱后仍复旧章。六月择吉决科，举行宾兴典礼，由官捐给元卷。积学之士，各宜争自琢磨，以副厚望。

——每逢州考，先期止火，将院存书籍器物移置封锁。院长在馆，即移往关庙西偏寓斋。俟院试毕后，再行定期开火。若非考课年分，甄别榜发，即开篝火。端阳节前，定于四月二十五日止火，节后五月十五日开火。中秋节前八月初五日止火，节后二十五日开火。年前十一月二十五日止火。[8]

重修燕山书院记

国家治，由人才；人才兴，由文教。书院者，人才所从出也。使第因陋就简，不为修举废坠，经计久远，欲求文教之盛也，其道无由。

州治燕山书院，前牧李公因察院旧址而改建之，甚盛举也。惜经费不敷，章程未备，日久渐废。

乙酉岁，余奉命来牧此土，视学之余，亟诣书院，见其虚舍无人，遗规已渺，未尝不叹斯地之人文阒寂有由来也。惟是缮斋舍、布条教、增修脯饩、广膏火，而学无常居，士无常业，不数年终归颓废，乌足以语夫振兴文教也。

夫务文不务实者，粉饰之见也；可暂不可久者，苟且之图也。为

169

民牧者，幸际昌时，当必整弊起衰，扶持风化。

昔者文翁于蜀、昌黎于潮、子厚于柳，名贤儋帷临莅，尊师重道，日就月将，而士皆经明行修，讲求根柢回，延及齐民，号称易治，僻陋之风，蒸然化焉。矧遵郡密迩神京，有非蜀与潮柳所可同日而语者。

余不敢自附三贤，然古语不云乎："虽不能至心向往之"，窃愿有以自励也。乃与徐、傅二明府捐廉而倡。诸绅成踊跃从事，乐襄厥举。遵化捐银二千两、玉田八百两、丰润一千二百两，各就近发商生息。而遵城李董二绅复捐租田二顷二十七亩零，外有河沙垦地四顷一十八亩零，岁租亦为归入，经费较裕。于是旧者新之、倾者植之、缺者补之。延名师，选三城诸生之茂异者，萃居其内，详定规条，购聚书籍。饮食而外，晨盥夕栥悉备。立出入印簿，择诚实董事专司其事。官课日，余过讲堂亲为指授，诸生环听之下颇知领会，因自慰曰："今而后，庶可以垂诸永久矣，抑余更有进焉。"殿宇弗修，资供弗给，师远而疏，生徒滥而荒，牧斯土责也。崇宇丰资，敦师选徒，而不相与志乎圣贤之道，只自命为文人学士，则非牧斯土之责，而诸生之责也，诸生勉之，爰刻捐租姓氏于碑阴而为之记。

并立条规十七则：公延院长，选举绅董，甄别章程，月课章程，斋课章程，宣讲定期，读书课程，逐斥顽劣，稽查出入，敬惜字纸，节慎经费，修金定数，膏火定额，奖赏定数，课卷定价，津贴定数，工食定数。

清知州白明义撰[9]

◎参考文献：

[1]（清）萧应植纂修：《（乾隆）济源县志·卷15》，乾隆二十六年刻本。

[2]吴洪成，刘园园，王蓉，刘达著. 河北书院史研究[M]. 保定：河北大学出版社，2014：262.

[3][4][8]远文如主编：《遵化文史资料大全（下）》，河北省遵化市委员会，2013年第

388-390 页。

[5](清)何崧泰等修；史朴等纂：《(光绪)遵化通志·卷17"书院志"》，光绪十二年刻本。

[6]遵化县志编纂委员会编.遵化县志[M].石家庄：河北人民出版社，1990：490.

[7]季啸风主编.中国书院辞典[M].杭州：浙江教育出版社，1996.

[9]邓洪波编著.中国书院章程[M].长沙：湖南大学出版社，2000：23.

龙泉文社

1889 年(光绪十五年)，遵化知州陈以培创建文社，因地处城外东北角之乌龙泉西岸，故名龙泉文社。社内有大厅，有游廊，有抱厦，有藏书室，全州的童生都可以到这里复习功课，准备应考，同时，每年在这里举办六次全境生员(即秀才)会考，为参加省里举办的乡试作准备。对那些成绩优异的生员，陈以培还要亲自进行表彰奖励，为了美化文社的环境，陈以培购地 45 亩，广种花草树木，供童生观赏。[1]令一州两县生童课试经古，以励实学，并准生童住社肄业。[2]为士子春课甄别，秋试宾兴之所。每年三、四、五、七、八、九月由州定期通知三县生童赴社考试，考试内容除按书院课试应制诗文外，还试以时务策论、诗词歌赋、经义史学，名列前茅者分别给奖，鼓励士子于科举之外，更得宏课学识以造就人才。[3]并建文星阁于君艮方，祀魁星于其上。[4]陈以培积极支持把农业和算术列入学生课程之中，以龙泉文社为基地，每年选拔 40 名才智卓越的青少年，去攻读农业知识，组织实践学习，名为"农算学堂"，学业期满举行考试，优秀者给予奖励，丰润、玉田、兴隆等地每年都有大批学生来学堂学习，他们大多都能学以致用，对当时农业技术的科学管理起到了重要作用。[5]1890 年春，陈以培又拓建了龙泉文社，增建堂馆 5 间，南北厢房各 3 间，周围设回廊，开一东向大门，正对着景忠山，使之另成一座院落(此处在1902 年改办成遵化第一所中学堂)，文社是学子们春天考试、秋天乡试后，选拔进京科考人才的场所，此番扩建用意深远。[6]

1896 年又建"农算学堂"，附设于龙泉文社。[7]

◎参考文献:

[1]沈鸿德主编. 唐山廉政文化丛书[M]. 北京:研究出版社,2006.

[2]顾廷龙,戴逸主编. 李鸿章全集 14·奏议十四[M]. 合肥:安徽教育出版社,
2008:472.

[3]遵化县文教志编纂委员会:《遵化文教志》,1991 年。

[4]唐山市教育志编委会. 唐山市教育志(1840—1990)[M]. 北京:教育科学出版社,
1993:90.

[5][6]远文如主编:《遵化文史资料大全(中)》,唐山市政协文史资料委员会,2013 年
第 6 页。

[7]唐山市教委教育志办公室编:《唐山地区教育大事记(1885—1983)》,1989 年第
1 页。

(三)滦县

书院是旧县治中最高学府。明清以来,滦县有书院三处,为横渠书院、海阳书院和榛子镇的育贤书院。其中横渠书院和育贤书院早废,而海阳书院延续至光绪三十二年(1906 年),随着科举的废除而走进了历史博物馆。

海阳书院

原为杨少卿祠。[1]清乾隆十七年(1752 年)知州孙昌鉴创建,位于城东南角杨少卿祠内。嘉庆七年(1802 年),知州莫谟重修。移杨公神位于忠义祠,始名海阳书院[2]并确定了供应书院的地租,悬额于大门外,海南进士候补员外郎莫绍真题匾曰"雨化堂"。柱联云:"遵鹅湖鹿洞条规,先德行,次文章,俱是做人雅化;萃滦水横山贤俊,朝讨论,夜服习,无非为国储材。"海阳书院以鹅湖书院和白鹿洞书院为教学榜样,不仅注重学生的学问才能,更注重学生的德行。横山滦水之下的海阳书院身居仙境,远离尘世,早上讨论,晚上复习,均是为国家储备人才之需。嘉庆戊辰年(1808 年)夏六月,知州吴士鸿题匾曰"立雪宗风"。柱联云:"统绪继横

渠，雅化渐于山海；导源承泗水，英才擢自门墙。"[3]咸丰年间（1851—1861年），屋宇坍坏，损伤甚烈，栖止流亡，材木多半遗失。至同治七年（1868年），邓锡恩任知州，滦州士绅上书禀请重建书院，但因他离任未及操办。同治八年（1869年），知州张士铨大加扩建，修筑大门3楹、照壁各1座，内设仪门1楹，讲堂5楹，斋房5楹，东西厢房各3楹，以及山长（主讲）居室5楹、厨舍3楹等。西北两面，外则护以高垣，其东偏隙地，共厢房9间，南则居住院役，北则废置号板，隔以横墙，北则为官课斋舍，后则正屋2楹，为寄顿闲物之所，共耗资24000余千文。

海阳书院建筑宏旨，院落宽阔，正房三层，配有厢房、课舍、厨房、役院、储仓等。有大门三楹（三间）、照壁一座。仪门一座、讲堂五楹、后宅房五楹、东西厢各三楹。再往后，为山长居室五楹，西厢三楹为厨房。其西、北两面外护高墙。院东隔壁之空地有厢房九间：南住院役，北置号板，以墙相隔。再北，为日间官课和厨房。其后，有正房两楹，储藏闲物。[4]

同治十年（1871年），书院建成后，游智开任滦州知州，悉心筹划，绅民捐地29顷，租息满足书院经费的一半，另一半由县内地亩分摊，经费终得以解决。不久，游智开升永平知府，韩耀光继任滦州知州，韩氏重视教育，在政务之暇，亲临书院考察，课试生员，捐书66函，供学子观览，亲自批阅生员文卷，"得佳卷，爱不释手"，"其不善者，则亲为改之"。"尤以培植人才为先务"，崇尚实学，"所拨多寒峻之士"。人们"无不折服"，倍受州称颂。又制定《海阳书院章程》，刻碑立于书院。并以"毋慕浮荣，毋求速效，毋竞机巧，毋侈俗谈，毋外饰而欺师儒，毋惰慢而远正士"为训来激励学生求实求学。[5]

书院聘请硕儒为山长（主讲课程，总管院务），年奉修金二百两、薪水银六十两、车费旅资银二十两，节敬银二十两。另设斋长辅佐山长管理生员。书院"皆与学校相辅而行，然尤视主讲者"。书院开设"官课"和"斋课"。所谓官课，即与州、县学校所设的共同课程，如四书、五经、诗赋等。斋课，为专为参加科举考试所设的课程。授课与考试交替进行。考试科目分为经义与治事。平日上官课，逐日进行。官课，一年考八次，斋课每月考两次。对考试成绩优秀生照章予以奖励。[6]

按海阳书院章程的规定，每年农历二月初六对全州生童进行甄别录取，共录100名，其中生员超、特、一等30名，备补20名；童生上、中、次共30名，备补20名。此后月给膏火，一年凡八次，生童俱随课升降，甄别不录者，不得与考大课、斋课。[7]每年三至十月的每月初六举行官课，共考8次，也称大课。如遇以甄别作大课之年，则六月间停课1次。乡试之年八月间停课1次。[8]每十六日、二十六日举行斋课，由山长考试，内容为诗文、经解、策论算学。山长斋课随大课之月以十六、廿六为期，十六为一文一诗与官课同，廿六则或诗赋经解或策论、算学迭以各体试之，亦分经义治事之意。[9]加奖加课章程：每考大课斋课前列生童，除由传院照章程给奖外，仍由州捐廉按生童所列之次第，推广加奖外，每年共实发市钱2560千。[10]于光绪十一年（1885年）为始，知州郭奇中详明各上宪立案奉批，移知后任永为定章。[11]又每年分作四季各加古学并时务学1次，每次酌奖生童约计市钱400~500千，于光绪二十二年（1896年）为始，知州杨文鼎捐钱给奖详明各上宪立案奉批移知后任永为定章。[12]官课斋课之后，均按等次给以奖励，第一名奖银6钱。书院山长岁薪储金计300两，学员由州衙供应伙食，其标准按录取时的等级而定，如超等生员，每月供银1.5两，而次取童生，每月只供银4钱。至于备补者则一律不予资助。

海阳书院在兴学重教思想的影响下，成绩突出，培养出一些有用人才，从科举考试中获取功名的人数可以反映出来，如从乾隆十七年（1752年）始，计有进士21人，举人188人，副榜21人，拔贡23人，优贡4人，恩贡22人，岁贡252人。[13]

海阳书院经费出入章程

清光绪年间

——书院岁收地租银四百四十一两九钱四分九厘，（案光绪二十二年所收地租实数乃如此数。）又岁收生息利银八百八十两，二项共银一千三百二十一两九钱四分九厘，每两以市银十千合价，作为定章。以下一切支销，俱准此数，银价时有低昂，独书院不二焉。

——书院额取生员超等十名，每月各给膏火银一两五钱，特等十名，每月各给膏火银一两，一等十名，每月各给膏火银八钱。额取童生上取十名，每月各给膏火银八钱，中取十名，每月各给膏火银六钱，次取十名，每月各给膏火银四钱。凡生童考入备补者，无膏火。

——书院大课、斋课，生童考取前列者，每次生奖赏十名，第一名银六钱，二三四五名，银各四钱，六七八九十名，银各三钱，童奖赏五名，第一名银四钱，二三四五名银各三钱。

——甄别及大课日，生童饭食，每名折给银六分。

——书院山长，岁奉俏金二百两，薪水银六十两，车费旅费（上馆、下馆）银二十两，节敬银二十两。　（一切小费在此项内。）

——每岁致送监院薪水银二十两，斋长薪水银二十两。

——礼书纸笔费银十二两，院书工食并纸笔费银二十八两，津贴冬季油炭银二两，院役工食银十二两。

——生童课卷工料，岁需银三十余两。（以用过之卷，案本计算。）

——每甄别及考课之期，俱扃门而试。每次备办山长、董事酒席，各役饭食油烛柴炭茶炉等费，案年共支销银九十五两。

——每年岁惰银十两，添补器具糊窗换席零星等费八两。

——每年迎送山长酒席银十四两。每遇正月，董事斋长会议公事，比较出入清册，酒水银三两。

——书院按年封纳租粮银十六两四钱五分。（官收者以市价算，庄头管收者以钱算。）

——书院于每年公款项下提银二十两，交城内铺商经管。每遇乡试，即以此项作为卷费，分给肄业各生之应试者。

以上各项，案年统计，共支销银一千一百七十两六钱五分，俱于年终，由董事汇造清册，送州覆核存档。[14]

◎参考文献：

[1][2]邓洪波编著.中国书院楹联[M].长沙：湖南大学出版社，1999：5.

[3](清)吴土鸿等修，孙学恒纂：《(嘉庆)滦州志・卷4"学校志"》，嘉庆十五年刻本。

[4][6]刘秉中：《唐山文史资料第15辑・昔日唐山》，第216，218页。

[5]滦县志编纂委员会.滦县志[M].石家庄：河北人民出版社，1993：604.

[7][14]邓洪波编著.中国书院章程[M].长沙：湖南大学出版社，2000：36.

[8][9][10][11][12]季啸风主编.中国书院辞典[M].杭州：浙江教育出版社，1996：13.

[13]阎国华等编.河北教育史(第一卷石家庄)[M].石家庄：河北省教育出版社，2003：408-409.

(四)玉田县

经州书院

书院在县城南门内东巷，创建于清道光十二年(1832年)，县令徐桂捐廉首倡，乡邦人士为集腋谋购基地，修讲堂、学舍及庖溷之所。凡为宇舍76间，额其门曰"经州书院"。因书院膏火未筹，徐知县乃劝集输款，经费渐充，章程渐立。道光二十二年(1842年)，知县姜土冠重新屋宇，厘定条规，收发一归董事，用期永久，至斯规模乃备。[1]书院有院董会，其成员均为县中名儒。书院由院董会推选"山长"，负责主持院务及讲学；另由山长聘请有名望学者担任讲师。书院以研究儒学经典为主，侧重习八股文，以应科举。有时也议论时政，光绪三十一年(1905年)，经州书院改建为高等小学堂，书院废止。[2]学制4年，设修身、读经、讲经、中国文学、算术、中国历史、地理、格致、图画、手工、唱歌、体操等课程。[3]"经州书院"的山长每年修银1百两，薪水每月银6两，遇闰加增，聘敬4两，三节节礼每节4两，年节回籍盘费2两。[4]1842年玉田"经州书院"的经费主要靠历年房地租来养济。[5]既然书院是科举的预备学校，它的创办肯定有助于科举成绩的提高，编者查了查旧县志，发现经州书院创办前后，玉田县的科举成绩大不相同。从清顺治二年(公元 1645 年)举办的第一次会试算起，到经州书院诞生的道光十二年(公元 1832 年)为止，一百八十七年间，玉田县只有 11 人考中进士，平均 17 年出一位；而从道光十三年起至光绪三十一年(1905 年)废除科举制度为止，七十三年间考上进士的玉田人也是 11 人，平均 6.6 年出一位，这种跨越式的进步，可能源自诸多方面，但是可以肯定，经州书院的功劳首屈一指![6]

玉田县的经州书院，对山长的束脩、聘金、盘缠、学生的膏火奖赏、饭资、纸笔费、仆役的工食银、宾兴费等书院开支都做了明确的规定，其细化程度之高令人钦佩，基本上涵盖了书院日常经费的方方面面，进而维持书院的正常运作。[7]1842 年，玉田经州书院的经费来源有："历年房地租东钱肆仟陆佰陆拾柒钱；发当商本银贰仟壹佰柒拾陆两，按月一分一厘行息，外有丁韵齐哲借银二百两，每年利银拾玖两贰钱等，除支付山长薪俸、生童膏火外，还有每年地粮封银正耗捌两；每课生童酒席随人数酌备，五人一桌，每桌四钱；乡试宾兴，每名一两；会试宾兴，每名四两；社房收租饭食，每年东钱壹佰壹拾钱，纸张东钱柒拾贰钱；院役每月工食东钱陆钱，遇闰加增。"丰润浸阳书院的儒童膏火费多来自各界人士捐输而来的基金、公产所生之利息租金，只有"蜡差"(指捐税的一种)为工匠所纳之差徭。[8]

◎ **参考文献**：

[1]玉田县文教局教育志编写组：《玉田县志》，1990 年第 25 页。

[2][3]夏庆明，吴尔亮主编，《玉田县志》编纂委员会编．玉田县志[M]．北京：中国大百科全书出版社，1993：393，395.

[4][5]中国人民政治协商会议唐山市委员会文史资料委员会：《唐山文史资料第 12 辑·教育史料专辑之一》，1991 年第 117，119 页。

[6]张树云编著．玉田历史文化大观[M]．天津：天津教育出版社，2012：136.

[7]吴洪成，刘园园，王蓉，刘达著．河北书院史研究[M]．保定：河北大学出版社，

2014：268.

[8]唐山市教育志编委会编.唐山市教育志（1840—1990）[M].北京：教育科学出版社，1993：95.

（五）迁安市

安昌书院

书院始名安昌书院，因安昌原属锦州，与迁安县无关，后又因迁安境内团子山有象征一县文运的文峰塔（塔因开矿于 1985 年拆除），遂将安昌书院更名为文峰书院。[1]旧书院在学宫南，创建之始，旧志无考，然延师课士为一邑文艺由来已久。故址瓦房 3 层，每层 3 间，嗣皆倾圮，惟讲堂仅存。嘉庆年间（1796—1820 年），有卜官营、李官营入官地亩 11 顷 54 亩 6 分 1 厘，共租东钱 809 千 400 有奇，作为书院修脯膏火之需，然经费太绌，不敷支用。至道光十五年，知县张萝蓉购院东地基 1 所，别建学舍 4 层，每层为楹者五，缭以周垣，复励绅商输资，广置田亩，每岁租增至 5078 贯有奇，始能延请主讲，设立规条，集生童而月课之。厥后地亩多被沙水冲淤，众佃藉词拖欠，日就凌夷。迄今岁入谨剩东钱千余贯，有司月课士子，惟捐廉给奖。书院旧以安昌名，案辽金地理志，安昌隶锦州，与今之迁境无涉，命名未免沿讹。今考团子山上有文峰塔，为一邑文运所系，故改名文峰焉。[2]另据游智开修，史梦兰纂，光绪《永平府志》卷 37 "学校志"（光绪五年刻本）：文峰书院，在迁安城内东南隅，旧名安昌书院，久废。知县韩耀光捐助膏火奖赏，每月考课。光绪二十年（1894 年），修补斋房，筹集延请山长。[3]由此不仅在书院名称前后变动获得进一步证实，而且进一步丰富了书院发展过程中有关人事及活动的内容。迁安教谕李法勤于嘉庆丁卯年间（1796 年）主持安昌书院讲学，"口讲指画，朝夕罔倦"，调任之后，人们思念他，集资刻印《洗斋文稿》行世。[4]清道光十年（1830 年）左右，高阳县人李桂岩曾在安昌书院任主讲，本县人郑朋（字玉林，兰溪县令郑德庄之子）和许多学友都拜李先生为师，学习读书作文要诀，郑朋于道光十一年（1831 年）乡试中举。[5]当时书院毁废破乱已久，郑朋请示知县张梦蓉为书院广泛劝捐，带头修葺学舍，负责设置津贴，迁安科举得以兴盛。[6]后来，本县清末举人刘襄臣（大崔庄镇大庄人）曾主讲于文峰书院。书院经费主要是由官地收租而来。[7]道光乙未（1835 年）到任的迁安知县张梦蓉说，当务之急，莫过于办好书院。支持本县举人郑苋为书院广泛劝捐，修葺学舍，当时安昌书院废毁已久，购院东地基一所，别建学舍四层，每层五楹，筑好围墙，从此改"安昌书院"为"文峰书院"。[8]同治庚午（1870 年），知县韩耀光，勤政爱民，尤其偏爱读书人，每逢考核，他一定亲手评阅，还捐款对成绩优秀者奖励。[9]光绪丙子（1876 年）修补斋房，筹款延请山长。[10]光绪己亥（1899 年）到任迁安知县严书勋，热心养育人才，个人捐银 200 两。购书 20 种，存储在书院。[11]自光绪二十八年（1902 年）停止科考，改为高等小学堂。

◎ **参考文献：**

[1][5][6][7]徐春瑞，张森主编 . 迁安文史集粹·文史知识百则[M]. 石家庄：河北教育出版社，2016：104.

[2]（清）韩耀光等修，韩玉成等纂：《（同治）迁安县志·卷 10"学校志"》，同治十二年刻本。

[3]滕绍周，王维贤 . 迁安县志[M]. 台北：成文出版社，1931：96.

[4][8][9][10][11]赵田 . 古城翰采[M]. 北京：中国文史出版社，2006：11.

（六）丰润县

浭阳书院

在县城南街，清乾隆十九年（1755 年），知县吴慎详捐俸银 20 两，劝捐绅士银 488 两 9 钱于观察使旧署创建。其授课方式为自学兼辅导，入院的儒生，都是已中秀才者，一般都能熟读经书。书院采用宣讲报告、专题讨论等形式传授知识和研讨问题，并依照四书五经历年科举考试试题对儒生定期加以测试，之后由先生批阅试卷，评定等级，然后互相观摩，并择优奖励。总之是为将来参加科举考试作准备。[1]随后，他又置胡家庄 4 间地 2 顷 61 亩为诸生膏火之资。草创经费及规模粗具，计有面西厅 3 间，耳房 2 间，堂 3 间，耳房 2 间，南北庑房各 2 间，后堂 3 间，耳房 2 间，南北庑厢房各 2 间，门房 5 间。有碑文入文苑，迨年岁久远日就荒芜。道光初经邑令王公劝捐移建于东街路北。十六年(1836 年)，又经邑令许公劝捐赠诸生膏火，计正院瓦正房 4 层，层各 5 间，厢房 2 层，层各 3 间，又草厢房 2 间，东院瓦房 2 层，层各 4 间，西小院厨房 3 间半，马棚 2 间，计发当成本银 1500 两。[2]道光七年(1827 年)，王仲槐来任知县，在县内士绅中劝捐，得以对书院重新迁建，书院迁建完毕后立碑纪念，王仲槐亲自撰写了碑文。[3]清人沈赤然撰述《更修浭阳书院碑记》、王仲槐《改置浭阳书院碑记》均收入牛昶熙纂修，光绪<丰润县志>卷 10 "文苑"上。

◎**参考文献：**

[1][3]河北省唐山市政协文史资料委员会编：《唐山碑刻选介第 2 辑》，2004 年第181 页。

[2](清)牛昶煦纂修：《(光绪)丰润县志·卷 1 "学校志"》，光绪十七年刻本。

四、沧州

(一)泊头

董子书院

董仲舒是汉代广川人，是当时著名大儒，为后世学子所仰慕。董子书院命名即源于此。

交河董子书院，系明宏治乙丑科进士冯时雍所建。位于泊镇南七里许的李道湾。该书院在清初已塌圮，旧址今不可寻。现仅存有明"祭酒"(太学的最高学官)龚用卿撰《董子书院记》，可作考证。

该院在原交河县城东北角，建于何时无从查考，仅知道清雍正十一年(1733年)命直隶省(今河北省)城设立书院，且颁赐帑银为营建费，或即此时创建。

书院经费来源于学田，租盐当生息。凡院长薪金，诸生膏火花红皆出其中。

课艺每月两次，甄别每年一次。凡甄别之期，生童录取者，可参加月试，取列超等者。除得奖赏外，并有膏火费(文具饭食费)；取列特等及一等前三名者，也有奖赏。乡试前有宾兴课(注：前代乡举，地方设宴，以待应举之士，谓之宾兴)，奖赏从优。该书院自清同治年间倾圮后，月课无定期，学款收入无人过问。由此可见，清时鼓励学士学习科举的方法，可谓优厚。[1]

　　瀛南书院清同治末年倾圮，光绪二十三年(1897 年)，知县严倍烈(陕西渭南县人)到任，号召重修，并带头捐奉银，但未等动工修建，两年以后就解任离开。离任时，再三嘱托交河城关名绅齐云峰、唐风书、苗淑芳、王钟祥等接替操办此事。[2]

　　光绪二十五年(1899 年)，龚彦师(安徽合肥县人)到任，齐云峰等找到他，把严知县临别意愿讲明，龚彦师态度明朗，表示大力支持。第二年春天，着手重建。并将书院由城东北角迁至城东街路南。由齐云峰、唐风书、苗淑芳负责监工(后唐、苗二人因年龄大退出)。光绪二十八年(1902年)知县程和(今上海奉贤县人)到任，继续修建。当年，龚知县复又回交河，仍主持继修。到光绪二十九年(1903 年)书院竣工完成。[3]修后规模：北向大门一座，门内南北砖甬路一条，南头大照壁一座，又修甬路。东门院三层：头层向南大门一座，照壁一座；第二层向南门楼一座，明三暗九讲堂一座，东西文场各 12 间，第三层向南门楼一座，正厅三间，东西耳房各三间，东西陪房各二间，又修甬路。西边亦分三院：南院厨房一间，茶房一间，宿舍四间。中院外门东向；南北正房各五间，东西厢房各四间；北院外门东向，院内向南门楼一座，正北房四间，东西陪房各二间。西南小院，厕室一间。计占地近六亩。旧有学田 12 顷，一部分庙产田亦划归学田。两项共计 34 顷 43 亩多。[4]光绪二十九年(1903 年)竣工，时值变法，清帝谕各府、州、县所有书院，一律改为学堂。交河瀛南书院因此改名求实小学堂，随后改称官立高等小学堂，校长曹思郇。因系书院改建，规模比较可观。两个高级班，没有初级班。所招高小学生，系由各方所推荐，不通过正式考试。有时入校学生虽经考试，也是虚应故事。此系交河县当时仅有的一座官费小学堂。[5]

◎**参考文献：**

[1][2][3]晓曦书坊.古镇史探[M].呼和浩特：远方出版社，2002：96.

[4](清)张范东修，李广滋等纂：《(道光)深州志·卷 2"书院志"》，1821 年。

[5]河北省泊头市地方志编纂委员会.泊头市志[M].北京：中国对外翻译出版公司，

2000：535—538.

两圣书院

两圣书院位于交河镇西关街，因仰幕孔子、孟子的学问、道德风范，所以叫两圣书院。始建于光绪十五年(1889年)，创建人卢广汉。民国四年(1915年)重修，后改为黎明学校，现为交河镇西关小学。

(二)沧县

天门书院

在州治东，规制整齐，明万历二十七年，巡盐御史毕三才、运使何继高等创建。凡附近州县优行诸生不拘民灶取入院会课，大多不满百人，沧庠过半。今废。

渤海书院

在城内张家胡同道北，嘉庆年间创建，道光二年，知州潘国诏重修。道光十六年，知州李惠派绅士董其事。同治元年，知州联俊重修。光绪九年，知州赵秉恒、州人刘凤舞增修考棚(考棚40间，梯云堂3间，阅卷室3间)于内。十年五月，知州赵秉恒议以渤海书院年深日久，恐有损坏，必须岁修之资方可垂久，查有恩德当商，每季应交帮差银四十两，自本年秋季起，每季扣银五两存于典中，遇有应修之款董事商用，报州存案，银仍存典中，无论地方何项公务不准动用。民国初归劝学所，今改教育局。

书院主持人(山长)由知州聘任，教师由山长延聘知名举人、进士应任，学生多来自附近州、县，称"生员"，入院须经考试。书院经费主要来自学田，由每年地租及生息收银73两3钱1厘3毫，收地租京钱1220串818文，为院中经费。[1]此外又有刘凤舞捐助京钱4000串，发商生息，三年合计，分给诸生为乡试公费。知州骆孝先定有条规勒石[2]，并修甬路及其他用房，修筑围墙自成院舍，解决了州试无固定房舍的困难。清末"新政"，光绪二十九年(1903年)在渤海书院旧址建高等小学堂，宣统三年(1911年)，渤海书院改称"沧县书院女子小学"，今为沧州市实验小学。至今，渤海书院匾额仍保存于该校[3]。

渤海书院创修考棚记

——知沧州事、江右南丰、赵秉恒撰文，候选翰林院待诏戴延韶书丹，候选教谕于德甫篆额，"清光绪九年岁次癸未仲秋立石"。

昔者沧州书院二：一为天门，一即今之渤海也。州志云：天门书院，有号房七十五间，为盐院品骘诸生之所。又云：清雍正初，升沧州为直隶州，知州董思任即守御所废址建学院，学使按临校士于中，置考棚八十楹。其时拔取者鼎甲连绵，位跻通显，人文之盛，畿辅首屈一指。迨雍正九年，沧州改隶天津，学院遂废，天门书院因之俱废，惟渤海一院犹鲁灵光，岿然独存于今耳。光绪庚辰夏，余来牧是邦。下车后，时晋绅耆讲求文运，因葺钟楼以复形胜，增义塾以广栽植，建祠宇以励忠贞，所翼士习文风，兴复如昨，惟是校士之典尤重扃试。历来乡会则有棘围，科岁则有试院，功令所在，莫此维严，亦莫此维慎。矧云程发轫肇于胶庠，牧令推毂，尤宜慎始也哉。方沧州全盛之时也，童子试动辄盈千，其时州治宏敞，扃试其间，人皆称便。及兵燹后，州署无存，官僦民居，地颇狭隘。彼时大难初平，应试者为数无多，犹易位置。今则澄清日久，文运丕兴，一届考期，担赴试者，纷至而沓来，迭次进加，愈增愈众。若非预为之计，仍借祠庙权宜，将事不惟。限之于地势不能容，亦恐弊窦丛生，防闲非易。一日者，与诸绅耆再三筹画，以昔之天门书院及学院废址，沦为民居日久，年湮不复可考。乃于渤海书院讲堂后，得空基一区，南北长三十三号六分，东西阔十五弓一分，经营规划，形势咸宜，余欣然曰："得其所哉。"爰捐廉以为之倡。于讲堂西建文明坊，房中为甬道，道之东西建大厦四十间。北为正堂三楹，额曰"梯云堂"。四周环更道，更道之外为围墙，墙东南隅辟小门，门东一院建北房三间，为试官阅卷之所。又东为厨房二间，厢房二间。兴工于癸未二月之吉，至八月望日而落成，斯举也，统计工料费银一千六百余两。州绅武功将军刘韶仪闻之，欣欣然乐与图成，其费余与韶仪二人同任之。监修则崔君唐辅总其成，于君小瀛、戴君普生、陈君春晏皆预焉。从此人天蔚起，展风檐寸晷之才，无露处终宵之苦，琴香一采，桂杏联芳，高步青云，拾级以上。则巍巍科第，庶免沧海遗珠之叹，岂不懿与？是又余与刘君韶仪所企望者焉。是为记[4]。

◎**参考文献：**

[1]沧县地方志编纂委员会.沧县志[M].北京：中国和平出版社，1995：435.

[2](清)龙诠等纂修，蔡启盛重修：《(光绪)天津府志·卷35"学校志"》，1899年。

[3]阎国华.河北教育史(第一卷)[M].石家庄：河北省教育出版社，2003：409.

[4]沧县教育志编纂委员会.沧县教育志[M].北京：教育科学出版社，1994：14.

沧曲书舍

在南关运河南岸距城里许，系郡绅张雪耳别墅，有堂数间。乙巳岁，李锐巅左湛如两君相继讲学其中，多士云从，构室肄业。丙午乙酉两科，中试十有五人，时称极盛，如皋姜宪使匾其堂云"教中乐地"，联云"冠四民而为士，通三才之谓儒"，高安朱相国匾云"敬业乐群"，联云"无绳系日，这一寸光阴莫教任着他容易放过；有路登天，那几层阶级直须拼得俺实地踏来"，外有《沧曲学记》"锐巅沧曲十六咏"均载艺文。

补充：书院主持人称山长，由知州聘任，教师由山长延聘知名举人、进士应任，学生多来自附近州、县，称"生员"。入院需经考试。书院传授儒家学说，以四书(《大学》《中庸》《论语》《孟子》)、五经(《诗经》《书经》《礼记》《易经》《春秋》)，诗赋、制艺(又称诗文、八股文)为主要教学内容。书院经费主要来自学田。

（三）南皮县

瀛洲书院

在城外东北隅。建文昌阁，东西书舍，前为厅并大门。明万历三十年知县李正华创建，自为碑记。

按《通志》：瀛洲书院一在河间治西，一在南皮县城外东北。明万历时，南皮尚属河间，故书院同以瀛洲名。今废。

清风书院

在城内东北隅。乾隆三十六年春，吏部侍郎曹秀先为题"清风书院"额，盖取西周尹吉甫《诗经·大雅·烝民》诗"穆如清风"之义。清风书院内建文昌阁三间，东西书舍各三间。二门，大门。另有后院草房十余间，社学占用之。[1]

书院山长（书院负责人）多为历任知县充任，院中高才生颇多，为封建王朝培养了许多科举人才。1894年，知县殷树森集资重修。1900年，因受义和团运动和八国联军侵华历史变故，书院被迫停办。光绪二十六年以后，旧清风书院扩充义学，三十年改为县立高等学堂，义学停办。[2]1904年，改为县立高等小学堂。民国后，改为高初级小学，至今未改[2]。

◎ **参考文献：**

[1]王德乾等修，刘榭鑫等纂：中国地方志丛书·河北省·南皮县志[M].台北：成文出版社，1932：541.

[2]南皮县志办公室标点.南皮县志(民国版)[M].哈尔滨：哈尔滨工程大学出版社，2012：155.

按：以上所称清风书院，在从前科举时代为讲学育才之所，现此制虽已久废，但其过去事迹不可不考。兹将书院沿革情形及历任山长并院中高材生姓名列表附录于后。

南皮书院调查表

名称：明为瀛州书院，清为清风书院。

地点：瀛州书院在城外东北隅，清风书院在城内东北隅。

成立年代：瀛州书院系明万历三十年知县李正华创立。清风书院系清乾隆三十六年创立，吏部侍郎曹秀先题额。

房舍情形：瀛州书院原建文昌阁三间，东西书舍，前为厅并大门，均倾圮无存。清风书院内建文昌阁三间，东西书舍各三间。二门，大门。另有后院草房十余间，社学占用之。

历代山长姓名及任事年月：自明万历年间成立瀛州书院，清乾隆间成立清风书院，至光绪初年，其间两书院历任山长姓名均无可考。其可访知者，自光绪八年知县殷树森自任山长。及十五年殷去，知县王家宾任山长。十六年知县孙毓珍任山长。十七年知县冯庆镛任山长。十八年殷树森回任又自任山长。二十四年殷去，知县陈公度继任，聘陆炳寰为山长。二十六年庚子之变，遂停。

院中高材生及知名者姓名及事略：张瑞荫，荫生，任监察御史。田煜璠，举人，民政部佥事，殷琦，举人，任南皮县劝学所总董，江苏知县。王曾润，拔贡。侯青照，优贡生，朝考一等，分发江西，历署丰城、奉新、余干等县知县，有政声。侯堃，增贡生，山西补用知县。田翊墀，廪生，法政学校毕业，田耀墀，附生，日本留学。张彬容、许元清、许炳麟、叶毓荫、朱徽典、高树果、潘芝毓、尹元照、尹仲斌、吴之洲、宫元炬、侯本桀、侯本荣、君铭新、尹铭谦、高汝桐、侯光蓁、侯光墓、叶钧生，均廪贡附生。

科举停后迄今经过情形：光绪二十六年以后，就清风书院扩充义学。三十年改为县立高等学堂，义学停办。民国后，改为高初两级小学，迄今未改。

(四)青县

会川书院

在县城东关城隍庙街。主要是供本县生员应乡试的学习场所。清乾隆四十九年(1784年)，青县官民公捐在城外城隍庙街建会川书院[1]。咸丰六年(1856年)，知县卢宝臣、教谕张胜亭、训导谢棠等重修，改名永安书院。[2]永安书院为青县最高学府。光绪十九年(1893年)，县人宁世福遵其父宁大林、母胡氏遗命，捐银1000两，两年后，续捐银2000两。经知县姚为林置买徐李庄庙地15顷，招佃承种收租，盐运使季邦桢复拨公款银2000两，发商生息。岁入租息，充书院经费。[3]

在清代，永安书院为青县最高学府。书院设山长1人，主持讲学；首事1人，负责生员的生活事务；学长1人(由重生中选拔)，负责办理学习事宜。山长由官、士绅延聘，山长再聘请硕学宿儒任教授。若山长、教授不实心教诲，当即辞退，另请名师。书院招收修毕私塾的士子入学，教学内容主要是儒家经典、宋明理学，每月十六日，由山长招集士子"课试"，名曰"斋课"。月初二，由知县主持"官课"("课"即考试)。录取在前者给予奖励。光绪十九年(1893年)，原籍青县，后在天津发迹的洋行襄理宁世福捐银100两，光绪二十一年(1895年)续捐银2000两，经知县姚为霖置买徐李庄庙地15顷，为永安书院学田，招佃承种收租，外加青县盐运使季邦帧拨公款200两，共充当都院经费。光绪二十九年(1903年)，永安书院改为青县县立初高级小学堂。此外，在兴济还有范桥院，借寓火神庙内，光绪三十年(1904年)废止[4]。

◎ **参考文献：**

[1]孙景祺. 河北交通史丛书·青县教育志[M]. 北京：教育科学出版社，1994：35.

[2]顾明远. 教育大辞典[M]. 上海：上海教育出版社，1991：379.

[3]（清）贡琛修，茹岱林等纂：《（光绪）青县志卷2"学校志"》，1882年。

[4]青县地方志编纂委员会．青县志[M]．北京：方志出版社，1995.

（五）河间市

毛公书院

元至正年间（1341—1368年），河间路总管王思诚在今三十里铺修建毛公书院，请山长负责投课。元朝末年书院被火烧毁。明正德年间，河间郡守陆谏建立祠堂，清乾隆二十三年（1758年），河间知县吴山凤捐银两重新修建祠堂，并新添房舍做为校舍，聘请教师授课，县内迫切求学者均可来此学习。

瀛州书院

明万历三十五年（1607年），河间知县王遇宾在府衙西面建立瀛州书院。清乾隆十七年（1752年），河间知府杜公甲，在贡院后街（今河间中学处）重建瀛州书院。每年知府和知县联合捐款，请山长教授学生。所有学生的伙食费用由河间知府所辖各县负担。

清光绪三十七年（1901年），瀛州书院改创为河间府官立中学堂，同年11月26日，清政府颁布"癸卯学制"，光绪三十一年（1905年），清政府下令废除科举制度。此间，河间城内及四周村庄陆续办起一些初等小学堂，光绪三十二年（1906年）清政府正式颁布："忠君、尊孔尚公、尚武、尚实"。这是"中学为体，西学为用"教育思想的具体体现。同年，河间儒学署改为劝学所。

广川书院

在景州南门大街。康熙四十三年，景州知州周越建为董子祠。祠有赐额，越所请也。一在广川镇元至正间设。明正德中重修，建甘陵书院在故城县弦歌巷。雍正六年知县蔡惟义即故五侯祠址建设以教生徒。

桂岩书院

在任邱城西隅，文庙之右。乾隆酉知县陈文合建，河间知底姚田川减制立都斯力。

东州书院

在肃宁城西关大街，乾隆二十四年知县范森个邑绅朱润为记。

（六）献县

万春书院

万春书院在县城南门内乾隆十三年知县吴龙见建，二十五年知县万廷兰重修。

万廷兰记略

己卯冬予来宰，献明年正月进诸生试其文多芬郁可观，然究其根底六经贯串诸史深殖厚畜为有，有用之学者殊少，概见岂潜修之士隐而不我，即抑下学上教，习于卑近而不以务其本也明。故有书院曰：献陵作于嘉靖十三年，毁废其后见麟近，皆乡人自为为之。

国朝以来书院百有余年，乾隆戊辰前尹吴君龙见乃，一区于城南门内，历今犹存而规模庳隘，屋舍圮敝，予因撤而新之，高其门崇其堂，题曰：传经志古也。堂后增厅三楹廊二，后土屋覆以瓦，正向左右凡九楹，于是讲课诵习燕息之地略具，榜其门曰：万春书院。万春邑山名在献王墓侧将以复献陵之旧云。邑生李会白捐资五百，委诸商收其息以为延师脩脩。故有地百余亩，增置地百七十余亩、献王墓地四十亩，凡三百四十亩收起租，以奉王春秋祭祀，余作生徒膏火。既成延名师主之，选诸生童子俊异者萃居其内，因书之石以为劝诫。

谨案县志书院旧有生员解二疏，生解二戴捐地一百二十六亩，新增九莲山地四十八亩，道地生五十三亩，十五殿地五十三亩，胡廷彪捐地十亩，安宥捐地七亩，共二顷九十七亩，岁收租为膏火费。

日华书院

日华书院在县城东北隅，乾隆四十三年，知县黄某创建并置地亩以资膏火。

纪昀记略

献县于河间为大邑，土地沃衍而人多敦本重农，故其民无甚富亦无甚贫，皆力足以自给又风气质朴，小民多谨愿畏法，富贵之家尤不敢踰越尺寸，其施教皆易然。自前名以来，虽科第衣冠蝉聊不绝，终不能与海内胜流角立而分坛坫，其故何欤？盖谋生之念多，则其力不专自守之念多，则其愿易足或去不惜或稍有所就不复多求，半途之废固事理之必然也。

乾隆四十三年，莆田黄公来宰吾邑，乃慨然有志于学校，谓书称既富方。而礼称衷信之人可以学，礼献邑物阜而俗，足以于教而困于所习，弗竟业是犹子弟有可教之资。而其父兄弗董以成也，其责在司牧，乃割奉于城东北隅买隙地建讲堂。学舍四十余间，又置腴田四顷余，拔邑人子弟之聪颖者，延天津郡君玉清为之师。邑人以庚子乡试预选者七人，为向来之所未。又为其事必有其功殆信然与郡君为余壬午所取士，既主斯席乞余文以记其事。余邑人也，病族之中人人可以读书而不卒业者十之五六，又愧在里之中，稍为先达而不能奖劝后进，使日华弦诵之遗风，黄公乃能振兴其教释余心之所歉，是不可不勒诸贞珉以垂久。

（七）吴桥县

澜阳书院

清康熙五十一年（1712 年），知县张景良在城内创立"澜阳书院"。同治十三年（1874 年），知县倪昌商同绅富，劝集经费，于城内东南角扩建书院，仍用原名。在院学生称"生员"，又称"诸生""童生"。修业年限因人而异。书院的主持人称"山长"，也称"掌教"或"洞主"。山长一般由知县聘任，教师由山长聘任。书院以四书（《大学》《中庸》《论语》《孟子》）、五经（《周易》《尚书》《诗经》《礼记》《春秋》）及诗赋、制艺（八股文、诗文）为主要学习内容。书院每年考课十个月。考前须先期赴礼房报名。临期扃试，录取诸生、童生各 50 名。每月初二为官课，十六日为斋课。官课由县点名，斋课由山长点名。书院存有范景文、董文敏、米万钟等名人石刻 20 块，藏书 12 橱，供诸生阅览（后书院石刻、藏书全部存入第一高等学校）。清光绪二十九年（1903 年），澜阳书院改为第一高等小学堂。1951 年，在吴桥城关澜阳书院旧址，建立吴桥第一中学，共两个班，当年招生 140 人，教职员工 10 人，专任教师 4 人。[1]

清康熙五十一年（1712 年），吴桥知县张景良在文庙东南建吴桥澜阳书院。至同治十三年（1874 年），知县倪昌燮与富绅劝集经费，将书院迁至县城东南角，营造讲堂、考栅、后堂、宿舍、伙房。捐地 783.1 亩，招收租，捐款 3700 千文，存本收息，以供教师薪资、学生补助等经费支出。该书院在考核录取评定、文明礼貌、奖励惩罚等方面均订有较完善的规章制度。书院藏书万卷，供生、童阅览。自建院始，考取进士者 10 人，考取举人者 52 人。清雍正十一年（1733 年），在交河县城东北角建交河瀛南书院。书院经费来源于学田租，院长薪资、诸生膏火花红皆出其中。同治年间，知县龚彦师、程和重修，至光绪二十九年（1903 年）竣工。占地近 6 亩，分南、中、北三院，规模可观。有学田 12 顷，并有部分庙产田亦划归学田，计 34 顷余。[2]

旧 县 志

城内澜阳书院康熙年间前县张景良建，原在学宫之东南，岁久尽圮废业百余载。同治十三年，署知县倪昌燮商同绅富劝集经费，择基于城内东南隅购梁氏等别业空基，重建书院复澜阳旧名。营讲堂、号棚、后堂、寝舍，并门庑庖湢器具什物。是年秋仲开工冬月事捐地十顷招佃纳租，供师生修缮膏火费。光绪元年实任知县吴积荙任查明捐地迄未交清，课试一切无定章，虑无以垂永久重加整顿，邀集绅董妥为商议。金谓赖地亩租价适遇水旱偏灾，经费不足恃，遂劝令未交地亩各户捐地捐钱各听其便。截至元年腊底止综计运前共地七顷余亩，照旧招佃纳租又京钱三千七百千文，发交在城恒顺当具领每年按一分二厘生息。会议章程刊示遵守俾垂永久，所有地亩成本总数以及会议章程复载于右：

绅民捐输并倪任断令人官地共七顷八十三亩一分一厘八毛一。

输捐地亩改交钱文共计发成本京钱三千七百千文。

山长每年修敬膳敬量经费之盈绌均于年前议定次年按月分送。

每年自二月起至十一月止考课十个月。

每月考课各生童需赴礼房报名，临期局试录取生童各五十名。

每月初二日官课十六日课由山长点名。

官课超特等有膏火，多寡均量经费之盈绌，于年前议定榜示，次年按月照办。

考取前列生童奖赏亦均量经费之盈绌，于年前议定榜示，次年按月照办，官欲捐加奖各由自便。

每课按赴考点名人数由县署每名预备点心一份。

试卷有书院预备，赴考生童毋庸自给卷费。

每月生童考列等第均以诗文优劣随课升降。

凡遇乡试之年生员于六月官课作为于其考列超等特等者准并支七八两月膏火。

生童仅考官课而课无故不到，其有膏火者扣除膏火一半，无膏火者罚停下月官课一次。

设院夫一名每月酌给饭食纸笔等费。

当铺利息写立支折每月由经营书院之绅董往取其各处，地租亦由绅董派人往催俱另立印薄二本，一本存县署，一存书院，取回利租登账送县过目过朱。钱由绅董存储其致送山长，修膳及支发一切零用均由绅董核实经理按月开账报县查核概不假手书吏。

上月膏火奖赏均由下月考课点名之先由县在书院当面发给。

扃试生童当日不缴卷及抄袭雷同者概不录取。

点名时无论冬夏俱须衣冠整肃，毋得疏略不恭致蹈失仪之咎。

书院为文教之地，生童如有越礼等事，即行除名不准再考。

经营书院绅董二人每年应酌给薪水，亦量经费之盈绌均于年前议定，次年按月照办。

每年除去以上各用外，下余之项作为修补房屋、添置器具，及致送山长节敬并租地、纳粮、催租、饭食一切零星用度，每至年终由绅董会同结算一次，送县考核。

将来如有长余之项，积至京钱一千吊，即由绅董禀官发生息 经费日见充裕用垂久远。[3]

◎ **参考文献：**

[1]吴桥县地方史志编纂委员会编．吴桥县志[M]．北京：中国社会出版社，1992．

[2]河间市地方志编纂委员会编纂，赵景春主编．河间市志[M]．北京：中国三峡出版社，2003．

[3]《河北吴桥县志(第 2 卷)》，1941 年。

(八) 东光县

观津书院

清同治八年(1869 年)邑令陈锡磷筹款建观津书院。位于县城内东街，书院建讲堂、书房、宿舍等 19 间，招收童生、生员，以备参加朝廷每年举行一次的童试和三年举行一次的乡试。学习内容为经史之类，同时学作八股文、试帖诗等。

清光绪三十年(1904 年)观津书院改为国民高等小学堂，招收学生 32 人。1912 年国民高等小学堂改为东光县第一高等小学校，并扩大招生为双轨制。同年成立初等小学班 1 个，招生 25 人。[1]

第一，每年二月甄别生员一次，取定肄业五十名。以后按课升降。超等十名，前五名与后五名膏火有差，特等十名，前五名与后五名膏火亦有差，一等三十名，则只前五名给膏火，以外不给……倘有剿袭旧文及雷同，不完卷，与文理悖谬，并无故三课不到，又三次均在一等二十五名以后者，扣除肄业外，以附课之屡试前列者补入。童生亦照此办理，以示劝惩。

……

第五，书院器具什物不准外间借用。唯桌凳于每年县试时，由县借用，以备前五十童生覆试二堂所需。其余不准动用。

第六，在院肄业生员，遇有乡试中式，及童生县府院试俱第一之人，应有书院酌助贺资，以示优异。候筹款较充，随时酌定。

第七，书院后土山，拟立拜经阁一座，供历代名贤大儒。现在经费未敷，候拜经阁成，即行照办。

第八，经理书院租资账目，应择公正斋长二人。现因经费未充，先定斋长一人经理此事，每年酌给笔资四十千文。礼房亦准于年终时，酌给纸笔之费，由县核定。①

兴贤书院

兴贤书院位于县城东北部辛店。该村永宁寺内孔子殿旁有书斋，谓兴贤书院。清康熙五十一年(1712年)邑令常宏祖将近村的绝弃田拨归书院，凡附近村贫苦子弟均可入院就读。

(九)盐山县

香鱼书院

清乾隆元年(1736年)，盐山知县金昌世在盐山县城兴文街创建香鱼书院。咸丰七年(1857年)，盐山知县李景沆将该书院移至盐山县城东门外大街北(今东关中学处)。该院有大门3间，过厅两层各3间，偏房两间，左右两厦数十间，并修置桌凳，以备县试。招生40~50名，分为甲乙两班，甲班学习考举人之学业，乙班学习考秀才之学业。学生入学免费，书院备有斋舍，供学生食宿，并发给学生一定数量的补助。

清乾隆三年(1738年)知县金世昌始建于兴文街，贡生李士晋捐地6顷，以为课士之资。乾隆三十五年(1770年)知县彭良骞重修。乾隆六十年(1796年)，张元英(原庆云知县)改庆云学宫之东义学为"古棣书院"。咸丰七年(1857年)知县李景沆重建于东门外，有讲堂、考棚数十间。仍沿用原名，有大门三间，过厅两层各三间，偏房两间，左右两厦数十间，并修置桌凳，以备县试。同治六年(1807年)增田1000亩。光绪初，长芦盐运司拨银200余两，时"所重虽在帖括，而士知向学"。光绪末改为学堂。

德宗光绪十八年(1892年)，汪宝树(原庆云知县)又改建"古棣书院"。"香鱼书院"和"古棣书院"皆为当地学生准备参加科举考试的县办官学。

---

① （光绪）《东光县志》卷四《书院志》。

"香鱼书院"当时招生四五十名，分为甲乙两班，甲班学习考举人的学业，乙班学习考秀才的学业。学生入学免费，书院备有斋舍，供学生食宿，并发给学生一定数量的补助。为了适应科举考试，"香鱼""古棣"两院均以讲"四书""五经"，习作"八股"文章为主，时而兼论时政，研讨学术。教学方法是采取个别钻研、相互问答与集众讲解相结合的方法。清末，"香鱼书院"聘大边务李之咸为主讲教师。李先生才识渊博，治学严谨，务本求实。他著有《蒙养十六箴》，当时各塾学教师辗转手抄，木刻复印，集帙成册，流传颇广[1]。起初，香鱼书院的门额中间，悬有一块横匾，是赵毛陶孙葆元(清翰林)先生的手笔，匾文为"香鱼书院"四个大字，笔法刚劲挺拔，生动剔透，下笔有神，颇得欧体的真谛，旧时被人评誉为盐山县群匾之首，七七事变后，不知去向，为盐山文物的一大损失！清朝末叶，香鱼书院聘请大边务李之咸先生为主讲教师。

李先生德高望重，才识渊博，他放弃个人进取的机会，终身埋首于教育事业，李先生治学谨严，务本求实。他为了对学生进行品德教育，曾费尽心血，著有《蒙养十六箴》一书，当时各塾学教师辗转手抄，以后木刻付印，集帙成册，流传颇为广泛。经过李先生的多年精心培养，完成了集资兴学的愿望。他门下的学生，出现了不少的知名人士。如：现在黄骅县杨庄的杨建章，考中官费日本留学生，曾庄的丁揖仙，东刘的刘和轩等，考中清代秀才。一时文风济济，颇极一时之象。因集资兴学的义举，在津南各县，传为美谈。

李之咸先生所著的《蒙养十六箴》一书，由于受时代的影响，其内容偏于"忠孝节义，礼义廉耻"等，属于封建伦理道德的范畴，我们不能无批判地吸取，但照历史唯物主义的观点，也不应全部予以否定。要一分为二来对待，肯定其中有用的部分。如他主张的"务本求实"，所谓务本，即强调做人要正心修身，其实质相当于现在的"心灵美"；所谓求实就是脚踏实地，埋头苦干，即现在所说的"实事求是"的意思。总结李先生的一生，可概括为"忠于职守，诲人不倦，品学并重教徒成……"这些都是今后教育工作者所应借鉴的。

李之咸先生去世后，家属生活异常困难，部分受业学生，发起同学间的募捐，富有的多拿，少有的少拿，贫困的不拿。根据这个精神，仅杨建章一人所捐款，竟占全部捐款的大半。一部分优抚其家庭，一部分为李先生刻石立传。碑石竖立在大边务村东北李先生墓前，碑文载李先生生平事迹颇详。李先生的教学风度，深刻地影响到以后的县立中学，历任的中学校长，几乎都按照李先生"务本求实"的模式治理学校。[2]

光绪二十九年（1903 年）盐山举人贾佩卿将此书院改建为县立高等学堂。同年九月，庆云"古棣书院"亦改建为学堂。

五、衡水

(一)衡水市

右山书院

院址在县城以西的滏阳河岸,为清代顺治初年(1645年)知县张恒所建,后来所有房舍地基充公,收息作为书院经费。

桃城书院

地处衡水城内东街城隍庙西边(今市公安局院内),清代乾隆年间知县何燧创建,知县陶淑外建遂成。到同治光绪年间,逐渐破损。至光绪二十九年(1902年),改为衡水县公立高等小学堂。

书院主持人称山长或洞主,由知县聘请,教师由山长延请,其学生不住院学习,只定期进行训导。入学年龄、肄业年限不限。教学内容主要为"四书""五经"及史鉴、制艺。教学方式为教师讲课、指导。教学方法多采用问难论辩式。[1]

◎参考文献:

[1]河北省衡水市地方志编纂委员会编.衡水市志(下)[M].北京:方志出版社,2002:11.

(二)枣强县

砺泽书院

清顺治十七年(1660年),知县何之图创办砺泽书院,地址在县城西南20里之通明宫内,由当地乡绅管理,后改为义学。[1]

◎**参考文献:**

[1]枣强县地方志编纂委员会.枣强县志·教育篇[M].北京:文化艺术出版社 1994:669.

嘉会书院

乾隆四十七年(1782年),工部制造库郎中步登廷年高归故里后,创办嘉会书院,址在县城西南15里之大金村。嘉会书院办学达百年,学生有来自百里之外者。书院所在的大金村,进书院就读和科举考试得中者尤多[1]。

◎**参考文献:**

[1]枣强县地方志编纂委员会.枣强县志·教育篇[M].北京:文艺艺术出版社 1994:669.

敬义书院(后俗称枣强书院)

清同治八年(1869年),知县张士铨始构宅基于县西街。同治十三年(1874年),知县方宗诚始创建斋房,置地932亩作为经费。另筑房舍五间,集城内士人探究学问,"示以学规","讲论为人之道",专称正谊讲舍[1]。书院前置义学,延师以课寒士,中为讲堂,后为延院长讲学课文之所,东西为斋房,平时诸生肄业其中。书院内设有童子祠,讲堂大书董仲舒"正谊明道"之训，每岁课士时诸生拜董子祠堂。又念县无考棚，每岁科县试，张席棚于县署仪门之内，大寒盛暑，风日雪雨，士子苦之。因劝员外郎李咸临、贡生李执玉、千总衔武生李清华、六品衔李建龄，以书院西宅基所，捐归书院，于是基址宏敞，增修屋宇，永为岁科县试之考棚。又县旧有太公祠，以《史记》云"太公困于棘津"，枣强古棘津地，祠久毁，每岁春秋二祭，有司张席棚于野祭之。方宗诚拟每岁改祠为太公讲堂，以劝勉诸生："无徒囿于世俗科举之陋，而必以太公童子之所以教者为师，蕴之为德行，行之为事业。"因名之曰'敬业书院'"。又买膏火地 9 顷 32 亩有奇。[2] 下附《创建敬义书院记》。

创建敬义书院记

清同治十三年(1874 年)方宗诚

枣强，汉属清河郡，与广川邻。历代沿革分合迁徙不常，名屡更，遥与广川相杂，故今犹称古广川云。汉大儒董子盖生是邦，今县城中有董子祠，旧县村王善友村多姓董氏者，亦有董子祠三焉。又相传为古棘津地，司马迁《史记·游侠列传》谓吕尚困于棘津，《集解》徐广目："在广川。"司马彪《续汉书·郡国志》于"冀州清河国"下称："广川，故属信都，有棘津城。"今县旧有太公祠，盖用《史记集解》之说。且棘与枣相类，故援引太公以为地重，而刘昭《续汉志注补》则谓："太公棘津琅琊海曲"，非此城也。夫太公之果尝国于此，事远难稽，即董子之生果为今枣强境与否，亦未可定。然人心秉彝好德之良，与学者慕古希贤希圣之怀，有非口舌之所能夺者，是国可以置而不辨也。

县故有大原书院，近董子祠。旧志载：明万历初，张江陵为相，檄毁天下书院，遂改为北察院。令察院已毁，旧址无可征矣。惟董子祠如故。太公祠亦久圮，春秋有司设席棚城外致祭。书院旷废已三百年，学之不讲盖亦久矣。考太公曾封武成王，盖以诗有"时维鹰扬"之语。又，以世称《六韬》《阴符》为太公之书。予谓太公于古，实为闻道之圣人，其告武王以丹书之言曰："敬胜怠者吉，怠胜敬者灭。义胜欲者从，欲胜义者凶。"实与《虞书》"危微精一"之传、成汤"以义制事、以礼制心"之论，若合符契。其后，孔子作《易》，传曰："敬以直内。义以方外，敬义立而德不孤。"其言与尧、舜、禹、汤同揆，而实则太公已先发之实。是以孟子历叙道统，于太公望称为见而知之。推重如此，诚百世之师也。后世不考《六韬》《阴符》皆周末秦汉人所附托，而鹰扬之绩特太公功德之一端，封为武成，不亦陋乎？当汉武啼时，功利横流，学术淆杂，而董子独抱仁义、礼乐、道德为学。其对武帝之策曰："仁人者，正其义不谋其利，明其道不计其功。"又以为诸不在六艺之科、孔子之术者，皆绝其道勿使并进。其旨与太公所以告武王者无以异也。

故刘向称其有王佐之才，虽伊、吕无以加。而刘歆独不然其父言，刘龚、班固附而和之。是皆未闻乎大道之要者也。夫为学而不知道，求道而不得其要，其论古固涉于偏陂，其所以致知与力行者，亦必散漫而无纪，杂陋而鲜当。其处困穷既不能隐居求志，以期道集于厥躬。其用于世，又何能行义达道，以佐君而致治？况欲其或汗或见，立德立言，使百世之下闻风而兴起，不亦难乎？甚矣，学不可不知道，而求道不可以不得其要也！且夫古之圣贤亦人也，予亦人也，所贵乎慕古之人者，求其所以为古人者而师之也。诵古人之言，行古人之行，则予亦古人而已矣。岂徒板引古人以为州里之荣哉！

同治十年，予来宰枣强，构讲舍五间于署之西偏，立学规以课士。又二年，得前邑令张君所购宅基一区，在董子祠前。爰筹资创建书院讲堂，因取太公所述丹书之言，名之曰"敬义书院"。而讲堂则大书董子正谊明之训，以为诸生观感之资。诚以之数言也。乃大道之要，而学之所当法守者也。每岁课士时，率诸生拜董子之堂。而春秋太公之视，亦即于讲堂设位行礼，以革除野祭之非。愿诸生肆业其中，无徒圈于世俗科举之陋，而必以太公等研堂设位行者为师，蕴之为德行，行之为事业，庶无负区区创建之意也夫。同治十三年冬。

◎参考文献：

[1]王桓主纂，枣强县地方志编纂委员会编纂．枣强县志[M]．北京：文化艺术出版社，1994：12.

[2]陈谷嘉，邓洪波．中国书院史资料(中册)[M]．杭州：浙江教育出版社，1998：948-949.

敬义书院简明章程①
清光绪五年(1879年)

一、各庄租价，每年两季催交，按原租价每亩减二百文(茬地不减)。如遇水旱年分有被灾者，再议。

二、每年租价，由各绅董请官，饬六路分管，及各村地方，令种地人按季交清，不得拖欠。存殷实钱铺，以备书院支用。

三、每年传经义学，请本地举人掌教，束脩火食共二百四十千，必须品学兼优，不干公事者，常住义学。

四、每年养正义学，请本城生员教读，束脩共四十千，必须立品勤于教读之人，常住义学。

五、山长由绅董延访外省、外府、州县进士、举人主讲，必以品学兼能，长住书院，讲学衡文者然后延请。不由官府，受上司之荐，至成应酬虚文。

六、山长每月二课，传经义学每月二课。

七、膏火奖赏，不分正课、斋课，不定超、特、上、次名数，每课随文升降。生员超等、童生上取者，膏火稍优，其特等及中取者，膏火较少，其壹等及次取者，无奖赏。惟卷费则出于书院，每课奖赏

---

① 邓洪波．中国书院章程[M]．长沙：湖南大学出版社，2000：27-29.

膏火，必俟下课点名后连课卷颁发，不到者扣除，所以励勤戒惰。

八、每课一名，散点心一斤，另备茶水。

九、看门丁、打扫夫二名，每月工食钱三千文。

十、每课礼房一名，茶房一名，每名给饭钱一百文，点心一斤。

十一、山长、义学师开课，必须敬备酒席，设燕讲堂。

十二、院中书籍、桌椅、考棚桌凳，皆不得外借，即各署皆不许借用。另有簿交义学师经管，如义学师更换，即以簿交给后义学师。

十三、院中书籍，诸生愿读者，必请于义学师簿记。归还时，亦必禀明义学师销号，不得残缺污坏。

十四、书院经费，每月细账由礼房开发记簿，每年终必算清，立一总簿，以记旧管新收，开除实在四柱数目。

十五、钱粮按每年银价完纳。

十六、每逢乡、会试场，帮贴钱粮册书誊录费，京钱五千。

十七、书院如有岁修，皆由绅董在经费之中支用，须常时照应查理，无致损坏。

十八、每逢乡、会试盘费，另有发当生息之款，届时开发。其宾兴奖赏，由书院开发，官府如另有奖赏，不在其内。皆必真实应试生员，然后准领。

十九、书院之中，不得借作官员公馆。

二十、每逢科岁县考，必将桌凳整理一次。考毕，必收拾一次，仍查数登簿，缺少者必须补足。其工费由县署自发。

二十一、岁科县考，一切用度由县署自赔，不得用书院经费。

二十二、书院、义学诸生，不得有来往骡马在内，如有立罚。

二十三、每年租价，原定分上下两季交纳，由绅董派殷实铺户登簿收支。今议定每届应催租之时，绅董谒见官府，呈地亩租价簿，请官府督饬六分管，及各该地方催各村承管董事及佃户，按数完纳。其地亩租价簿由礼房收存，每逢税契钱粮□期，礼房捧簿请官府顺便比催。凡交租价者，必由礼房承总登入簿内各人名下，交绅董所发之铺户。铺户亦必登簿，每□一结，每月一结。收完之后，仍将收数交绅董收存。

二十四、铺户收支，须互相更换，周而复始。如今年上季在甲字铺内收，下季即在乙字铺内收，明年上季又在丙字铺内收。其每季发款，必先支此铺旧存之款，支完再支彼铺内新收之款。当年上季，收者不发，发者不收，下季收者不发，发者不收，庶账目可无葛藤。①

二十五、每月支束脩、膏火、点心、工食一切用度，应由官府开数，交礼房，告绅董支发。

二十六、礼房，每年年终，应由绅董给心红纸笔费十二千，六分管每名二千。

二十七、章程如行之有弊，由绅董随时妥议更改。

枣强敬义书院乡会试盘费章程②

清光绪五年(1879 年)

爵阁督宪李告示：为给发告示事。据枣强县方令宗诚禀称：本邑举人，寒素者多，往往会试之年，无力应试，现由该令捐廉银三百两，发本邑卷子镇巨济当生息，照月一分。无闰之年，四季共收息银三十六两，三年应收息银一百零八两。有闰之年，四季共收息银三十九两，三年应收息银一百十一两。如遇恩科，则以三年之银分作正科、恩科两试举人川资，否则，以三年息银专作正科会试举人川资。其利息以光绪二年夏季为始，由绅士经手收管，每届会试之年，约应试举人公同分领，不应试者不得请领，以示区别。请发示立案等情，到本阁爵部堂。据此。查此系体恤应试寒士，应如禀永远照办。其本息不准稍有亏挪，除立案外，为此示仰经管绅士及与试文举，一体知

---

① 葛藤：意谓缠绕不清。

② 邓洪波. 中国书院章程[M]. 长沙：湖南大学出版社，2000：30-31.

照。特示(巨济当今改集诚典)。

爵阁督宪李告示：为出示晓喻事。据枣强县方令宗诚禀称：该县文生贫多富少，每逢乡试之年，常苦应试无资。现查有书院地租余钱五百千，该令捐廉五百千，共成京钱一千串，于今年八月初一日发交集诚典当，每月一分二厘生息，计三年对期，可得息钱四百三十二千，每逢乡试之年，六月初一日，著该当呈交。由县先行出示，令士子应试者赴学报名，合计人数，于七月初一日当堂分给。其决科奖赏，仍由每年书院膏火地中提用，请立案出示等情。查系培植寒儒义举，应令永远照办，合行出示晓谕。为此示仰该县诸生一体知照。以后无论地方何项要事，不准官绅将此项本利提用，其不赴试各生，只许每月考课，不准决科冒领盘费，以昭核实毋违。特示。

晓谕诸生讲明学术以正士习示①

清同治十年(1871年)方宗诚

晓谕诸生，讲明学术以正士习示：学校书院皆培养人才之地，兴学教士，为民生吏治之基。学古乃可入官，用行必由体立，非可苟焉而已。枣强，古川之地，汉大儒董子实生是邦。正谊明道，不谋利。不计功，深通乎道之大原，实足为后世师表。有大原书院，明时已废，兹特构讲舍于署中，欲与二三士子以文行相切磋，诸生其务为真士，上以备国家之录用，下以正乡邑之典型。今特就平日所闻学问之要道，立为学规，诸生其省览焉。

一曰立实心

人之天性仁义、礼智，根于心，本无不实，迨气拘物蔽，嗜欲日深，天机乃浅，不求实际，惟尚虚文，虚伪日久则天机日渐销亡矣。处无实心以为学，出即无实心以为政，在家无实心以爱亲，在国又焉

---

① 邓洪波．中国书院学规集成(第1卷)[M]．上海：中西书局，2011：65-66.

有实心爱君与民哉！乱之所生，实由于此。子思曰：诚者物之终始，不诚无物，是故君子诚之为贵。诸生勉之。

二曰敦实行

孝弟忠信，人之本根，礼义廉耻，国之四维。本根不立，四维不张，乱斯起矣。夫有文无行，君子所耻。诸生为学，事事当求实行，处则实修孝弟忠信以教家，出则实修礼义廉耻以范俗。心性必求实得，而无徒托空言；才能必求实济，而无徒夸末俗；诗文必求实有根柢，而无徒骋浮华。如是则穷可以师表人伦，达可以兼善天下，而祸乱弭矣。诸生勉之。

三曰讲实学

学问之道，莫实于《大学》一书，以明德、新民为规模，以格致、诚正为根本，以修齐、治平为究竟。如此，方为有体而有用。诸生为学，必真求己德何以明，民德何以新。遇一物必穷其应物之理，有一知必扩其未知之途。意之诚不诚，心之正不正，身之修不修，皆必自反自克，而无苟且以偷安。家之何以不齐，国之何以不治，必皆穷其原委，究其利弊，研之于经，验之于史，反之于心，审之于当世之故，而思所以补救转移之道。如是，方为实学而有济于世也。诸生勉之。

四曰务实用

人之为人，固宜笃实而不浮，尤忌迂腐而无用。天下多难，士子皆将有斯世斯民之责，则经济尤须讲求。如教养之方，礼乐、兵刑之具，用人、行政之略，缉盗、御寇之谋，练军、筹饷之策，在在关于国计民生，苟不于平素详考古法，揆度时势，周知人情，访察地利，明其义理，悉其利害，一旦人仕，将何以济？贾太傅曰：臣谨稽之天地，验之往古，按之当今之务，日夜念此，至熟也。先儒尹和靖曰：今国步方艰，事皆繁剧，宜先俊杰以济艰难。此皆深识时务之言，诸生勉之。

松风书院

清嘉庆七年(1802年)由邑人陈宗儒创办。[1]

◎**参考文献:**

[1]河北省衡水市地方志编纂委员会编.衡水市志(下)[M].北京:方志出版社,2002:11.

(三)故城县

甘陵书院

设于县治弦歌巷五侯祠,清雍正五年(1727年)由县令蔡维义倡设,以教生徒。建有正堂3间,厢房3间,年久倾塌。道光二十三年(1843年)县令黎极新重建于明伦堂左,周家坟后旧有地51亩8分,以为师生膏火月课经费,并作纳粮修葺之用。[1]

蔡维义,镶白旗人。监生。清康熙五十八年(1719年),清雍正元年(1723年)先后任故城知县。[2]

◎**参考文献:**

[1]故城县地方志编纂委员会.故城县志[M].北京:中国对外翻泽出版公司,1998:497.

[2]来新夏主编,河北省地方志编委会办公室,南开大学地方志文献研究室编.河北地方志提要[M].天津:天津大学出版社,1992:349.

卫阳书院

在郑镇街南,创建时间无考。书院有讲堂3间,东西房各3间,余房2间,旧有生息租钱数十贯,延师课徒,由本镇士人经理。[1]

书院主持人称山长(亦称院长),由知县聘请有学识、有声望之士绅充任。教员由山长延聘在籍学行素著之举人进士充当,学生均系县内立志进学之童生。教学内容为儒家经典("四书""五经")、宋明理学诗赋制艺(又称诗文八股文)。光绪末年始推行新式教育,书院递废。[2]

◎ 参考文献:

[1](清)张瑛修,范输文等纂:《故城县志·卷三"学校志"》,民国十年重刊本。

[2]中国故城县地方志编纂委员会. 故城县志[M]. 北京:中国对外翻译出版公司,1998:497.

(四)冀州(冀县)

信都书院

据乾隆《冀州志》载,明万历四年(1576年),冀州知州赵宋在州城马神庙西建信都书院。清康熙年间(1861—1722年),冀州知州魏定国移建于旧治东南,置田2顷,以资膏火。乾隆五年(1740年),知州杨芊增修大门1座,讲堂3间,前正房3间,后正房3间,东西厢房6间,后土房3间,东西土厢房3间,学地2顷,生员刘尔堪捐地5亩。咸丰元年(1851年),知州葛之镛倡筹经费300千文,捐置书籍数千卷。光绪二年(1875年),知州陈庆滋增筹费1500千文。七年(1881年),李秉衡增筹费750千文。[1]光绪八年(1882年),冀州知州吴汝纶筹银12950两,钱19230千文,置地920亩,延名师,备膏火。请新城王树枏、武强贺涛为书院山长。

贺涛,直隶武强人(今属河北)。光绪十二年(1886年)进士,官至刑部主事。吴汝纶任深州知事时,将平生所学传授于他,并将他推荐到莲池书院张裕钊门下。贺涛谨守两家师说,成为桐城古文学派在直隶的最早传人。他曾任直隶文学馆(前身为莲池书院)馆长,"——仿曾、张吴三公",却能不蹈蹊径,不为三位学者所掩盖,是继吴先生之后的一位卓然的大家。著有《贺先生文集》与《贺先生尺牍》。

王树相(或枬),直隶新城(今河北高碑店)人,王振纲之孙。光绪十二年(1886 年)进士,后授户部主事。历任四川省铜梁,中卫、青阳、资阳等地县令和甘肃等地道台,又曾入幕于张之洞。光绪三十二年(1906 年)代理新疆布政史,在伊犁设武备学堂,主持督练新军,并总纂《新疆图志》。辛亥革命后,任省议会议员、众议员、约法会议委员、参政院参政等职。1915 年后为国史馆协修编纂处总襄,参与编修《清史稿》。除代清史馆纂修《畿辅通志》《畿辅先哲传》外,还著有《欧洲列国战争本末》《欧洲族类源流略》《彼得兴俄记》《希腊学案》《希腊春秋》《武汉战记》《陶庐文集》《陶庐诗集》和《陶庐续诗集》,此外还有大量经史、小学方志等著作。他是近代学者散文家,力攻古文。他认为文章的变化"塞天地""横古今",决非"姝姝焉守成之迹者所能自振于其间",对桐城宗派不妄加许可,可谓出于桐城而不拘泥、盲从桐城。其文气风骨上,意象雄浑,最得力于司马迁、韩愈、王安石,有时亦取法归有光,但能脱胎变化,破其局缩,于平淡之中出波澜,声情之外有意的。他的文章多碑志墓表、寿序之作,但甚重取义,往往不同世俗。他的最后学术活动是担任(新城县志)总算,完成于1935 年,时已 85 岁高龄,翌年辞世。[2]

经由名师指引,又有充足的办学条件作为支撑,经过严格的管理与培养,信都书院名声鹊起,风阿乡邑,史称"举一州五县高材弟子"入学,"课以经史词章有用之学",书院学生"连岁登甲乙榜者数十人","人才最为一时之盛"。

重修信都书院碑记[3]

州守:杨芊

冀州义学,自山左潘伯魏公名定国昔守州时,置田二顷,以资膏火。继则有西乔公名炼者,修讲堂前后十二间。乔公以终养还里,则有陈公讳奏章,于前年冬移刺于地。延浙江考廉韩君承节为师。会陈公设。州别驾雷君名时，州从事温君名炜，俱加意振兴，俾无废坠。客仲秋，余下车后，见义学生童。彬彬济济，有萃升象，九月学使按试列前茅而食饩者五人，由童子而采芹者六人，可谓盛矣。今春，以游益众。讲堂狭小，余思扩数楹于左右。谋诸州人士张生尔公，方生齐贤，陈生最鲁。曹生秉责，皆欣然信从。酿金口材，不日告成。余维义学之设，所以使诸生聚处，道义相砥砺，文章相磨磋。各思奋发，为朝廷有用之人，而桑梓亦增光也。况冀州当燕赵之冲。雄於河朔其山川清，气代钟伟人又值烈，及百年将见人起肩摩踵。以为圣朝龙麗风雨之奇。岂徒，梯荣已哉。诸生其以忠信不欺为主，以明道希文自期，勿相比勿即匪羹。服习乎典坟。追踪乎贤圣。鹅湖鹿洞之规守而勿失。此固由来设义学之意，而亦余所心焉期望者也，诸生勉乎哉。

◎参考文献：

[1] (清) 李洪章等修，黄彭年等纂：《(光绪)畿辅通志·卷117"学校志"》，1884年。

[2] 河北省冀县地方志编纂委员会. 冀县志[M]. 北京：中国科学技术出版社，1935.

[3] 乔居主编，河北省冀县地方志编纂委员会编. 冀县志[M]. 北京：中国科学技术出版社，1993.

(五) 武邑县

观津书院

观津书院初创于明代洪武年间(院址在武邑县城)，清代加以扩充。清道光二十三年(1843年)，知县雷五福、训导乔景岚又倡导建成了武邑书院。前大厅，中讲堂，后厅，东西廊，左右斋舍，无不备具。[1]书院生员多为取得秀才资格的人，在书院内学习、切磋，准备科考。当时学界负声望者、名流大儒范当世曾主掌书院。受其影响，又与此相应，清末的武邑

211

县内各地乡民又建立了一些义学式书院，较出名的有西街孝祠书院、马回台义学书院、王孝村义学书院等。这些层次低、规模小而又名之曰"书院"的教育机构，除讲"经"、学"书"外，又增算术、应用文等有实用价值的课程。书院于清光绪末年废止。[2]

范当世，生于 1854 年，卒于 1905 年，为清末文学家、诗文名家、桐城派后期作家。原名铸，字无错，江苏通州人。其 25 岁后负笈出游，后经时任保定莲池书院院长湖广行省著名学者张裕钊的介绍，曾为当时的冀州知州吴汝纶主持观津书院。范当世一生擅长对联，曾被时人称誉为"联界之虎"。在主持观津书院期间，作有《题武邑观津书院》联句云："明公家法有礼堂手订之经，异日当成通德里；此地昔时多燕赵悲歌之士，为我一一吊望诸君。"又云："自来学校以书院辅之，如今比屋东西，稍喜欢颜在风雨。吾为父兄望子弟成耳，此后一官南北，还将老眼看云霄。"[3]诗读来平易朴实，深感诗人对学子的瞩望殷厚，令人有沉稳酣畅之感，诗文指出古代书院是学校的补充，更多的人可以身临其中，书院给生童提供了学习知识之所的同时，也是生童避风遮雨之地，每个生童的脸上流露欢颜，令人备感欣慰。同时，也表达了诗人对生童士子的殷切期望。盼其成龙辉煌，盼其官至高位，以父兄的口吻来赋诗也表达了诗人强烈的社会责任感。

重修观津书院增建试院记

吾之来游冀州也，以州牧桐城吴君之招。吴君之为州，事物积产书院以富其贤豪之人，而使之从容致力于学，益合其五县之子弟而大造之，五县令顾不自为也。光绪十一年夏，署武邑县金溪郑君来见，吾亦与之饮，退而吴君谓我，是有意教其人者，而惜乎不能就于斯也。及秋，吴还江南，冬又来，则郑君已有钱六百万修复观津书院，聘吾为师，而大府亦以是留君，君益勤于兹事矣。去年春，吾来居院中，两月之后，诸生来试艺者益多，庭院狭坐皆满，或至不容而露坐皆下，君益欲虚而其旁舍，廪高材如冀州。乃舆吾行度院西地，谋建试院一区，遂增修书院。吾以为财不赡者即吾所居可以缓，君不欲也。秋九月，两工并兴，吾亦南归。四月重来，则门序东西垣墉赫然，堂室斋庑举非旧观，架阁之书，自群经诸史百家文辞总集都汇之编，罔不毕具。斯时郑君适考试学僮，扃锁西院，而高材肄业者先来见吾，吾笑谓之曰：诸君学者亦法郑君矣，夫郑君乃要於其事之必成，而限以不久长之时，是以旁作不寐若此。"诸君字之来学，亦不容不成矣。公家之养，官师之所具，父老之所勤苦，是为可以泰然长居乎？天下之事盖未有三年不成者。其夕郑君闻吾来，启两院中通之户相见，告以别后之所劳，则自兴工买岁修之资。因导观其所为试院，宽广可坐四百人，堂基有严，吏舍庖厨马厩有容。郑君益爱惜其所为，自以行当受代而去，就吾谋所以永长之者。吾笑曰：君之勤劳其可谓至于斯极也已。天下之事亦未有三十年而不败者，能保全于十年之间而成就数人焉，则幸矣。此人或不得为显仕，而犹能以其所学散被于其乡，俾一世之后或承其流，谈君之教泽，不得幸生当年，而君亦于是乎不朽矣。法者败之基，自古圣贤英人能建非常之功，不能立敝之法。彼曷尝不思哉？彼其所以成事者，乃纯在乎其精神之闲，一循于法，则不能有所为矣。功成立法以诒众，乃其犹执乎盛衰之机，不听其舆人俱息，而默持之使渐衰渐微。其法之尤善者，则至于衰微之后而又可兴焉。然此乃后贤之书美，而立法者不有其功也。凡吾□君□吴君之相遇于此，而蚤夜孳孳以求所谓作兴人才者，此独可以尽心为乐耳，究有裨于兹土者几何哉？惟君独后来而先去，而劳苦之意独君为多，余故备书其前后之迹，使来者得观焉。光绪十三年五月。

　　法之执者抉择于外，心之尽者收敛向内，外虚幻而内安乐，此儒者所以尽心安仁也。程明道康节墓志云："先生之于学可谓安且成也。""安"字最本分，而最难能。[4]

有怀信都、观津两院诸生①

（清）范当世

三年盎水濯孤桐，次第涵濡丹桂丛。

土热根深应自茂，日长花好不能同。

最怜三尺小松树，得自万山深莽中。

谁与搓摩比肩上，直将地籁引天风。

◎**参考文献：**

[1]（清）彭美等修，龙文彬等纂：《（同治）武邑县志·卷4"学校志"》，1872年。

[2]武邑县地方志编纂委员会. 武邑县志[M]. 北京：方志出版社，1998：636.

[3]解维汉. 中国牌坊书院楹联精选[M]. 西安：陕西人民出版社，2007：88.

[4]范当世著，寒碧笺评. 范伯子诗文选集[M]. 杭州：浙江古籍出版社，2006：283.

（六）武强县

萃升书院

清乾隆九年（1744年），知县吴龙见于刘公祠旁起屋3楹建萃升书院。知县吴龙见创书院，名为"漳川书院"。二十七年（1762年），知县彭湜于县署西改建书院，名为"萃升书院"。此书院一直延续到清末时，有乡民张义名，地在小范镇河东，计49亩，捐入萃升书院，岁收租钱京钱18千文以资书院公用。其基址则因乾隆二十三年（1758年）彭公湜来任，嫌其近市，乃兴生员娄俊杰之业地1亩有奇，易地改建，在今县署西，元公捐银150两，邑绅张鹏冲等合捐银400两，造讲堂寝室各3间，两廊书斋14

---

① （清）范当世著，马亚中，陈国安校点. 范伯子诗文集[M]. 上海：上海古籍出版社，2003：96.

间，并刘公祠。邑之绅又捐金生息以为膏火之资。至乾隆五十七年（1792年），经前任程公隽仙，时续增连前共积京钱 7000 串零。道光五年（1825年），奉前州宪张杰复以武强旧帮深州书院，原本京钱 480 串归还，并前共计原本京钱 7600 余串，统交盐当，月利 1 分起息，每课生童膏火共 24 分，至山长脩金并肄业诸生应试路费及修理置备什物，一切出纳俱由斋长经理。

（七）景县

广川书院

在州城内南街。清康熙四十三年（1704 年），景州知州周钺建为董子祠，请有赐额。同治十三年（1874 年），知州宋彭寿在州城南门内购地创修广川书院，兴工于同治十三年（1874 年）五月，竣工于光绪二年（1876 年）四月。共计筑堂舍 40 间，内设桌凳，一如试院编列字号，于北院建义学 12 间，以作童蒙讲学之所。但由于仅有院产 18 亩，别无其他来源，不敷费用，没有多长时间书院就荒废了。所以志书说：以经费无着，未能实行延师讲学。是书院之名虽复，书院之实究未复也。迄光绪二十八年（1902年），遂改筑为高等小学堂。

广川书院被毁的原因：到天启五年（1625 年），位居朝堂的东林党人或罢职，或引退，或惨死，出现了魏忠贤一党独霸朝纲、为所欲为的局面。为进一步打击东林党人，削弱东林党任的社会基础和政治影响，天启五年两次下诏，先毁首善书院，进而毁东林书院和天下所有讲学书院。[1]

◎参考文献：

[1]赵云旺. 云旺走笔 衡水人文掬萃（上）[M]. 石家庄：河北人民出版社，2015：467.

（八）深州市

文瑞书院

在城西3里，初名博陵书院。清乾隆十八年（1753年），知州尹侃建于城西。1755年，查出州内各村废庙地亩改归书院。1756年，知州邹云城及姚德文、罗以桂、黄河清捐资重修，迁吕公像于其中，改建广堂房舍计40间，耗资白银600余两。深州为博陵古郡，故名博陵书院。敦请山长，取生童20名及额外生10名肄业。嘉庆二十五年（1820年），知州张杰捐俸钱500余千重修并劝联置，增地5顷余，实在共地14顷59亩1分2厘6毫，收征租钱，每亩租价不等，其征租制钱1186千564文，由各佃户送交书院董事查收，并分载各段之坐落亩数及租价。此外，又交深州武强、场安平等处盐当本钱1万千，按月1分起息，遇闰不增，每年共收制钱1200文，以为桃完之用。因该地为张骞故里，易名"文瑞"，以"修数术、明道法黜邪说立真品"为其宗旨。道光六年（1826年）增定条规，又劝捐置地500余亩，共有租地14596亩。又捐制钱1万串分交属县发商生息，充作经费。清人邹云城撰述《博陵书院碑记》、张杰撰述《重修文瑞郴院碑记》均收入张范东修，李广滋等纂道光《深州志》卷10"艺文志"中。

文瑞书院重订条规[1]

清道光六年（1826年）

一、重师友，师者后学之模范，端士习而振文风，实攸赖焉。今议定由经管绅士确访品学兼优可为师法者，呈明州署，聘为山长，居住院中，朝夕督课。其延请关书，悉由董事具名，不由州署。山长于诸徒中，择直谅多闻者一人以为斋长，相与劝善规过，析疑辨难，佐山长所不逮。

二、广额数书院旧设内外课生童二十名。计一州三县，英才济济，仍因旧额，恐有志之士，难免向隅。今定为内课生童四十名，住院肄业，按月给膏火制钱二百五十文。不住院准给半分膏火，每月与外课生童官课两次。奖赏额数，临时酌定，其考取一等一名，奖赏制钱二千文，二名三名各制钱一千五百文，四名五名各制钱一千文，二等共若干名，各奖赏制钱五百文，三等无奖赏。童生分上中下卷，奖赏亦如生例。于每年开印口后，由州署悬牌扃试二，照额甄别录取。

三、明劝惩内外课生童，虽由州署考取录送，然一日之间，未必尽得其实，凡行之修窳，文之工拙，非屡课不能洞晰。按每月两课，悉心考察，榜示一二三等，分别奖赏，三次列三等者，内课降外课，三次列一等者，外课升内课，膏火遇缺挨补。凡行多玷缺，文甚纰谬者，均不列榜，就其所失，详加戒饬。仍不俊者，提调、监院知会州署逐出。

四、勤功修业精于勤荒于嬉。内课生童，每年二月初即住院肄业，至十一月底方准散归。不许在外止宿。有事告假，当先通知斋长，转禀山长，毋得擅自出入。亦不得以琐屑屡假，致荒功课。其外课生童，有愿自备资斧，住院肄业者，听之。

五、谨出纳书院一切事宜，业已详明各宪，以州判为提调，学正、训导为监院，选择本地绅士为董事，所有地租制钱一千一百八十六千五百六十四文，钱息制钱一千二百文，概交董事管理收支，一切出入支销，永不由州署经手。其地租钱息，令该董事每年造簿登记每月出入数目。至十二月初旬，将收支各账，眼同次年经管董事，彻底清算，交代接管。另造清册一本，钤用文瑞书院图章，呈送州署，以凭报销。

六、期久远向来书院之易于废弛者，皆由州署经管，辗转交卸，有名无实所致。兹经董事人等议定，一切出纳会计，悉由董事秉公办理。所立章程，联名具呈转详在案。然董事仅守成规，其或贤愚不等，恐日久弊生，仍选品端学优之士，由州署更易，是所望于后之君子。

文瑞书院经费①

　　道光元年，知州张杰增内外课生童额数，所有膏火奖赏等项，费用浩大，地租不给，杰复倡捐廉俸制钱六百千，并劝绅民捐输，共制钱一万千，因值差委赴苏，四年七月公旋，乃将此钱发给州境并三县盐当各商，按月一分生息，遇闰不加。每年利息制钱一千二百千，由各商送交书院事查收，取具董文瑞书院图书收单存执。其各商领状呈送直隶布政使衙门存案，并详明各宪立案。此项钱文，原拟置地收租，以资久远，因地价昂贵，交商生息，以俟地价平减。将钱取回，买地以充书院公费，亦经详宪立案。所有各盐当承使钱文数目，列于志乘、以备查考。

深州

天兴当：张天兴，承使制钱八百千文；

永兴当：李永兴，承使制钱八百千文；

永升当：韩永升，承使制钱八百千文；

大兴当：李大兴，承使制钱八百千文；

德昌当：程德兴，承使制钱八百千文；

复泰盐店：杨复泰，承使制钱二千二百千文。

武强县

源裕盐店：晋懋源，承使制钱四百千文；

李人和当：娄允谦，承使制钱二百千文；

贺永隆当：杨维熊，承使制钱二百千文；

张大顺当：康蓁，承使制钱二百千文；

吴全义当：娄尔谦，承使制钱二百千文。

饶阳县

昆裕盐店：杨现亭，承使制钱三百千文；

---

①　陈谷嘉，邓洪波主编 . 中国书院史资料（中）[M]. 杭州：浙江教育出版社，1998：1757-1759.

利仁当：靳景昭，承使制钱一百五十千文；

恒庆当：孟锦云，承使制钱一百五十千文；

德馨当：康苊，承使制钱一百五十千文；

益聚当：苏明，承使制钱一百五十千文；

兴仁当：王允治，承使制钱一百五十千文；

万晟当：周兆祥，承使制钱一百五十千文；

永清当：李将荣，承使制钱一百五十千文；

增盛当：王益霖，承使制钱一百五十千文；

和兴当：陈恩荣，承使制钱一百五十千文；

同仁当：许国祥，承使制钱一百五十千文。

安平县

恭和盐店：侯恭，承使制钱三百千文；

魁吉当：任凌烟，承使制钱六十千文；

安吉当：吕商勇、承使制钱六十千文；

逢泰当：任时习，承使制钱六十千文；

义恭当：杨士恭，承使制钱六十千文；

恒吉当：任恒吉，承使制钱六十千文。

(九)饶阳县

近圣书院

饶阳县重修近圣书院记①
赵南星

异时天下郡国，往往有书院，而饶阳有近圣书院。嘉靖丙辰，令

---

① 赵南星著，王云五主编．丛书集成初编2446味檗斋文集(卷八)[M]．北京：商务印书馆，1985：336-337．

张公仲孝所建也，隆庆丁卯，邵公型修之，万历初，江陵擅政，尽毁天下之书院，而饶阳以僻邑独存。辛丑，翟公燿再修之，壬子关中万公来，下车未几，即至其地，芟草除秽而入，睹其颓圮之状，俯嗟仰叹者久之，时岁向暮矣。越明年，百物就绪，上下交孚，乃议修书院。首捐俸百金，令出而士庶响赴。输者忘费，作者忘劳，凡五阅月而告成。厅事三楹，后为尊经阁如之，傍为号舍二十间，亢门屹墉，寥朗岑寂，可以荡怀，可以凝神。公乃抡邑士之秀出者，聚而共给之，约期会文，而指示之时，时为讲身心性命之学，邑士闻所未闻，骎骎兴起，邑之老先生奕庵路公，余所厚善也。学博严君心师，王君以德，李君服周，命诸生田播、屈允直、陆文邃、李芳春、持路公书来求记。余每叹今之世，可谓极衰，何以徵之，士大夫以讲学为姗笑，曰：古人未尝讲学，夫书以道政事，首言明德亲族非学耶？易在古为卜筮之书，而文王周公以之。明理数之非二，吉凶之在人，学熟大焉。或又曰：古人之言备矣，不必更言，夫古人之言，今人一一行之则可也。而率尺之不行，又禁人勿言，不亦惑乎？余观明堂月令之书，所积古之帝王，饮食衣服居室，以至一政一令，莫非三赞化育之事，非学而何从得之，其为之臣者可知矣。汉犹有其遗意，今之士大夫，其言不必合经术也，其行不必合法度也，故无所用学，盖其所从来久矣。春秋时，周大夫原伯鲁不说学，闵子马曰：周其乱乎，夫必多有是说，而后及其大人。曰：可以无学，无学不害。春秋去古近，其朝会聘问，未尝不讲礼也；其谶会，未尝不赋诗也；其动作威仪，未尝不言敬也。而犹曰：无学不害，盖以载籍训典为学，而不求之身心性命故也。矧今之时，教士用人皆苟，且益无所用学，是以臣纪士风皆坏，剽袭记诵，可以取青紫。其高等者，一旦而颉颃公卿，故不贵贵，少而得志，发种种者可厌也，故不长长。人生都华脮，多金钱耳。何以仁义为？故不贤贤，不贵贵，不长长。不贤贤，大乱之道也。今朝野皆然，此不学之故也。倘士大夫不以讲学为姗笑，而勤心从事焉。则君子日多，风俗日厚，国家生民有攸赖，而天下可治。万公之为饶阳，教化大行，间阎清美，上下遽迹，莫不颂服，此讲学之效也。夫欲为良农者，必讲于谷造之宜；欲为良医者，必讲于针砭之术；欲为君子者，必讲于圣贤之学。内之以修身，外之以救世，无出于此者。书院之修，议者鲜不以为非此时之急务，修身救世，无时非急务者，此时为甚，非万公何足以知之哉！

六、邯郸

（一）邯郸县

邯山书院

在县治西南西大街道西。清乾隆十年（1745年），知县魏湄建。地基东西若干丈，南北若干丈，建立书院以为士子肄业所。凡立讲堂3楹，左右馆各5楹，堂后左右斋各3楹，前为重门，缭以周垣，巩固爽垲，可永久。工竣后，颜曰"邯山书院"。嘉庆十年（1805年），知县江淑渠捐筹经费。咸丰二年（1852年），知县卢昌辅增建。同治六年（1867年），知县王崧年折徭作费。同治九年（1870年），知县王崧年捐北苏曹徭征每年制钱165千余，各捐徭征归入书院。同治十年（1371年），知县英粲捐置桌椅各20张，并捐田26.1亩，制钱1千吊，发商生息，作为修缮膏火。光绪四至六年（1878—1880年）三年之中，知县杜受全筹经费膏火三次。光绪二十年（1894年），知县吴焘，光绪二十一年（1895年），知县孔宪高筹折差徭及宾兴经费。光绪二十七年（1901年），知县廖炳枢折车作费。光绪二十八年（1902年），改为高等小学堂。清人魏湄撰述《建修邯山书院碑记》收入王涧纂修乾隆《邯郸县志》卷10"艺文志"。光绪二十九年（1903年），邑令龚彦师呈请将邯山书院改为高等小学堂。

邯山书院碑为清同治及光绪年间立，原十几块，立于邯山书院，后流散，收集回6块，碑高109～157厘米，宽48～71厘米，厚14～19厘米，记载县官绅热心筹资办学、经费来源及开支事项。[1]

邯山书院故址位于今丛台西街道办事处新街，始建于清乾隆十年（公元1745年），后经多次维修，光绪28年（1902年），改为邯郸县第一完全高级小学。1929年增设初级班，学生200多人，抗日时期停办。书院原面积1500平方米，现仅存讲室三大间，面宽11.9米，深8.5米，为五架梁前后廊式砖木结构建筑，其门窗等均有改动，但主体原存，是邯郸现存的最早学府遗址，已列为市级文保单位。[2]

创修邯山书院碑记

（清）魏　澜

乾隆辛酉，余以菲才任兹邑，三日谒圣庙，后循旧例诣明伦堂，多士济济咸集，因考之图籍。前明科等之盛，邻封罕比，暨国初亦源源相继，迨康熙甲午以来，贤书南宫阙贡者几三十年于兹矣。揆厥所由，岂士子弦诵之弗力与将气运之有盛衰与？抑邑宰怱怱从事无以作兴而教养之与？

时莅任伊始，句猍未遑，阅三载，谋于广文李君，乃于县治西南得官地一区。清厥界址，俾占居者各迁移，其力诎者助之资，获地基东西若干丈，南北若干丈，建立书院以为士子肄业所。邑绅士欣然从事，曰："此吾邑创见之举，亦吾邑人士之责也。"相率捐资三百金助役。有山右邢子有条富而好义，慨然捐百金为佐，余亦捐百金以要其成。

凡立讲堂三楹，左右馆舍各五楹，堂后左右斋各三楹，前为重门，缭以周垣，巩固爽垲，可永久。工既竣，颜曰："邯山书院"，邑绅士进而观焉，佥为色喜。余曰："此持其初基，抑特其名焉耳。"夫俗吏之务在于刀笔，筐篋而不知大体，惟养与教或迂之，予亦岂敢谓能尽教养之道哉！抑以此为基，将礼聘师儒，选邑之俊士使受其业，而士之业此者且相与磨砺，勤学历行，无徒以其名，庶人材蔚起，我国家可收得人之效，是则有司与邑人士所宜交相励者矣。

是役也，协出者广文李君敏祐、陈君鸿修、县尉张君纶，而鸠工庀材始终勤事者，则绅士贺子昌、张子尔、杰文涅，其劳均不可泯，法得备书。抑书院虽成，膏火尚无所出，方谋设义田数十亩以充其用，俟有成数刻列碑阴而虚其左方，并有望于来者之能继云。

邯山书院碑记[3]

（清）江叔榘

邯山书院之设六十年于兹矣，前志载其落成之碑，以为膏火无出，将设义田以充之。厥后设而复废，在事之人捐俸延师，定法一月再课，借以存文会之饩羊。弦诵未兴，多士跤踬。

嘉庆八年秋，余调任兹土，策所以具经费者，几周岁而未得也。会户村李振生等投禀，愿按田亩岁捐制钱六百缗，分季输纳，供书院经费之需，请以免其差役专力于斯举。余惟户村土地居阖邑五十分之一，允其免役，于公旬未至有阙而书院经费赖此以及于久远，其庸多矣，所请宜不可拂。伏查皇差，夫役向系阖邑摊办，而分修营房久经编定，均当仍其旧贯，此外车马杂役概予免除，所以成慕义之风，赞右文之治，盖一举而两得焉。

斯议既定，诸生谂余曰："经始虽善，持久则难，前之沦废可鉴也。"余谓："不然，前乎余者，继废绝之后，出其囊橐，殷勤劝课，岂以私厚诸生，盖将衍教泽振风雅，薪无负司牧之职也。经费既裕而坐听其废，后之君子其宁忍诸？且以余乐观斯举，知来者必相与有成，方将扩而大之，进求其上，何废坠之足忧乎？请生之虞过矣。"佥曰："然。"爰勒贞珉以信斯语之不诬，其岁支经费及优免户村各役则别载于碑阴。

1901年清政府推行"新政"，倡导新式教育，除了设立普通学堂（蒙学、初级、中级、高级）外，还设有专业教育学堂（师范学堂及各

类实业学堂），这样在学制上就自成系统。至此，使延续了 1300 多年
"以读《经》为要"的科举制度被最终废除。邯郸新式教育最早开办于光
绪二十八年（1902 年），在邯山书院旧址创办了邯郸第一完全小学校，
光绪二十九年（1903 年）创办了邯郸初级小学，光绪三十一年（1905
年）由文庙（原县学）改建为邯郸乡村师范学校，宣统元年（1909 年）又
在城内文庙街原旧教谕署创办邯郸女子完全小学。清末时全县城乡范
围内已经建立起初级小学 75 所。以学校教育为中心的新式教育，到民
国时期得到了进一步的普及与发展。

◎ **参考文献：**

[1][2]邯郸市丛台区地方志办公室 . 丛台区志[M]. 北京：新华出版社，1998：407，
　　405-406.

[3]邯郸县地方志编纂委员会编 . 邯郸县志[M]. 北京：中国人事出版社，1993：
　　675-676.

五星书院

在县城西户村堡西，清咸丰年间（1851—1861 年），即龟台寺改建书
院。儒林宿景清等惜其地废如弃井，不如改为书院，延师以教邻村子弟，
庶于士习民风均有裨益。遂约邻村同力协办，而商贾人等也无不乐输钱缗
以补葺之资。原有地 13 亩，作山长膳费用，且匾额曰"五星书院"，以"五
星聚奎"为祥瑞之意而得名。廉堂、索景清等人所建。[1]

◎ **参考文献：**

[1]郝良真 . 邯郸史话[M]. 石家庄：河北人民出版社，2017：100.

继志书院

在县东河沙堡（今河沙镇）。清同治年间（1862—1874 年），河沙堡村
人王必恭继祖志建学，捐金千余两，施地百余亩，创兴土木，建造学舍一

区，额曰"继志书院"。敦请名师，启发后进，使村中有志读书而无力措办者均得入其中肄业。

(二)鸡泽县

凤辉书院(洺川书院)

在县署东，旧为义学。清康熙十年(1671年)，知县姜炤建，计有正房3间，门房1座，捐俸延师，教民间子弟。1682年，知县朱冕改为洺川书院，增置厢房3间，年久倾圮。乾隆十六年(1751年)，知县王光燮捐置地基，增建房屋正房，后厅5间，南北学舍各6间，门房3间。1853年5月落成，改名"凤辉"，取县后山名"凤鸣高冈"之义，教谕尤淑孝题匾。书院"每月课试生童二次，捐备供给，奖赏前列。其延师膏火等费现拟设法，为久远计，院北隙地，尚可增建学舍，规模扩充，容肄业生数十人"。同治十一年(1872年)，知县夏子鋆因房舍就圮，劝捐经费重建。光绪七至八年(1891—1892年)，知县王赞元、孟不显，劝捐经费，共京钱5415千，购书用钱415千，净存钱5000串，发商生息，添建房屋。由于书院规模扩大，师生人数骤增，办学经费日渐缺乏，书院面临停办之虞。1893年，教谕贺家骏请以书院作官署，岁得租价为延师经费，暂租民房为书院。清人王光燮撰述《新建凤辉书院记》收入王光燮撰修乾隆《鸡泽县志》卷20"艺文志"。

邹履和，赵州(治今云南大理风仪)人，嘉庆年间岁贡生。《赵州志》载：邹履和，字育庵，号阜亭，岁贡，七岁失父。即知读书清贵……主讲凤辉书院，成就甚多。著有《四书讲义日录》《阜亭文集》。[1]

马云程，字虹桥，赵州人。道光辛卯举人。会试不第，历览名山大川，文境益进。后主讲凤辉书院，从学者众，时人称为虹桥先生。著有《北游诗集》，兵燹稿失。[2]

◎ **参考文献**：

[1]姚进生主编．朱子与朱子学文献研究[M]．厦门：厦门大学出版社，2016：384．

[2]陶应昌．云南历代各族作家[M]．昆明：云南民族出版社，1996：540．

(三)广平县

崇正书院

在县城西关，旧有其严书院在城北，故址久湮，后移建今地。同治初年，知县杨汝为修葺，易今名。光绪二年(1875年)，知县李焘增建房舍，筹定经费章程，详请立案，每月两课，生童膏奖及一切经费共需京钱1600千，均自行差地中筹发，其出纳支销，向系县署经管。光绪二十九年(1903年)改为高等小学堂。

(四)邱县

平恩书院

平恩书院是清光绪十二年(1886年)知县陈世芳建，院址在邱城文庙内文昌宫。

济公书院

民国十二年(1923年)七月改为助张小学，又名曲周第二高级小学。

坐落于邱县中孝固村的济公书院，自始建至渐变为西孝固联办小学校，历时一个半世纪，其历经沧桑，不衰不废。

清道光十八年(1838年)西孝固村富户张玉春，购地3亩，捐钱雇工兴建，置备全套设备用具。复捐田228亩，以租佃收入维持学校常年开支以及师资学费。招贫寒子弟入学，延师课读。人颂义学、义校，又称书院，委村中谨厚者经纪，禁绝族人侵渔弊利，训导缙兴记其事，勒之石。知县逐级上闻清廷，封其为广平府司理文，二十二年（1842 年）御赐"济公书院"金字匾额。至今我们还能在《邱县历史大事五字歌》中找到对这段历史的记载："施仁张玉春，义学为贫民。济公书院匾，道光亲书门。"

张玉春捐资建起的这所学校坐北朝南、三进院落，鱼脊花瓦盖顶的校墙外植杨柳古槐，校舍为树木掩映，颇显幽静美观。学校大门门楼为五道插飞檐顶，中型斗拱门洞，两扇铜环铁扣木门安在雕花拐子石门墩上。大门前砌 7 级台阶，颇显庄重高雅。一进该校大门，迎面为一斗花砌檐的大照壁，两边较低的花墙中开小斗拱门，为二进院通道；院东西两侧有小肩房，供勤杂工住用。二进院北面，中间为三间出厦瓦房，供校长住用；两边各有平房四间，东为先生住宿，西为伙房；瓦房与平房之间又各开一小斗拱门，为三进院通道。院东西两侧各有厢房四间，西厢房的北三间为课堂（教室），东厢房的北三间为学生宿舍，其余为先生住室。三进院为花菜园地，院西南角为厕所。总之应有尽有，济公书院这种独特的建筑风格，朴素而不失高雅，简约而不乏内涵，为我们展现了一幅美感与动感交相辉映的画面。济公书院为当地劳动人民子弟提供了就学的机会，学子们备感珍惜，置身其中，无不发奋图强，以"施仁行义，布德为善"为书院宗旨，这在当时政治腐败、官吏弄权贪婪、家族观念浓厚的封建社会里，无疑是一种深受广大劳动人民推崇的教育机构，因此，后来人多称其"义学"，流传久远。

济公书院自始建就具有较好的社会基础，办学资金充裕、稳固，学校管理严谨、正规，又深得当地各界人士的敬重、爱护。因此，该校虽经清王朝末期的多次事变，校内也曾出现过波折，可始终没有衰垮与废止。当清王朝将亡，旧民主革命风起云涌之际，曾有些立志变革之士到该校任教或就读，使学校成为宣传民主革命、反对封建专制的阵地。该校自始建到清王朝灭亡的 70 多年中，虽受到封建势力的控制和科举制度的约束，但因其地址在农村，办学面向中下层农民子弟，为当地培养出一批有才之士。

思平书院

光绪十二年（1886 年），官办，邯郸邱县知县杨沛，具体位置不详。[1]

◎ **参考文献：**

[1]吴洪成，王蓉．清代河北邯郸书院初探[J]．南昌师范学院学报，2015（4）：130-138.

（五）磁县

二程书院

明嘉靖三十年（1551 年），于磁州西南五里滏阳坊始建磁县书院，颓废久矣。清嘉庆十三年（1808 年），知州博尔多于修葺学官之后，筹议兴复乃捐金为倡，劝谕捐输，邑之人翕然从之。从九品张世功施瓦屋 3 楹，地基 1 段，即于其处修建讲堂学舍，并内院住房，一并修齐，以余资为束脩膏火费，由是延师主讲，士乐横经。嗣历任何牧道榜，王牧殿杰，施牧浦，以经费未充，先后劝捐，共得制钱 3900 吊，发商生息，以济院需。道光十年（1830 年），地震，知州沈旺牛因办公拮据，挪用前项存本，旋即因案解任，未曾归款。道光十三年（1833 年），知州卢兰馨复行劝捐，得制钱六百余吊，发交盐商分领生息，并立案，以杜觊觎。同治十年（1871 年），知州程光莹以院中肄业者益众，需费较多，乃捐廉以补助之，邑人殷富者亦相与观感，计集制钱 3600 吊，亦发商生息，由院中董事按时支取息金。又书院旧有地 30 亩，岁久寝失，查出，按亩收租，仍归书院。于是，资用益饶，膏火益厚。光绪十二年（1886 年），知州许之轼奉文修建行宫，备两官回銮驻跸，因修葺书院房舍，并于院中东偏空地增建斋房 50 余间。20 世纪头一个 10 年，废科兴学，即书院旧址改设高等小学堂。

清人博尔多、卢兰馨、马宗周分别撰述《兴修滏阳书院碑记》《程氏书院公捐经费碑记》《扩充滏阳书院经费记》，均收入程光莹修同治《磁州志》卷6"艺文志"。

滏阳书院

扩充滏阳书院经费记[1]

马宗周(训导)

书院之名，肇于唐，盛于北宋，维时有四大书院之称。旋增其二，若白鹿洞、石鼓、应天府、岳麓、嵩阳、茅山是也。我朝崇儒，右文垂为功令，书院之设几遍宇内，彬彬乎家弦户诵矣。沿循日久，名实浸乖，大抵具文置之，阜比凝尘，精舍茂草，遂使枕经葄史者，行且遁而徙业。呜呼，兴贤育才之谓，何顾荒弃若是哉。惟二三贤明，牧令深识治体者，昕夕经画，不敢视为缓图。盖端学术以正人心，正人心以厚风俗。教化之兴，莫先于此。近时可以语此者，其惟刺史小韩、程公乎。公，蜀人也，幼负隽才，由拔萃科举、乡荐官畿辅三十余年，累任赤紧，偏树循声。同治辛未，以报最中格来治磁。下车伊始，知书院为先务，一志注之。谓士多塞，峻薪水膏火所需，非丰瞻厚给，则心牵内顾，而力必不专。即英才无自而出，遂捐廉为倡，州人之殷实优爽者，亦观感勇跃而从之。晦朔甫周，集金钱三千六百贯，又州南墅子村，旧有书院地三十五亩，岁久浸失，公抵任后，知其情伪，亟时判复，仍按亩收租，俾资膏火。夫公既念旧肄支绌不足，瞻磁人士乃未满岁而附益若此，吾知良法美意，更有以善其后者矣，然公之德政，未易偻指数也。治狱勤慎，兼用五听，抑强扶弱，案无留牍。河淤则疏之，城圮则缮之，衢巷坎塪则拓以夷之。他如种荷植柳，景物聿新，教孝兴仁，民风日尚，条教所布，群情翕然。书院醵资之举，尤青衿所倾心。时值续修州志，徒生之徒余游者，丐文纪一时治绩以铭远。予谓文翁治蜀，首崇学校，饬厉子弟，化比齐鲁。故司马长卿、杨子云诸人骈肩接迹而起，鸿章巨制，震爆千古。程公，今之文翁也，以经术润饰，吏事自足，方驾椽黄，蹑跚卓鲁，傥籍甄陶，滋培之功，遂有振迹踔厉者，错出其间，匪滏阳生光，庶不负公乐育之盛心已，乃述其事，以代操券。

◎ **参考文献：**

[1]河北磁县文学艺术联合会.磁州文化[M].北京：新华出版社，2002：798-799.

（六）永年县

清晖书院

前身为明万历年间（1573—1619年）修建的清晖书院。清康熙八年（1699年）书院圮于水，康熙十一年（1672年），知府刘光荣、知县朱世纬重建。康熙五十五年（1716年）广平知府王嗣衍在省耕堂之西重修书院，因此处有莲花便将书院命名为"莲花书院"。雍正九年（1731年）知府李梅宾加以修葺。乾隆六年（1741年）知府任宏业进一步修葺，并将书院改名为"清晖书院"。乾隆八年（1743年）知府吴谷扩建东西斋舍。嘉庆三年（1798年）知府徐烺重修并筹捐经费，延师课士，每月三课，取生童各15名。咸丰八年（1858年）知府史策先将护城河拨归书院，年收租钱400串到1200串不等。同治三年（1864年）增银1600两，设举人课，取5名。又加生课额15名，童生5名。五年知府杨毓枅重修。光绪十一年（1885年）设山长加课，取生员10名，举人3名。十七年设举贡生童诗赋课，月取贡生监10名，童生5名。二十年增生员膏火。从清晖书院的发展过程不难看出，充裕的经费为书院规模的扩大、生童的不断添加和办学质量的稳固提高提供了保障。倘若经费不能稳固，书院的存在尚且不能保证，其他一切活动都是无源之水、无本之木。并且历任知府还注重为清晖书院延请名师进行讲授，如钱塘郑诚、北平王荔园等，都曾在此讲课，使得广平府文风为之一变，深得邑人颂扬。光绪二十八年(1902年)改建为广平府官立中学堂，民国元年(1912年)改称为广平府中学校。1917年改为直隶省立第十三中学校，1928年改称为河北省立第十三中学校。现为永年县中学。

清晖书院[1]

清晖书院，也叫莲亭，位于永年旧城外东北隅，原名荷花馆，因城濠植莲而得名。种莲始自明成化二十年(1484年)。创建于明嘉靖十五年(1536年)，经知府蒋以忠倡建。以忠字子孝，号贞巷，苏州府(今江苏省)常熟县人，隆庆戊辰进士，当时创建意图，是为官员憩息之所，亦可招待宾客。封建帝王时代，兴有社稷坛(为国家兴旺设祭处)建于北城门外，每年春秋二祭，地方官祭礼毕，按例途返东门进入城中，故建此馆以歇息。当时仅有亭曰香远堂在水中，有楼曰游楼。后经知府刘芳誉增加省耕堂，并扩大墙苑。

崇祯十四年(1641年)知府欧阳主生在原有基础上又增建了真武阁(即西楼)和帝君祠(东楼)，然后将游楼改名为兰若(其义即空静之处)邀僧守之，并购置土地，其收入为僧人香火之源。到清朝康熙八年(1669年)因多年失修，又遭河水浸袭，逐渐颓塌不堪。

康熙十一年(1672年)经知府刘光荣、知县朱世纬再次重建。到五十五年(1716年)时知府王嗣衍于武安县升任广平府，看到荷花馆破烂不堪，仅有省耕堂一楼一亭，亦皆倾圮殆尽，倡议补修好省耕堂楼亭，并在省耕堂之西修建书院一所，从此易名为莲花书院。

雍正九年(1731年)知府李梅宾复修葺。乾隆六年(1741年)知府任宏业加修改名清晖书院。

乾隆八年(1743年)知府吴谷扩建东西斋舍，乾隆十八年(1753年)六月十日直隶(今河北)总督方观承勘蝗次广郡，宿清晖书院，题诗立碑作纪念，其诗是：稻引千畦苇岸通，行来襟袖满荷风，曲梁城下香如海，初日楼边水处东，似放扁舟尘影外，便安一榻露光中，帷堂患气全消处，清兴鸥鱼得暂同。

清晖书院到乾隆五十九年(1794年)，因洺河水涨溢而倾颓。嘉庆三年(1798年)知府徐烺，字溉馀，钱塘进士，理广平府事，见书院工程浩大，命十县属助款起修。秋前动工，于翌年四月完成，遍栽荷柳，并筹捐经费，开始延师课士。嘉庆二十二年(1817年)知府张拙山特聘钱塘郑城授教，城字念桥，进士出身，嘉庆十四年(1809年)曾任肥乡知县，后隐退于家。邑人闻郑授教群集而至，此后入科甚繁，使郡文风为之一变，邑人甚德之，后又有北平王荔园先生在此讲课。

同治五年(1866年)知府杨毓楠，字树屏，邵阳拔贡，咸丰任肥乡县知事，后升广平府，同乡绅武汝清筹款全部重修。复建院西朱衣楼，始成县志图样。历年来文人诗士吟颂题词颇多，唯记一首于下：课士清晖院，时光又不同。烟笼杨柳绿，日映藕花红。弟子多原宪，先生有马融。相期勤学业，无玷圣门中。

清朝光绪廿五年(1899年)，戊戌变法改革学制，废科举兴学堂，将书院改为中学堂，名曰广平中学。民国六年(1917年)莲亭因遭水患，广平中学遂于1919年移入城内府文庙，名为河北省立第十三中学。此后莲亭即成为军旅驻地。

"七七事变"抗日战争爆发，永年城被日军攻陷，莲亭于1941年被伪县长借故全部拆除成为废墟。永年这一幽雅的风景区域，始毁于民族灾难之期，唯有方氏题碑屹立旷野之中，象征着中华民族面对异族侵略威武不屈的形象。经过八年抗战，解放后，这块碑刻由我国政府保护，移入城内北大街，留待后人鉴赏。

为清晖书院题联[2]

1. 宇宙几沧桑，不改万顷波涛千古绿；学子数辈老，岂容清晖断壁百年残。

2. 万古河山胜迹常留，叹百年沧桑，冀鲁名院曾淹没；千秋易土韶华永驻，看一代风流，燕赵清晖又昭然。

3. 文章造就栋梁气，道德诲人写新诗。

4. 莲亭驻清晖，楼台近水，雅风送三省；曲径有方寸，亭堂依山，别是一重天。

李鸿章致张佩纶[3]

光绪八年十二月十三日

昨奉初六日惠缄，以王次屏前辈贫不能归，欲得讲席，为祠禄自赡之计，当即缄询长太守。旋据友人云，清晖书院已延订游进士观第。适顺德李守赞元过谒，该府、县两席，明岁尚未订人，修脯四百金外，尚有火食折钱百余千，因与商订次翁，遂得关书、聘金二分，呈请转致。与次翁虽有同馆之谊，向无一日之雅，敢乞代送为幸。李守谓，龙冈房屋可住家眷，拟恳次公于明春二月到馆久住，俾邢州人士得所师资，亦他日小邹鲁也。手此，复颂台绥，余不一一。制鸿章顿首。嘉平十三日。

方 观 承 碑[4]

方观承碑原在永年城外东北角的清晖书院，随着历史的变迁，碑也几经磨难，现在保存在城关北街大队。

碑高 180 厘米，宽 80 厘米，文曰："稻引千畦苇岸通，行来襟袖满荷风。曲梁城下香如海，初日楼边水近东。拟放扁舟尘影外，便安一榻露光中。惟堂患气全消处，清兴鸥鱼得暂同。"落款是："勘蝗次广郡，宿清晖书院荷亭有作，时乾隆壬申六月十日，宜田方观承。"此碑文为方观承 1752 年任直隶总督时，视察广平府蝗灾，留宿清晖书院所作，诗句尽情歌咏永年城下农副业生产的优美风景，既是有价值的书法艺术，又能借鉴当时永年水产情况，是一件有双重意义的历史文物。

　　方观承，清安徽桐城人，字宜田，号问亭，雍正时为平郡王记室，乾隆七年授直隶清河道，官至直隶总督，太子太保，是一位精通治河、洞澈地势、并擅长草书的学者。曾参与《直隶河渠书》《五礼通考》等书的编修。自著的有《述本堂诗》《宜田汇稿》《问亭集》等。

乾隆十八年（1753年）六月十日，直隶总督方观承到广平府视察蝗灾，夜宿清晖书院，题诗立碑于此，同行官员吉林人德保也曾赋诗一首：

> 滏阳春绿抱城流，入画亭台倒影浮。
> 门外烟霞萦柳絮，堂前泫涌度渔舟。
> 问津欲觅陶潜路，乘月还登庾亮楼。
> 他日莲开见君子，清风披拂水云秋。①

《初至广平清晖书院》②

（清）汪师韩

> 南来温滏护封畿，艺圃城东近北扉。
> 十里波平花是海，雨堤阴合柳成围。
> 地因君子开新馆，天与骚人集旧衣。
> 何事兰台纪任笔，别从谢客赋含晖。
> 藉农曾筑省耕堂，台榭频经旱潦伤。
> 乔木画图何似昔，水花标格总胜常。
> 百城书拥关前数，一曲湖分比故乡。

---

① 张士忠，李亚. 历史名城·广平府[M]. 北京：中国文史出版社，2005：265.
② 北京图书馆编. 北京图书馆藏珍本年谱丛刊（第98册）[M]. 北京：北京图书馆出版社，1999：257-259.

莫上漪楼感陈跡，禅楼今亦改丹房。

闲来启户即清游，一亩宫临水四周。

苇岸蛙鸣知孰为，钓矶鹭立笑何求。

相要酒有王宏送，便拟家同范暑留。

可是参柴风宛在，杖藜编柳尽良谋。

久抛铅椠复胸怀，辑福残书扫凤埃。

强记力衰如业落，微吟技痒值花开。

曾和采苦寻山去，略似依莲汎水来。

应愧里居孙仲彧，追从大泽盛英才。

◎**参考文献：**

[1]河北省永年县地名委员会：《永年县地名志》，1984年，第435-438页。

[2]清漳书画院出品.袁梅秀案余拾零(续4)[M].北京：文化艺术出版社，2001.

[3]姜鸣整理.李鸿章张佩纶往来信札[M].上海：上海人民出版社，2018：273.

[4]河北省永年县地名委员会：《永年县地名志》，1984年，第395-396页。

秀洺书院

秀洺书院在永年县的临洺关镇。据史书记载：(书院)旧本义学，清乾隆初年通判毕宗高建，后通判王裕诠、清格相改为书院，即用今名。乾隆四十九年(1784年)，清格来守郡，增修堂、斋，并置田以作经费。道光四年(1824年)，通判钱日烜重修，捐郡城东关外苇地归书院。知府李德立倡率十属(一州九县)助捐银两。书院原有吴庄田54亩8分，每年租京钱72千，本为岁修膏奖，自同治七年(1868年)，归府署经理。同年，知府李朝仪因经费不足，劝谕十属加捐。"府署捐银24两，永曲磁邯原捐16两，各加14两，肥乡原12两，加8两，成威原12两，各加4两，鸡广清原10两，各加2两，统归府署催解，由书院具领。尹爪睢屯四村，每年津贴京钱100千，向交书院值年经管。"并重定书院章程，申请立案。

紫山书院

紫山书院，又称漳川书院。在永年县治东，广平府知府张羽始建于明正德十三年（1518年）。崇祯九年（1636年），知县张毓泰重修，后改"皇华馆"，为往来邮亭。清康熙十一年（1672年），知县朱世纬仍改为书院。乾隆二十二年（1757年），知县孔广棣重修，易今名，有修道堂、聚魁楼、精舍及成德、达材二斋。

道光八年（1828年），知县沈惇厚重修，咸丰二年（1852年），知县陈政典复重修。同治十二年（1873年），知县王镛增建讲堂学舍，筹捐膏火，地72亩，钱4300千文，发商生息。每月两课，取生童各15名，月发膏火京钱41850文。山长薪水，监院车马，院役工食等费，均由租息项下发给。山长束脩银120两，由学田租内拨银28两8钱3分，不敷之银，由永年县捐补。光绪九年（1883年），知县杨诚一再增生童各5名，1894年又增生童膏奖。

（七）大名县

天雄书院

建于明代元城书院旧址之东。元城书院建于明正德十五年（1520年），址在县治西南，书院的创建者是正德时兵备道刘秉鉴，之后郡守王叔杲、翟时雍相继在嘉靖（1522—1566年）、隆庆（1567—1572年）年间对书院进行扩大和修葺，清初书院改为幕府。清顺治五年（1648年），三省总督成克巩以察院狭小不堪居住为由，将文昌阁、五先生祠以及书院号舍一并改入幕府，并将上达楼改为南楼，东西两隅楼皆为衙署。白公秉贞莅任，以神所凭依，不可动也，移节道署阁与祠，仍复其旧书院，号舍并废。康熙十年（1671年），知府周邦彬重修，改名为"天雄书院"。建讲堂、东西号舍若干，树"人文蔚起"坊，以表其盛，中树"丽泽亭"。西为两祠堂，一祀狄梁公、韩魏公、寇莱公、文潞公、欧阳文忠公；一祀刘忠定公。其后即上

237

达楼，故宇仍以祀文昌，而旁以张仙祠翼之，精整弘丽，视旧有加矣。时进郡邑诸生，揖让其间。数十年旧基，一朝而复之，可谓盛事。清代诗人刘元征在《讲堂朝旭》一诗中说道："横经多士忆当年，兴废频仍叹讲筵。金鼓重看烽火息，图书还并日星悬。参差亭阁迎朝日，历落松梧带晓烟。忠定弓裘吾敢坠，渊源世业欲长延。"由此可见天雄书院亭台楼阁的设立参差有别，错落有致，树木丛生。数十年旧基，一朝而复之，可谓盛事，刘元征置身其中，可谓感慨颇多。乾隆八年（1743 年），观察沈世枫修葺，清人成克巩撰述《重修天雄书院碑记》收入武蔚文等修，郭程先纂咸丰《大名府志》卷 18"艺文志"。光绪二十九年（1903 年）改建为大名府官立中学堂。民国五年（1916 年）改名为直隶省立大名中学，1917 年改称直隶省立第十一中学，1928 年改称河北省立第十一中学，1933 年改为河北省立大名初级中学。1937 年 11 月大名县沦陷，学校停办。

天雄书院古柏数株，离奇可爱，雪霁登上达楼纵观，青白殊色，招诸子赋诗，限用杜工部古柏行韵

（清）孔荫樾

突兀庭前数株柏，方亩深根盘巨石。
不知初植自何年，烟雾浮空耸百尺。
严霜烈日练成材，秋肃春温同护惜。
六出花来缀满枝，皎如玉峰照眼白。
一片紫霞飞自东，化作霖音中羽宫。
修然涤出参天碧，无数新香度暗风。
草木萎时天地闭，造物非此不为功。
大厦宜需尔为栋，委弃荒垣失轻重。
日依文昌作哑聋，柏梁词赋倩谁咏。
曾传尔亦变梧桐，应是寂寥思栖凤。
何如终始全后凋，却是无用胜有用。

讲堂朝旭

(清)刘元征

横经多士忆当年，兴废频仍叹讲筵。

金鼓重看烽火息，图书还并日星悬。

参差亭阁迎朝日，历落松梧带晓烟。

忠定弓裘吾敢坠，渊源世业欲长延。

书院迟客

(清)黄　仪

孤亭昼厂乱云低，返照忽开郡堞西。

柳外风铃吹画阁，松间古刹隐雕题。

为迟墨客芳樽倒，暂罢书签晚坐齐。

春色一年今过半，携柑好共听莺啼。

（吴洪成，刘园园，王蓉，刘达著.河北书院史研究[M].2014：189-190）

大名书院

在府治东，本旧通判署。乾隆二十三年(1758年)，改天雄书院为大名县署，遂移书院于此。1790年观察丁桂淋重修，嘉庆九年(1804年)知府张体公再修，道光五年(1825年)，兵备道林培厚、知府福敬增修，筑房舍70间，改为大名书院。林培厚作《新修大名书院碑记》收入武蔚文等修，郭程先纂咸丰《大名府续志》卷5"艺文志"，以纪其事。

天雄书院改名大名书院后，当时已处于清朝后期，虽然书院规制齐备，但这一时期大名府科考中举人数稀少，书院文风不振，相比其他各府书院来讲属于落后。

大名书院是明清两朝古城内唯一留存有建筑示意图的书院，图载《咸丰大名府志》。

大名书院坐北向南，最南端是照壁，北为大门三楹，中间是一道砖砌的甬路，北行穿过二门直达文昌阁。大门北是二门，二门三楹，东西两侧各有一个月门，过二门，东西两侧各有斋舍三区。正北是文昌阁，楼上祭祀文昌帝君。文昌阁东是瓣香阁，西是尚行书屋。文昌阁北是讲堂，讲堂西是启秀轩三楹，东是摭草轩三楹，讲堂前面东西两侧是廊房，西边名步月山房，东边名得月山房，两处山房中间有门通往外侧的斋房，南直通瓣香阁和尚行书屋。讲堂北是住宅区，正北三处上房，各三楹，东西两侧各有三楹，东北侧有廊房通往摭草轩。大名书院规制大致如上。

同治三年（1864 年），直隶总督李鸿章饬令各地劝导官民捐输书院，大名府官绅踊跃办理，其中大顺广兵备道祝垲、恩云峰各自捐献 100 两白银，大名府知府裕长一人捐献 200 两白银。假若将此 400 两白银分属大名府所属七州县书院，每一书院所得无几，全部给一个县，又有偏爱之心。最后议定，因大名书院是大名府七州县生员读书学习的地方，将此款交由大名县商人，所得利息作为乡试所用。每到乡试，贡生、廪生生员集于大名府城，按照考试名次发给银两不等，作为赶赴乡试的旅费。

此外，大顺广兵备祝垲还捐款在大名书院日课程之外，设立大名道宪月课。祝垲捐献 1000 两白银，又各方筹款 2000 两，分别存在城内恒泰当、诚格当 800 两，锦云、庆远两票号各 300 两，永兴、重盛、德盛、丰泰、际泰五票号各 200 两，每月可得利息 64 两。大名道宪月课除正月外，每月初二举行一次，由道台点名、出题、阅卷、发榜，50 名生员根据成绩不等发银不等，乡试之年，对参加考试的生员也进行资助。

清光绪二十九年（1903 年）九月十四日，令各府设立中学堂，各州县的书院改为小学堂。大名府知府陶式鉴、监督崔炳炎改大名书院为大名府官立中学堂，学制五年，无初高之分，学生为备考童生和已考入书院之生员，学习文言文。至此，大名书院退出了历史舞台。

大名书院改为中学堂后，大名道宪月课停止，款项改作存古学校经费，存古学校意在新学大兴的形势下保存国学，授课内容仍是"四书""五经"。

1916 年大名中学堂改为直隶省立大名中学校，次年改为直隶省立第十一中学校，1933 年改为河北省省立大名初级中学校。1937 年 11 月，日军侵占大名城，改建为日军城防司令部。中华人民共和国成立后，为粮食局粮库和面粉厂。[1]

◎ **参考文献：**
[1]大名县教育志编纂委员会编：《大名县教育志》，第 34-35 页。

广晋书院

广晋书院属于大名县官办书院，位于道前街路北，西邻常平仓。创始于光绪十六年（1890 年），终于光绪三十二年（1906 年），前后仅存续了 16 年，是大名城内最短命的一所书院，也是唯一存续下来的一所书院。

广晋书院也是以地域命名的一所书院。广晋县是大名县的前身。后唐同光元年（923 年）四月，李存勖建立后唐，改贵乡县为广晋县。后汉乾祐元年（948 年）三月，改广晋府为大名府，改广晋县为大名县，此后再也没有以广晋来命名大名县。

大名县在明代创办有应龙书院，地址在今旧治村西南。清乾隆二十二年（1757 年）大名县城（旧治村）圮于水，应龙书院亦废。次年，大名县附郭大名府城后，文庙附祭大名府文庙，没有进行重建书院，生员一直在县署内授课、评卷，极为不便，也不合乎规制。清同治十二年（1873 年），大名知县崧翰有意创建书院，未果而终。光绪十六年（1890 年），大名知县姚定元捐俸银创修书院，竣工后，名曰"广晋书院"，即聚集大名县士子，延聘山长（校长），培养人才。限于文献，目前仅知主持广晋书院教务的有邱家燧，且邱家燧还兼管贵乡书院的教务。

清光绪三十二年（1906 年），大名知县苗玉珂奉令将广晋书院改为大名县官立高等小学堂，后改为县立第三完全小学校。

现在广晋书院旧基已成为民居，书院旧貌无存，唯有书院大门西半部分幸存，这也是大名城内书院唯一的遗物，弥足珍贵。[1]

◎参考文献：

[1]大名县教育志编纂委员会编：《大名县教育志》，第35-36页。

贵乡书院

在城内西大街路北，同治十一年（1872年）知县吴大镛捐资创建。清末改为"官立高等小学堂"。民国初年改为县立第一完全小学校。[1]

◎参考文献：

[1]大名县教育志编纂委员会编：《大名县教育志》，第37页。

(八)魏县

洹阳书院

洹阳书院，又称洹水书院。在旧魏县治西，明万历三十八年（1610年）知县章正岳创建，中为明乐堂，后为活泼亭，左右为书房，正为进堂，颜曰"章孟山先生讲学处"，知县区龙桢题。清乾隆二十三年（1758年），漳水为灾，冲没县城，书院遂废。同治十二年（1873年），大名知县崧翰、乡学训导姜玉振捐廉首倡，士民乐输卜地，于旧治东南隅重新创修书院，不改旧名，仍曰"洹阳"。左右各为讲堂，前为月台，左右号舍各数十间，中为璧华楼，两面俱阑楯。每年宾兴年，以木版架桥，饮诸全楼上，前为大门屏壁。

明嘉靖四十五年（1566年），知县李栻在旧魏启圣祠前始建思诚书院。何为"思诚"？"诚"为刘忠定公之学，思之不敢忘。

万历三十八年（1610年），知县章正岳闻书院在启圣祠前，譬如面墙而立，大不利于文运。适值书院摧残，因而拆旧材木，改建于县署西，于是年八月告成。县系洹水经流之处，六国诸侯曾盟于斯，志其地恐失其名，因易"思诚"曰"洹阳"。洹阳书院数百年来，邑人擢高科、登显仁者，先后数十人。旌表、石坊巍然在望。

清光绪二十二年（1906年）知县严以盛改建为大名官立高等小学堂。民国二十三年（1934年）改为县立第三高等小学校。[1]

江志澄修治洹阳书院议①

为详陈事宜，避难就易，以振文风，以慰民望事。窃魏邑旧书院肇于有明，数百年来未尝变革。邑人擢高登科显仕者先后数十人，旌表石坊巍然在望。乾隆二十三年漳水为患，城郭俱非，书院之地片瓦不留。自此之后，士子无依已经三世，莫不痛恨太息，叹斯文之不复振也。

幸蒙祝道宪上奉公文，札饬各府州县官整理，书院有则扩充，无则创办。合邑闻知欣欣然俱有喜色，乐就正之得人幸私淑之有。自科第蝉联，行将拭目俟之。近又有在府修治之说澄，反复图维，不得其故。伏思、训导、学署、分县、河丞均驻旧县，督工监修河患，不能有成，况有款项以附益之。义学地三倾，文昌宫斋房十间，略有变通，即称完备，如曰舍近图远，避易就难，甘为劳民伤财之举也。澄固知其不然矣，既而访诸同人，始得确信传闻属实，缄默难安，敢以不便于魏者一。一为大人述之书院重修为培养人才起见，山长主讲士子住斋渐摩既久，学问日底于渊深。若在府治，必待月课日期，始与山长一会退居僻壤穷乡，目不睹师儒之面，耳不闻讲习之声，上达虽云有志，历数年而渐即因循，此不便者一。生童会课，贫富不等，衡文而定甲乙，发给奖赏膏火，贫与富咸知奋勉。据府城论道路云遥，寒士徒行，朝发未能夕至，间有世家大族乘车而来，甚不愿以旷日废

① 洪家禄等．大名县志（1-3）·卷九"书院"［M］．台北：成文出版社，1968：394-396.

学，备历风尘马足之劳，此不便者二。更有甚者，魏地至郡中隔漳水一道，俗所谓小黄河是也。每当夏秋之交，河水涨发洋溢数十余里，诸生会课相率偕来，及睹此景况，惕惕焉。不能无惧，虹桥未驾敢言破浪而乘风，渔舟不来终难摄衣以渡水。奔波半日，临河大有返驾之慨，此不便者三。伏祈宪天，曲体舆情，整饬学校，因县旧治择地鸠工，俾诸生欣然乐就，受熏陶之益，省跋涉之劳，免沉溺之苦，行见蛾术功深，鹏程步远，斯文有再兴之日，小子无可弃之材，管见所及，谨以上达。

重建洹阳书院记①

魏邑书院始于明嘉靖四十五年，知县李栻修，颜曰"思诚"，盖以"诚"为刘忠定之学，思之不敢忘。万历三十八年，知县张正岳闻形家之说，书院在启圣祠前，譬如面墙而立，大不利于文运。适值书院摧残，因而撤旧材木，改建于县署西，逾八月告成。县系洹水经流之处，六国诸侯盟于斯，志其地恐失其名，因易"思诚"曰"洹阳"，之二公者，嘉惠后学，振兴文教，魏令中不可多得也。

嗣后，士子握椠怀铅，枕经葄史，秋高而晏赴鹿鸣，春暖而名题雁塔。合郡人才惟魏居首。逮我国朝不及明也远甚然。崔氏以兄弟而列乡榜，王氏以伯仲而登荐书，科第蝉联尚不乏人知，栽培涵育之教泽有自来矣。夫物积久而必敝，名以盛而终衰，海水桑田迁徙无常，非人力所能为。乾隆二十三年漳水浸魏，城郭俱圮，县并大名书院遂废，迄今百有余年矣。墙垣坍塌，惟有瓦砾尚存，柱石摧崩，半为蓬蒿所掩。官斯士者，率皆治簿书亟期会奉法守令，而已考成弗及又谁过而问焉。翰于同治壬申冬来守斯土，他务未遑，谋建大魏两书院，

---

① 洪家禄等．大名县志(1-3)·卷九"书院"［M］．台北：成文出版社，1968：396-398.

俸捐五百金作为经费，特以身膺民社，两邑书院一时不能并举，魏地丰腴先进士绅而商榷，众皆赞成，退而输财酿金，集腋成裘，买地于旧治东南隅，图款式、运木石，鸠工庀材，赴役者群竭趋而恐后焉。其建者，后堂三楹，东西房各三楹，前讲堂三楹，题曰"文运重兴"，下悬一联，云：惟此地育英才喜皇路驰驱行见星奎斗璧，劝诸生勤学业愿前程远到敢云化雨春风。两旁斋房南向各三楹，再前东斋房三楹，南向题曰"敬业"，南厂房三楹，西斋房三楹，南向题曰"乐群"，南厂房三楹，中建文昌阁一楹，下为往来出入处，再前大门一楹，两旁各三楹，东则西向，西则东向，为斋夫住宿所。墙垣四围，庖湢无缺，外有照壁，列榜于上，轮奂生辉，丹青散采映奎光之古塔，仍洹阳之旧名。经始于癸酉春二月，落成于秋九月，未几，常君维城即领乡荐，人杰地灵，感应甚速，益信书院之修关乎文运非浅也。自此以后，延请宿儒讲习于中，寒俊得所庇荫，既无旁风上雨之嗟，多士共切观摩，养成清庙明堂之器。古语曰：修废举坠，有司之责。则翰之所为，上可追溯于前令，下可佑启于后人，而并可告无罪于二三君子也。爰刻诸石，永垂不朽，是役也，总理其事者，训导姜子成玉振，魏丞黄自嘉师淦。分监各役者，恩贡常君维垣，拔贡高君成栋，廪生徐君昙，郭君荣庭，马君景泰，增生房君雅渠，均与有劳焉。例得备书。同治甲戌小阳月。

◎ **参考文献：**

[1] 王学贵主编，魏县地方志编纂委员会编．魏县志［M］．北京：方志出版社，2003：896.

(九)肥乡县

漳南书院

漳南书院地处河北肥乡县屯子堡，以清初的一所义学为基础扩建而成。康熙十九年（1680年），于成龙出任直隶巡抚，命令肥乡士绅郝文灿等在肥乡屯子堡建立义学，并置学田100亩，郝文灿为义学教师。后来郝文灿同乡人杨计亮、李荣玉等又将义学扩建，并邀请兵部督捕侍郎许三礼题名为"漳南书院"。

康熙三十五年（1696年），保定博野籍实学教育家、"颜李学派"鼻祖颜元，在许三礼的三度敦请下，终于应邀主持漳南书院。颜元（1635—1704年），原字易直，更字浑然，号习斋。其思想特点是重习性而不尚空谈，因而改号为习斋。颜元一生潜心自修，一边躬行，一边教学，不喜交际，不慕名利，其最得意的弟子就是李塨，后人称其师生学说为"颜李学派"。其突出的特点便是"实"，强调"实文、实行、实学、实用"，在教育上强调习、行、动的统一。颜元曾在其中堂书一对联："聊存孔绪励习行，脱去乡愿禅宗训诂帖括之套；恭体天心学经济，斡旋人才政事道统气数之机。"

从对联中我们不仅可以看出颜元的思想特点是重习性而不尚空谈，而且还鼓励弟子们打破成规，革除弊端，保存孔子的功业之同时勉励躬行，同时要学习一些经国济民的本事，来造福万民。可以说，这幅对联将颜元主持漳南书院的办学理念和宗旨体现得淋漓尽致。在课程设置方面，漳南书院分为文事、武备、经史和艺能、理学、帖括六斋，学生分班后进行专门的学习。其中开设属于"旧学"的理学、帖括二斋是为时局所迫，并不受书院重视。书院课程涉及水、火、工、象、历史、十三经、兵法、战法、射御书数、天文地理等方面。其中艺能斋所学的水、火、工、象等科集中体现了颜元"实学"的教育思想。在教育方法方面，颜元主张"习行""习动"，强调必须亲自去观察，亲身去实践，以获得真知。而书院设置六斋，依据学生的性情和兴趣将其分入各斋，也体现了因材施教的教育方法。此外，颜元在《漳南书院记》《习斋教条》中还对书院的管理、规章制度做了详细规划。

四个月后，因漳水泛滥，漳南书院被毁，颜元不得不辞归故里。虽然颜元主讲漳南书院仅有四个月的时间，却已展示了其大胆创新的教育主张，打破了以往书院坐而论道的经学教育，产生了极为深远的影响。颜元在书院中所提倡的"实学"教育内容和"习行"的教育方法，猛烈冲击了当时占社会主流的程朱理学"求心""求理"的教育主张，拓宽了教育的领域。在颜元的主持下，漳南书院没有以当时盛行的科举制艺、八股时文作为其核心教学内容，而是重在培养让学生自己动手获取实用知识。漳南书院这种注重实用、强调实践的教育理念具有超越时代的先进性，对晚清洋务派和改良派产生了巨大影响，并在之后对传统教育的改革当中得以体现。李国钧等人编写的《中国书院史》认为："书院由传统教育机构变迁为新式学校，其实始于颜元的漳南书院。"肯定了漳南书院在传统教育转变为新式学校教育中所起的中介作用。

颜元主讲漳南书院虽仅四个月，在教学设施上，已展示其大胆创造的精神。他一反宋元以来为理学所窒息的学风，分文事、武备、经史、艺能四斋，体制完备；他将水、火、工、天文、地理、兵法、射御、技击等列为教学科目，以贯彻其"实用""实习"的主张。虽暂备"理学""帖括"二斋，但明示为"敌对"，将以观其终归淘汰。下附《漳南书院记》。从这篇叙记，我们看到了反映新兴市民阶层某些要求的第一幅学校蓝图。

漳南书院记

（清）颜　元

肥乡之屯子堡，遵中丞于清端工令，建有义学，田百亩。学师郝子文灿以所入倡乡众杨计亮、李荣玉等协力经营，益广斋舍。许侍郎三礼题曰"漳南书院"。问学者日众。郝子遂谦不任事，别寻师者十有五年。于康熙三十三年，郝子不远数百里抵荒斋，介友人陈子彝书，延元主院事，元辞。去已，又过，陈说百端，作十日留，元固辞。明年又价张文升以币聘，予再辞。又明年，遣院中苗生尚信至，进聘仪，掖起复跪者十日，予不得已也，告先祠行。

距堡北十余里，漳水涨，堡人叙舟人，乃知其地苦水久矣。郝子率弟子拜迎，止其合。卜吉，郝子及乡父老、子弟咸集，从予行释奠礼于孔子主前。郝子、乡父老再拜，予答拜，揖，升座。弟子委贽四拜，乃令分班，行同学相见礼。谕之曰："而地无文士乎？而遂致予，该将以成人之道自勖也。予不敏，敢以成人之道告。"乃出予《习斋教条》读讫，揖退。时时左斋建其一，余未定。乃进郝子曰："谬托院事，敢不明行尧、孔之万一，以为吾子辱。顾儒道自秦火失传，宋人参杂释、老以为德性，猎弋训诂以为问学，而儒几灭矣。今元与吾子力抵狂澜，宁粗而实，勿妄而虚。请建正庭四楹，曰'习讲堂'。东第一斋西向，榜曰'文事'，课礼、乐、书、数、天文地理等科。西第一斋东向，榜曰'武备'，课黄帝、大公以及孙、吴五子兵法，并攻守、营阵、水陆诸战法，射、御、技击等科。东第二斋西向，曰'经史'，课"十三经"、历代史、诰制、章奏、诗文等科。西第二斋东向，曰'艺能'，课水学、火学、工学、象数等科。其南相距三五文为院门，悬许公'漳南书院'匾，不轻改旧称也。门内直东曰'理学斋'，课静坐、编著、程、朱、陆、王之学；直西曰'帖括斋'，课八股举业，皆北向。以上六斋，斋有长，科有领，而统贯以智、仁、圣、义、忠、和之德，孝、友、睦、姻、任、恤之行。元将与诸子虚心延访，互相师友，庶周、孔之故道在斯，尧、舜之奏平成者亦在斯矣。置理学、帖括北向者，见为吾道之敌对，非周、孔本学，暂收之以示吾道之广，且以应时制，俟积习正，取士之法复古，然后空二斋，左处俟价，右宿来学。门之左腋房六间，榻行宾；右腋厦六间，容车骑。习讲堂之东北隅为仓库、厨灶，西北隅积柴炭，后为厕。院前门东一斗室，曰'更衣亭'，凡客至，通候、拂洗、更衣，一茶乃入。西为'步马射圃'，上构小亭。此规模大略也。吾子谓何？郝子拜手曰："善。但此为百世计，独无处灿地乎？"予曰："念之矣。须院事竣，院前墼启土必更深广，引水植莲，中建亭，窗楹四达，吾子居之。讲习暇，元偕诸子或履桥，或鹜舟人，弦歌笑语，作山水乐，黄、虞朋，复何憾乎？"郝子大笑，刻日兴工。

　　堡人好义云集，许许之声遝迻宵闻。习讲堂成，高二文有奇，架木覆苫,以肆望汪洋,莫购砖瓦也。中室板屋趺高三尺,三阶;中为师席,朔望弟谒拜,宣明教条,升之。燕坐会客,咸在幄前。读书、作文如常课,而习礼、歌诗、学书记、超距、击拳,率以肆三为程。讨论兵农,辨商今古,惟射以水不得学。四阅月,颇咀学习乐味。而漳水五泛,除横二十里,继至七十里,赤泥封稻穗,屋倾侧不敢居,堡男妇各树席铺。予叹曰:"天也!"乃告归。

父老子弟饯别泣送,予亦洒泪,郝子拜手宣于众曰:"是院也,定为颜子生为漳南书院师,殁为先师。灿以祖产赠宅一所,田五十亩,合院原田共百五十亩,生为颜子产,殁为颜子遗产。"复立图券为质。曰:"田少获,即延先生还。"又请记其事。别后屡札来促,问其水灾,岁益甚,而予老且病,亦未审遂否矣。然其兴学敦师,与崇信圣道,不痼后儒之识,俱不可没也。康熙四十年三月六日,博陵颜氏元识。

关于书院的教学制度和内容,我们可以从颜元的《论开书院讲学》一文与著名弟子李塨的《恕谷学教(从颜习斋先生教条而斟酌之)》中清楚了解,颜李学派的主张既不缺乏孔孟礼仪之道,又在其基础上倡导实学主义。下附颜元《论开书院讲学》和李塨《恕谷学教(从颜习斋先生教条而斟酌之)》。

论开书院讲学

(清)颜　元

观《王文成公传》,正德十三年四月,至赣开书院讲学,喟然曰:"此一失,程朱、陆王两派所同也。但一人得志,守司地方;或一人儒名显著,地方官尊礼,则必建立书院,额其中庭曰'讲堂'"。

嗟乎,何不曰道院,何不曰学堂,而直以书讲名乎?盖其实不可掩也,亦二派诸先生迷而不之觉也。试观尧、舜在上而为君,只举三室六府,命官诏牧,和而修之,以布施于天下而已,几见其徒举书而讲之乎?试观周公在上而为相,只以三物教万民,而宾兴之,几见其徒举书而讲之乎？试观孔子在下而为师，亦只举三物，与三千人学而时习之，以修齐以待用而已，几见其徒举书而讲之乎？

经书乃记三事三物之薄籍耳，其有不废讲，则学事学物；有不明，乃行讲辩耳。孔子曰："学之不讲，是吾忧也。"今不学何讲哉！学习躬行经济，吾儒本业也，舍此而书云书云，讲云讲云，宋、明之儒也，非唐、虞三代之儒也。然则今日者，讲之不学，是吾忧矣。

恕谷学教（从颜习斋先生教条而斟酌之）

（清）李　塨

孝父母。须和敬并尽，勿狎勿怠，昏定晨省，出告反面。

揖朔望。节令四拜，随尊长拜家祠亦四。

敬尊长。凡内外尊长，俱宜小心侍从，坐必隅，行必随，居必起，乘必下，呼必唯，过必趋，言必逊，教必从。勿骄心傲气、戏侮干犯。

行学仪。每日清晨至，向上揖先圣揖师。遇朔望节令，随师拜先圣，拜师，同学让学长，转左以次而右为礼。

行幼仪。凡洒扫应对进退，俱遵礼仪唯谨。客至，俱立，师命揖者揖，拜者拜，或师出，学长陪待，余不许乱动。

叙出入。凡行长幼序，齐班上中左，鱼贯论前后，行辈异者以行辈叙，相遇相别皆一躬。数日不相见，见则揖问纳福。

尚和睦。幼称长为某兄，长称幼为某弟，相敬相亲，毋以长凌幼，以幼欺长，及直斥其名。若对师则称名。

戒狎戏。同学互相尊畏，庶可有成。最戒戏嘲亵侮。

戒威仪。足容重等九容，一一整饬，且交修之，断不可轻佻失仪。

肃衣冠。子桑伯子不衣冠而处，孔子讥之。即私居，亦不可袒裼裸裎。

重身体。体者，父母之遗也，古人一举足，不敢忘父母，况可饮食，纵嗜欲，自贻灾戚。

习六艺。昔周公以六艺教人，近世取士以八股，自不得不随时立教，然非正务也。诸生愿学礼乐射御书数，及兵农水火诸学者，是予所望也，随其材而教之，以考厥成。

通经史。经者，修己治人之谱；史者，修己治人之像也。除异端及杂秽之书，不许泛溢。若"十三经""二十一史"，须以渐考之，勿以时取专经，遂安固陋。

重诗书。凡读书必洁案，端坐庄诵，如对圣贤。每晨入学，必拂尘整卷。事出则阖书，各归行列，不许狼藉。

清声韵。字音清商必审清出口，吟之字字真朗。

习书法。正坐以笔对心，指实掌虚腕中用力，细审形体结构，然后成字，不可苟且涂鸦。

远异端。佛出家灭伦，无父无君之教也。其门徒可化者化之，不可化者远之。

清漳书院

在肥乡县城内。清乾隆十年（1745年），知县饶昌绪创建于学宫西侧，招生童肄业。不久，知县郑大进增修，规模扩大。乾隆年间（1736—1794年），章学诚主讲院中，所教虽以科举时文为主，但谆谆于"大义乃通经之源，古论乃读史之本"，所传为读书、作文、治学的基本方法。

章学诚（1738—1801年），字实斋，号少岩，清浙江会稽（今绍兴）人，是一位文史学家，清代前期浙东学派著名学者。自幼即喜史学，博览群书，遍交名流学者。乾隆四十三年（1778年）进士，毕生从事著述修志和书院讲学，曾先后主讲于定州定武书院、肥乡清漳书院、永平敬胜书院、保定莲池书院和归德文正书院。他认为学习内容的分量、广度及深度，当由各人天资所近和年龄、境遇决定，学求自己心得，而不唯古人、名家是从；学贵博而能约，博为知类，约求专精，两者相辅相成。首定清漳书院条约、条训，指出凡天下事俱当求其根本，诸子百家"其要总不外于六艺"。策问书院诸生时，强调"学莫要于知类"，举一反三，由浅近而入高远，反对抄袭雷同，要求"贯穿经书，融会传注，自以意义发挥，更取他书印证"。著有《文史通义》《方志略例》《实斋文集》等。

道光十二年（1832年），知县王玉海筹划经费。同治二年（1863年），知县杨毓楠将官地6顷29亩8分2厘拨入清漳书院。五年（1866年），知县李鹏展将15村徭征拨入书院充作经费。

清漳书院条约

（清）章学诚

一、院长与诸生约：书院课期一月三举，比家塾私课则为已疏，比官师月课则为加密。日程月计，不疾不徐。诸生以旬日读书，逢期集试，非第较量一日短长，亦思古人以文会友，切磋砥砺，共勉于成，乃所望也。以诸生不惮跋涉之勤，副令君加意栽培之愿，自宜爱此日力，舒展所长，勿为无益聚谈，潦草塞责，方为有志之士，不甘自弃者矣。

乃此举课，策问"四书"大义，请生置对，通场无一人。夫尽日夜之长，止作一文一诗，则学使考规，例不继烛，经书二艺，何以定篇？且诸生俱处乡僻，与院长继见无时，发策问义，非但试觇文辞，亦将问言观志，商榷学术。指授心裁，俱在于此。所问仅出"四书"，量非难解。若按款胪对，则书理明通。从兹由近及远，以浅入深，六经三史、诸子百家，将与诸生切磋究之，抵于古人之学。纵使材质有限，不能尽期远大，即此经书大义，稍能串贯，究悉先儒训诂，会通师儒解义，则执笔而为举业，亦自胸有定见，不为浮游影响之谈。上引材智，下就凡庸，粗细俱函，道无逾此。而诸生渺忽视之，将院长薄植，不足奉诸教生之答教耶？抑节省日力，以为剧饮闲谈之地耶？余甚为诸生不取焉。

且大义之体，始于唐人贴墨，宋人以贴墨之但取记诵，故即经书发问，令士子以读书心得之言，就题发明大义。其后又以大义法无一定，因作"四书"之义，截句为题，以杜散乱之嫌。明人法益加密，乃入圣贤语气，演为制义之格，诸生今所诵习之文是也。是大义与"四书"文同出一源，大义法疏而"四书"文密。诸生既已习"四书"文，断无不能更作大义之理。犹恐诸生未能深悉，故兹明白宣告，愿诸生勿惮烦苦，务取完篇。其读书有得者，固须贯串发挥，尽展怀抱；其不能者，亦须确守传注，按牍敷陈，不得剿说雷同，互相抄录，是为厚望。如但有诗文、不作对义者，诗文虽佳，生员不取超等，童生不取上卷，勿谓阅卷之苛刻也。此约。

二、院长与诸生约：策问"四书"对义，本欲诸生贯串经书，融会传注，自以意义发挥，更取他书印证，盖学问之一端也。若但如题直抄，则不如默写经书之为愈。夫学莫要于知类，知类者，凡庸皆可勉求，而圣人初不外此。孟子言，指不若人，而推于心不若人，教人知类，即此意也。夫子所谓一隅三反，子贡所谓闻一知十、闻一知二，皆是从类推之。《易大传》曰："引而伸之，触类而长之，天下之能事毕矣。"则类之为义，可为广矣。诸生体此义以读书作文，何患不成大名？岂斤斤焉为是寻行数墨计哉？凡所策问，皆是行其端耳。诸生能即所引之端，求其义类之相近者，援引比较，或从义类之相反者，往复推求，则上下四方，文章不可胜用矣。若徒抄袭雷同，有何益耶？且以此为举业，即举业之上乘；以此为学问，即学问之首最。而入门先由浅近，后及高远，为之初不甚难，又何惮而不用心耶？

但念诸生初试为此，经书传注，一时未尽融通，风檐寸晷，潦草塞责，出于情之无奈。今兹稍示变通，以期法之尽善。先期发问，诸生抄录回家，十日以后，录入下次课卷，则窗下尽有余闲，可以翻阅经书，从容置对。下课发问，又复如前。似亦劝学之一法也。此次发问，既留下期，则此次诗文之外，乃作古论一首。嗣后有前课未到，无从得策问者，亦作古论一首，庶不枉此心力，以尽一日之长。夫大义乃通经之源，古论乃读史之本，事虽浅近，理实遥课。愿诸生其懋勉之，院长有厚望焉。

关于《清漳书院留别条训》的注释

乾隆四十六年(1781 年)，章氏游河南，中途遇盗，尽失行李及生平著作，狼狈投同年生张维祺于直隶肥乡县衙，维祺遂聘其主肥乡清漳书院讲席。《条训》正是写于此年，与此同时还写了《清漳书院会课策问》等文，后者收在《章氏遗书》，而前者章氏友人王宗炎在整理章氏著作《章氏遗书》时，不知何故没有收进。到 1985 年文物出版社出版的《章学诚遗书》方才收入。我在整理编辑其代表作《文史通义》而成《文史通义新编》时亦将其收入。因为这是一篇研究章氏教育思想的重要文章，它较为全面地反映了章氏在教育方面的各种主张，诸如教育目的、教育内容、教育方法等。全文讲了 33 个问题，真是涉及教育的方方面面。如文中说"人才实难，而因设教，更不易易""人生诵读之功，须在二十内外，若年近三十及三十外者，人事日多，记诵之功亦减，自不如童子塾时专且习也；然年齿既长，文义亦明，及此施功，亦有易于童年记诵之处也"。诸如此类，讲得都入情入理。

(清)章学诚著，仓修良编注. 文史通义新编新注(下)[M]. 浙江古籍出版社，2017：626-627.

清乾隆十年(1745 年)，知县饶昌绪创建清漳书院。同年，由知县郑大进改建于学宫前(今建设街东段肥乡宾馆对面)，并提高了贫困生员生活的补助费，厚资聘请名师。清史学家章学诚曾主讲该院，并著有《清漳书院会课系问四书大义六道》《清漳书院会课策问》和《清漳书院留别条训》等文留世(约 1.7 万字)。他从宏观到微观阐述了生员学习"经书子史"的内容、重点、方法，以及工具书、参考书的运用，并对启蒙教学方法作了深入的阐述，如"劝诱"法、"变易"法、"更新"法等。他反对"童蒙入学之初，先授句读"的死记硬背方法，指出这种教学方法犹如"萌芽初茁之时，先受多方摧折"。并指出："误人子弟"犹如"庸医伤人"。他的不少阐述至今仍能给教学者以很好的启发。

（王福建主编，河北省肥乡县地方志编纂委员会编．肥乡县志［M］．方志出版社，2001：576-577）

（十）成安县

联晖书院

清嘉庆六年（1801年）知县孙陪曾置民房创建。光绪十九年（1893年）知县戚朝卿捐银增课，每月初二为官课，县官到院点名命题；十六为斋课，学官到院点名，请山长命题，题皆一文一诗。官斋二课之外，另加古文，取前茅者，奖给膏火，生员以16名为限。光绪末年，知县石之璞改为成安县立高等小学堂。

清光绪三十年（1904年）二月，知县石之璞响应康有为、梁启超"兴办新学"的倡导，令将久已废颓的旧联晖书院加以修葺重建，创办了"成安县小学堂"，初招一个班，学制5年，主要课程有：国文、经书、算学、修身、体操、音乐、图画等。此为本县第一所新式学校。[1]

◎**参考文献：**

[1]河北省成安县地方志编纂委员会编．成安县志［M］．北京：新华出版社，1996：641.

文漪书院

邯郸成安县，具体位置不详。乾隆六年（1741年），知县赵元祚，官办。[1]

◎参考文献：

[1]吴洪成，王蓉．清代河北邯郸书院初探[J]．南昌师范学院学报，2015，36（04）：130-138.

（十一）涉县

韩山书院

清嘉庆四年（1799年）知县戚学标令废止明万历年间（1573—1620年）所建的兴文书院，于城东火神庙侧建韩山书院。

清漳书院

韩山书院建造不久之后，被废止，于县城营子街建清漳书院。清光绪二十八年（1902年）改为小学堂，民国元年（1912年）改为高等小学堂。

可见清代邯郸涉县的书院是在兴废波折之中走进历史博物馆的，但是这两所书院在涉县当地的影响力还是巨大的，涉县的文教事业也由此得以较快发展。

清道光四年（1824年），由县令刘厚滋主持修建，院址在县城营子街。李振清及其儿子李化愚曾任院长。[1]

夏际唐，男，字觐尧，号纶园，居奉贤柘林西门外，清嘉庆二十二年（1817年）进士。清道光九年（1829年），被选授为河南涉县（今河北）知县。到任第二年，就遇上当地饥荒，夏际唐经请示后开常平仓（为调节粮价、备荒赈恤设置的粮仓）赈济饥民，仓粮不够，便拿出自己俸银帮助赈灾。道光二十年，黄河溃堤，派到夏际唐所在县，应修堤800余垛。为了不增加老百姓负担，他又捐出薪俸修堤。在任期间，还做了不少好事，例如：倡议修建文庙，增加拨给清漳书院的津贴费用，抚恤无家可归的流民，鼓励百姓栽养蚕，疏没河道等。卸任后，至彰德府（今属河南）昼锦书院授课，培养出很多人才，相国沈桂芬也是他的授业弟子。68岁时死于讲堂。著有《此君楼诗》四卷。[2]

◎**参考文献：**

[1]牛永芳主编.涉县300问[M].北京：大众文艺出版社，2014：88.

[2]丁惠义，屠晓主编.古华乡贤[M].上海：上海辞书出版社，2010：178.

（十二）馆陶县

训导署书院

明代创建的陶山书院在清代经历了数次的重修、改名和扩建。康熙四十四年（1705年）知县陈免重修。康熙四十五年（1706年）报为义学，四十七年（1708年）改为训导署书院，并移至城隍庙南，聘山长掌院教授生徒，每月初一日为"官课"，由县宰命题考试，十五日为"斋课"，由山长命题考试。平时作文呈由山长校正。光绪十四年（1888年）知县彭元照改为试院，除县试时作为考场外，平时仍照常上课。光绪三十一年（1905年）开办巡警，书院改为巡警教练所，书院废。

（十三）武安县

紫金书院

清乾隆二十年（1756年），知县张映台于城西北隅龙门铺购张氏闲宅一所，予以新建，名曰紫金书院（与明代万历四十一年（1613年）知县李椿茂俸银在文庙东所建书院同名）。清光绪二十九年（1903年）改为紫金学堂。光绪三十二年（1906年）改为高等小学堂。

张映台，广东海丰进士。清朝乾隆二十年（1755年），任武安知县。品端学粹，关怀斯文，政清民悦。捐金倡修紫金书院，儒林称颂。[1]

民国十四年(1925年)县立大贺庄乡小学校建图书室3间,十七年,县立清化小学校亦建有图书馆。十八年县长赵作霖筹款建中山图书馆,前紫金书院藏书均迁其内,并订购报刊,采购新书,供人阅览,还在县城主要街道设阅报处7个。1937年"七七"事变后解散。[2]

光绪二十九年(1903年),刘瑞林奉诏改紫金书院为紫金学堂。

光绪三十二年(1906年),知县钱祥保,奉令改紫金学堂为高等小学堂;各村设立初级小学堂;设劝学所;设巡警局。同年,知县钱祥保筹办农林会,共集股本三千余金,城乡栽椿、槐、杨、柳数千株。后因管理不善,不数年被砍伐殆尽。[3]

◎参考文献:

[1][3]河北省武安县地名办公室:《武安县地名志》,1984年,第718页,第695-696页。

[2]武安市地方志编纂委员会编.武安县志[M].中国广播电视出版社,1990:757-758.

(十四)临漳县

古邺书院

光绪二十九年(1903年)知县周秉彝将古邺书院改为县立高等小学堂。[1]

(吴洪成,王蓉.清代河北邯郸书院初探[J].南昌师范学院学报,2015,36(4):130-138)

古邺书院讲堂条约[2]

清同治年间

为学在立品。《论语》云:"其为人也孝弟",又云:"主忠信"。

孝弟、忠信为学之本，亦即致用之具。诸生本道德为文章，由笃实著光辉，身名自然俱泰，毋徒日禀络酌，雅夸藻绘于一时。

为学在立志。志趣不定，不免见异思迁。孔子言志于学，志于道，总以立志为先。今人读书不以圣贤自期，一则视圣贤太高，一则视为迁阔，恐妨举业。不知专攻举业，或至身名两失，专至圣贤，以体诸身者，行文自能真切不浮，亦无不得科第之理。诸生宜勇猛前进，庶不免虚此一生。

为学在尊师。党庠、州序、家塾皆立之师，自宜敬领师训。倘教者诲之谆谆，学者听之藐藐，虽有良师，终何裨益。诸生务宜静听深思，详为质问，则挟疑而来，不至怀疑而往。

为学在取友。讲习固资友朋，过失亦需匡救。曾子曰："以文会友，以友辅仁"，即是道也。不然，群居终日，言不及义，又奚贵风雨鸡鸣，漫称把臂。

为学在敬容。出入起居，皆为学之实地，请生务须庄敬自持。如动容貌，正颜色，在幼学为修身之要，在壮行即临民之本。若轻扬浮躁，不惟失德，学亦不固。

为学在勤业。经史，须温习以会其理；字帖，须临玩以得其神；文宜宗理法，而不可徒尚空腔；诗贵得神情，而不可专演俗套，愿诸生细心参之。

为学戒放荡。躬列儒林自宜检束。乃士习不端，鲜笃诚而多浮薄，不以轻佻愧耻，反以耻荡为风流，卒至身败名裂，诸生尤宜切戒。

为学戒骄矜。若无若虚，大贤犹深不足之念。乃矜张之辈，略通文理，辄以为学过人，满则招损，其理不诬。诸生共矢谦抑，以为受益之地。

为学戒妨忌。士不可以不宏毅，前程远大于此而卜有技，彦圣视若己出，休休有容，虽为相不过是矣。若闻人之美则妒之，见人之才则忌之，观其成而欲其败，畏其显而挤之晦，究与一己何裨哉？他日得志，必为妨贤病国之小人。学者可不戒！

为学戒见小。甫掇一芹，即欲讨占夫役，甚至包揽同姓，乞免差徭。要知己之差徭即免，人之差徭即增。读书进中，邻里皆为之喜。今不思有益于人，而先思有利于己，问心何以自安？至维正之供，百官禄廪军糈皆于是乎取给，士为四民之首，宜急公先纳，以为民倡。草茅无可效忠，即此分内当然，及早输将，亦尊君亲上之一事。倘以此为利，他日得志，其不假官威以剥民者鲜矣，可不慎诸？

为学戒嗜好。饮食之人，圣贤所鄙；声色货利，皆足为心害。近世最为学人之累者，莫鸦片若也。鸦片烟出自外洋，朝廷因禁绝洋烟，致开边衅，兵戈二十年，至今余氛未靖。虽烟禁已开，但不禁者特娼优隶卒耳。读书士子，甘犯此戒，即以不肖自待。上忘君国之仇，下绝祖宗血食，不忠不孝，何以为人？诸生其各刻骨铭心，勿沾此恶习。

为学戒好讼。是非自有定衡，士人宜思守分。乃有略通文理，便思舞弄刀笔，自丧天良，岂知明有官谴，幽有鬼责，诸生其各猛省，勿犯此戒。

书院规约①

一、临漳古邺书院自雍正年间陈公大玠创建之后，因无经费，不能垂诸久远。至道光年间，赖辅廷大令来宰是邑适奉。抚宪程大中丞札饬整理书院，随劝富户倪克诚捐所典城内西街刘姓房屋，改为书院，并筹经费制钱四千余串，发当生息，又置地三顷余，岁收租课为山长、生童、修缮、膏火之资，规模粗立而局制未宏，且无住斋肄业生童薪水，难于培养寒畯。今本县在于二大天祠、河神庙创建义学二处，俾贫寒子弟皆得从事咕哗，藉资蒙养，又于城工节省项下改建书院考棚，并倡劝捐输，连前共得制钱八千串，发当生息，按一分起

---

① 骆文光：《临漳县志略备考·卷二·五友轩主人》，清同治十三年刻本，第23-28页。

息，遇闰加收，每年该利钱九百六十千文，地租每年实收制钱一百三四十千，举成乡正殷实绅士十六人为首事，分为四班，每班四人，管理一季，收支钱文之事，发给总印簿一本，流水簿一本，当商必得见值季。住乡殷实首事在于印簿内自行注明：某当某年某季交古邺书院息钱若干千，盖印图记方许，交钱只准交利不准交本，亦不准预支。该当商如不见住乡殷实首事，不凭印簿随便支给者，责令赔补。

二、各处书院经费，地方官动以修城、团练兵差、荒赈等事借端提用，绅董因恐劝捐及已不敢阻难，此皆不知前人一番筹劝苦衷，地方善举多为若辈所坏，要知紧要公事何时蔑有设无书院经费又当何如，况城工已有岁修守城炮械，无不具备，又有惠民仓河神庙收捐，出粜章程，果能行之以实，持之以恒，经费不患，不充兵荒，皆有所赖，何须提用他款。今与诸绅董在神前焚表立誓，书立合同，书连环保押，各执一纸收存，并详明。上宪以后无论何项公事，不准提用成本，该当商不遵定章，任听提用者，即照数罚赔。

三、近来书院山长多成应酬席面，以后务须访延科第出身，品粹学优之儒，由绅董公同酌议，回明本县借关聘请。到馆主讲，不得徇情滥邀，亦不得遥支乾俸，以致有名无实，如有挟势勒荐者，在事绅董公同婉却。

四、山长到馆之后，如有烟瘾难为生童师表者，立即辞覆生童，有犯此者，斥逐永远不准入院。

五、山长不经城乡绅董公同酌议，首事中有一二人趋奉官长，擅自延请者，山长修金罚其赔出。

六、请定山长之后，由本县先期出示甄别生童，额取生员膏火。十名童生膏火，十名送入书院住斋肄业外课生童，住斋者薪水自备。

七、内课连取三次劣等降外课，下月即将膏火扣除，外课连取三次优等升内课，有缺即补，无缺亦酌给膏火。

八、内课住斋生童，每月止准告假一次，每次不得过三日，擅行离斋者，扣一月膏火。

九、内课生童有一课期不到，停支半月膏火薪水，二课不到，停支一月膏火薪水，三课不到，开缺降作外课。

十、课日生童皆具衣冠以昭诚敬，违者虽有佳文亦不录。

十一、课日扃门严试，申刻缴卷，继烛者以违式论，不给奖赏，有迟至次早交卷者不录。

十二、课日生童遵所限时刻交卷者，由监院绅董在于卷面盖用图记，不按时刻交卷者不印图章，以便分别取去。

十三、生童内课抄写雷同，初次不列榜，罚停一月膏火，二次不列榜，降作外课。如内外课有为人代作诗文及冒名顶替者，准住斋生童互相举发，分别责逐。

十四、生童内如有犯不孝不弟，干预词讼，拖欠粮漕，以及酗酒、打降、读博、宿娼等事者，逐出究治。

十五、值季住乡绅董四人，经理书院银钱出入，不得推诿，逢课总须有两位到场，城内首事不得自专。

十六、值年仍于四季绅董中抽派四人，轮流经管，凡有举保首事商请山长以及紧要公事，由值年遍约在事绅董斋集会讲，不准一名不到。

十七、每年(十一/二)月(下十-)浣由值年知会在事绅董择日解馆，会请山长。

十八、每年十一月解馆时，先议定次年山长或仍旧或另延总期阖邑生童敬服，毫无间言不可，稍有勉强，即应是席者，亦不肯素餐，贻讥苟且自安。

十九、山长修金薪水，按季支送，生童膏火奖赏，按月给发，上课膏火，下课给发，点心钱，收卷时分给，概不拖欠。

二十、书院间有停课之时，扣存膏火奖赏以及盈余之款，均归存储项下，不准尽数滥用，考试停课不扣膏火。

二十一、每季账目，会同值年核算，明白将出入细款以及盈余之钱，榜示书院大门，俾得共见，共闻一面将算清账簿，移交下季首事接收，如不算清，混蒙交接，查出情弊，责令分赔。

二十二、每年支销各款，该首事按季在于流水簿内逐一登记，年终会同城乡绅董十六家，将一年收支存剩书目核算清楚，分晰注于总印簿内，一面造册，禀呈本县查考。至次年正月十五日以前，即将印簿并支销流水簿交与下班首事，接管该新首事覆加细核，如有书目不符、浮开、侵蚀等弊，禀官究追，以一罚十，不准再管。

二十三、首事中有品行不端、行为执谬，以及专事奉迎、营私取巧，并家道零落、年力衰颓子弟，不能接管者，准诸绅董酌议呈明另换。

二十四、每年二月开课之时，会请山长，将上年收支出入总账，准阖邑绅士公同查核一次，以昭大公无私。

二十五、每年余剩之款，交当铺收存，不准私存，各首事家存项积至五百千，禀明本县□，当商具领生息。

二十六、二大夫祠、河神庙、义学先生，在书院肄业生员内考取品学兼优，家道清寒之士，教授童蒙，不准旁人推荐滥邀，亦不准殷户占居。

二十七、书院为士子肄业之所，不准借作共馆，乡间亲友有词讼来城者，亦不准留住院内，致滋物议。

二十八、书院房屋损坏，著首事等，于春月修补院内桌椅、床榻，以及动用什物造册存记，交斋夫看管，如有短少，著落赔补。

◎ 参考文献：

[1]吴洪成，王蓉．清代河北邯郸书院初探[J]．南昌师范学院学报，2015，36(4)：130-138.

[2]北京学苑文化研究中心．中国社会力量办学大辞典(上)[M]．北京：红旗出版社，1997：758.

(十五) 曲周县

毓英书院

清光绪三十年(1904 年)将毓英书院改称毓英学堂，招生数十人为官费学生，三十二年(1906 年)改称县立高等小学堂，民国纪元后改称学校，因学生多为成年人(生员)故改为师范班，二年毕业。后每年招生一班，名额为 50 人，修业 4 年，民国九年(1920 年)共招 8 班计 300 人。民国十三年(1924 年)将师范班改称县立第一高级小学校，修业期 2 年，民国十六年(1927 年)停办，民国十七年恢复。[1]

◎参考文献：

[1]河北省曲周县志办公室编.曲周县志[M].北京：新华出版社，1997：547.

七、邢台

(一)邢台市

育英书院

建于清康熙年间,旧址在县城北长街育婴堂。后几经波折,同治十三年(1874年),知县宋陈焘又详加修葺,改为书院。光绪元年(1875年),知县彭美重修筹集经费,增加膏火。① 但书院制度终于还是寿终正寝,无可挽救。在光绪三十年,知县戚朝卿废书院,立学校,邢台育婴书院遂告结束。②

国士书院(旧名龙岗书院)

重建龙岗书院碑记代③

天下郡邑书院之设,始于唐元和中衡州李宽。宋太平兴国二年,敕赐石鼓额,由是鹿洞、应天、岳麓相继赐额赐田,所谓"四大书院"

① (清)戚朝卿.邢台县志[M].台北:成文出版社,光绪三十一年:235.
② 邢台市教育委员会.邢台市教育志(1251—1993)[M].北京:教育科学出版社,1998:56.
③ (清)赵一清撰.东潜文稿[M].沈阳:辽宁教育出版社,1998:21-23.

265

是也。南渡浸广教养规条，视郡县学殆有过之。元明以来，未坠于地。盖郡县之学校官领之，生徒实繁，往往不相亲接。若肄业于书院者，大都不越数十百人。聘乡先达之贤而有文者主其事，一如家人之佩服庭训。成就之方，事易而功倍也。

顺德实畿南大郡，余于己卯夏承乏来守。下车之始，即思作育人材为务。值水旱相仍，因循未举。去年春二麦有收，稍得访求遗迹。顾所谓书院者，即学使行部、校士公署。事既毕，则扃其户。慨然眷怀于典型之湮没，而深愧夫旷职之不亟图也。考之志乘，稽之碑记，明嘉靖间提学御史阮木戌始建书院于文庙之西，一修于万历十七年知府朱延廷，一修于万历四十年知府潘文，一修于崇祯七年知府徐胤升，一修于本朝顺治十年知府朱国治。旧额"龙冈"，阮所题也，不审何时改曰"国士"。万历癸丑，巡按御史傅振商易名"连城"，建石坊以表之。院有会田一百四十亩，万历间知府陈瑛、周泰峙、陈基虞先后续置。鼎革后院废，石坊圮，田亦莫知其处，迄今百年矣。朝廷久道化成，独顺郡文学弇陋，何也？无人材则无科第，无科第则无世家，无世家则无善俗，流风余韵，泯焉销□。无怪乎士则甘于偷惰，而民亦日就困穷也。先是武进徐景曾以翰林出守，欲兴此役。公捐银五百两，买屋一区于府治西北之长街里，以经费不充中辍，屋亦圮坏。乃相旧址谋之。九邑属僚倅各劝输，闻风而趋赴者，咸欣欣喜色相告。匝月之间，簿书来上，得银四千一百两有奇。任县义士苏大生，独捐银三百两用资修葺。余遂命府学教授丁虬、邢台典史杭崇德董其役。鸠工于辛巳冬十月，落成于壬午春三月。门东向，折而南为储尤拔萃坊。转西入仪门为讲堂三楹，东向。南北两翼室，再进为楼屋五楹，上奉朱子神位以启瞻仰。再进为楼屋七楹，按前后共学舍三十间。最后筑小圃，培土为山。山覆以亭，引泉为池。池栽以莲，杂莳花木。娱悦心志，诸生燕闲游憩于斯。庖福溷圊之所，坐卧庋阁之具，罔不咸备。凡用缗钱，合苏君所捐，计八百九十两。而以众姓所输三千六百两，均赋之九邑。权其子母，每岁约息六百四十八两，为延师饩士之费。名曰"龙岗书院"，请于宫保、制府桐城公书之。志地也，且复古也。先期召士观风，拔录其优若干人为内肄业，次若干人为外附课。立监院一人，府学教授丁虬职司之。振而兴之，鼓之舞之，将见龙腾鹤度之郊，必有应运而兴者光我邦家。余也乐得而观厥成焉。

详述颠末，勒之贞珉。一切殚力助财姓名附列碑阴，垂示永久。《记》云"有其举之，莫敢废也"，其斯之谓乎？是为记。

(二)南宫市

南亭书院

在县城学宫西，明时建，久废。清初，知县沈秉公既去，(绅)民考虑将为其立去思祠，秉公曰："与为我立祠，毋宁建为书院。"邑人遵其言而立之，题曰"南亭书院"，其规制无传，皆日久颓废。①

东阳书院

清乾隆十六年(1751年)，知县忠柄修于东大街旧察院故基创建东阳书院，又勾稽得学田顷余，按院学田地十余顷，为束脩膏火之资。书院规模较为宏大，建讲堂5间，堂中有"敬业乐群"额，为直隶总督方观承所书。东西厢房各3间，再东为庖厨2间，再东库房2间；堂前过厅3间，厅前东西二院又斋室各3间；其外为"聚奎"门，东有文昌祠，西为看守书院之司阍房3间，又前东偏为牌房大门一座，额题"东阳书院"，知县袁柄修书。其后隙地2亩余，西有地3亩余，亦曰"射圃"。又举向日所谓学宫田、按院田，均昔日赡养廪生之地，共10顷有7亩，均收归书院，充束脩

---

① 黄容惠修，贾恩绂纂．南宫县志[M]．台北：成文出版社，民国二十五年：183.

膏火之需，是为书院再造之基。洎四十八、四十九年（1783—1784 年），知县夏元凯、沈赤然共捐银 600 两，发商生息。不数十年，官吏侵牟殆尽，房宇因而倾圮。

嘉庆二十一年（1816 年），知县吴承宪捐募重修，规模复整。贡生魏炳文夏捐田 40 亩，为岁修之资。道光八年（1828 年），知县周拭增田租至1007 亩，增至京钱 800 余贯，以延山长。又倡捐官绅，得京钱 5000 余贯，除修葺房舍外，余 4000 贯发商，1 分 5 厘生息，岁得息 700 余千文，以充生童膏奖。即委绅士经理其事，严定章程，以期永久。书院每月会课 2 次，初二官课，十六斋课，均考试制艺时文。生员每 5 人取 1 名，其有零数则8 人取 2 名，13 人取 3 名；童生则 10 人取 1 名，有零数则 16 人取 2 名，26 人取 3 名。设首事 24 人，每期 2 人监课。一时投考者 200 余人之多，是为书院极盛之期。是后，岁延山长，迄光绪中未尝荒落。至科举既停以后，书院皆改为学堂，其经费亦全归学所。①

南官东阳的兴废与整顿情况，可以视为清代河北大量书院由于管理不善或经费不继而屡建屡废困顿曲折遭遇的一个侧影。史志资料对此又有补记，摘录如下："东阳收院学田倾数十亩，又得学宫，按院地十顷余，以作经费。乾隆末年间，此项籓火银两竟化子虚。乃浸衰浸息，山长虚设，斋室渐就倾圮。嘉庆二十年（1815 年）重修不久，未延山长，书院又几废。道光七年（1827 年）知县召邑绅谋所以经久之策……严立条规，杜绝弊端，内有稽查，经费优裕，自三月开课，生童至二百人。"②

东阳书院十分关心生童的基本生活，"课期应供生童饭食，人众日久，备具恐难丰洁。兹仿照保定莲池书院旧规，分给饭资，每人京钱一百二十文，董事于分卷时按名给予"，"会课生童茶水，着看守书院人伺候，每课给予京钱一千文，以作茶叶、煤炭、甜水工费"。书院对生童的照顾事无巨细，体贴入微，使生童无时无刻备感温暖，了无生活杂念，一心为学，

---

① 陈谷嘉，邓洪波．中国书院史资料（中册）［M］．杭州：浙江教育出版社，1998：936.

② 周治华，钟毅．河北省志（第 76 卷教育志）［M］．北京：中华书局，1985：44.

书院的教学质量和学术水准也得到了显著提高。

清人张志奇撰述《东阳书院碑记》、沈赤然撰述《增设东阳书院膏火碑记》、李本立撰述《重修东阳书院碑记》、陈柱撰述《重修东阳书院及经费碑记》均收入周栻修，陈柱纂道光《南宫县志》卷13"艺文志"。

重修东阳书院碑记

（清）李本立

南邑之有书院，由来旧矣。自乾隆癸酉，邑侯袁公因察院旧地，建修东阳书院。大门设立牌楼，二门内建文昌祠，中设讲堂五间，东西各列课堂十数间，制度精严，气象深静。又勾稽学田地一顷余，按院、学院地十顷余，归入书院以作经费，规画极周详矣。所惜续修无资，经理无人，至嘉庆乙亥数十年间，风雨剥蚀，日就倾圮，周围垣墙以及两旁课室尽皆颓坏。所仅存者，惟讲堂、文昌祠、大门、二门而已。

邑侯吴公下车伊始，情殷作养，齐集绅士，先捐俸金，谋大起而修整之。察生刘宗翰等广为劝募，不数月，共得京钱四千余贯。公乃邀千总王书田为之总理。鸠工庀材，蠲吉相地，迁文昌祠于东南隅，讲堂仍其旧观，于左右改建厢房各三间，东西二院各建北房三间，过厅三间，外有厨房数间。越三载，工始告成。时漠泸村贡生魏炳文目击工竣，恐岁修无资，不能经久，捐地四十亩以备岁修之资。

是役也，吴邑侯倡其始，诸同事襄其成，而尤幸魏君之有以永其终也。爰撮其颠末而序述之，并载所施地亩坐落阔步于碑阴，以垂不朽云。①

---

① 陈谷嘉，邓洪波. 中国书院史资料（中册）[M]. 杭州：浙江教育出版社，1998：936.

陈柱：重修东阳书院及经费碑记[1]

清道光七年(1827年)

国家文教昌明，敦崇儒术。自府州县皆立学校，学校之外又往往创建书院。书院者，所以佐学校之所不逮，人才之所从出也。朱子《白鹿洞条规》直接圣学，薪传安定，在苏湖设经义、治事等斋，使士子为明体达用之学，后之书院舍此奚法？然而，章程不定，经费不敷，亦不足以经久而垂远，则经营筹画要赖宰土者之作养焉。

考南邑志，顺治八年，邑侯沈公因合邑为建生祠，让而不居，改作南亭书院，其地在学宫之西。乾隆十七年，邑侯袁公移建于察院遗基，改名"东阳"，即今书院地也。勾稽得学田顷数十亩，又查出学院按院地十顷余，归入书院以作经费。迨乾隆四十八九年，邑侯夏公元凯、沈公赤然捐募重修，因膏火不足，又捐银六百两，交盐、当二分生息，以衬其阙，书院章程差称完善。不料乾隆末年间，此项膏火银两竟化子虚。踵其事者，每逢书院课试，自捐奖赏，然不可为常。后乃浸衰浸息，山长虚席，斋室亦渐就倾圮，此东阳书院废兴之大较也。至嘉庆二十年，邑侯吴公募绅士重修小观规模宏整，较旧有加。月课奖赏，仍系捐伴。及吴公升任去十数年来，未延山长，而书院又几废。历观以前兴废之由，大抵因膏火无资，章程不定，所赖于贤邑侯者岂不重哉！

今道光七年，幸贤父母周公，以名进士来莅斯土，公正廉明，汲汲以振兴文教为己任。未下车，即延请名宿来主讲，先捐廉俸百金，同城官属亦量力捐俸，乃召阖邑绅士谋所以经久之策，邑人无不踊跃。不数月，共捐京钱五千五百九十一千九百二十四文。除置立器具，修补墙屋经费外，下存京钱四千贯，交盐店一千贯，当店三千贯，作一分五厘生息，以备生童奖赏饭资。又查书院地亩共十顷零七亩一分，因旧租太廉，稍为增加，共租京钱八百一十五千四百文，除完粮外，以备山长束脩膳金。严立条规，杜绝弊端，内外稽查，经费优裕。自三月开课，生童至二百余人，向来所未有也。愿士子肄业者，亦当秉公持正，恪守章程，无负贤。

（周栻修，陈柱纂道光《南宫县志》卷13"艺文志"）

沈赤然：增设东阳书院膏火碑记[2]
清乾隆四十九年（1784 年）

冀州之属邑五，惟南宫有东阳书院，前邑侯衷公炳修之所建也。嗣新于夏公元凯。堂宇宏意，垣墙周绕，称弦诵地云。癸卯冬，余始莅此，见诸生就课寥寥，询其故，以无膏火对。方政事旁午，未及即筹。今年春，乃商之闻邑绅士，颇有乐从者。数月间，共捐银六百余两，除购书籍及镌碑石外，尽以其余寄典库，权子母足供生童十数人，以完前贤之阙，奋后进之心，诚盛举也！不可不寿诸石。若夫踵而增之，蒸陶益广，其在后之君子欤。

邑侯作养之至意。自今书院有兴无废，人才辈出，与鹿洞、湖州比隆，皆吴邑侯栽培之力也。邑侯因子曾与其事，问记于子，因薰沐载笔而为之记。

（河北《南宫县志》卷二十四民国 25 年刊本，第 1750-1751 页）

张志奇：东阳书院碑记[3]
清乾隆十一年（1746 年）

国运之昌在人材，人材之兴由教育。我朝养士百年，人材之盛驾美成周。圣天子重道崇儒，甄陶雅化，尤无远弗届。凡有司牧之责者，罔不思造就人材，为国家储有用之器，以稍图报称也。南宫为冀州首邑，凤称群材渊薮，飙起连茹，著声宇内。邑令衷君来莅兹土，留心政务。特悯近年科甲浸以寥寥也，毅然以振兴文教为急务。每集诸生考课，必亲至明伦堂，论文讲道，多所启发。且以肄业无专地，则观摩不切而鼓舞不生，遂度地于文庙之东，楼屹立，颜曰"东阳书院"。讲堂之后余地，以待增建书舍，院之西隙地为射圃。规制宏敞，黝垩焜煌，窗明室静，布置井然。一时造其门者，诧为畿辅巨观，且以为犹乔木之有邓林，美玉之有元圃也。襄其事者，县佐卢君国泰、广文谭君国桂，及邑绅士齐璘等十数人。至于程方定式，鸠工庀材，一木一石，靡不自袁君苦心经营而出者也。

今癸酉之春，来学者数十人，山长修脯不惜，解囊备物。又以学无常资，虑不克久也。廉访旧有学田，勾稽隐占，得地顷数十亩。后查学院按院原地十顷余，向以租给廪生，贫士而为次，贫士领种，虚糜余息者，俟其自退，命民佃之，藉余息以佐修脯膏火。载明册籍，立定章程，择端方士综理之。今虽小补而渐挹渐注，为后赖者周矣。夫勒而能成，创而思久。以学之利利学，以士之资资士，取之而不怨，用之而不穷，是亦足以觇经济矣。余历官数任，于造士道素所究心，愿寅僚之共斯意也。

客秋，因公来南，周视院宇，畅然者久之。擢守宣化，解牧任邑之绅士，相率罗拜，请记于余。因述其事而为之记。袁君名炳修，字纯一，戊辰进士，闽之武夷人。抑余闻：武夷，水有九曲，山有三十六峰，考亭朱子筑精舍其中，阐扬教化。袁君殆钟三三六六之秀，而私淑考亭之遗风，以为吏治欤？行当卓荐超擢，俾薪椿械朴不独在一一邑也。后之学者登此堂、坐此席、食其德、被其风，其亦思争自磨砺，成有用之器，以无负良工心苦，当必有祥麟戏凤之奇出应昌运者，岂特梯荣科第已哉。

◎ 参考文献：

[1]周栻修，陈柱纂：《道光南宫县志卷13"艺文志"》。

[2]河北《南宫县志》卷二十四，民国25年刊本。

[3]河北《南官县志》卷二十四，民国25年刊本。

（三）巨鹿县

广泽书院

在县城北关关帝庙东偏。清道光十七年（1837 年），正值书院繁荣时期，由知县黄育楩创建。光绪二年（1876 年）知县张春熙因地址湫隘，移建于城内东大街路北。有讲堂 3 楹，中悬"萃英堂"匾额，堂西壁有书差房 2 间，堂两翼号房各 30 楹，号板号凳俱备。除月课外，兼作县试所。堂前为甬路，门外左有敬惜字炉，右竖记事碑。又前大门 3 楹，中悬"广泽书院"匾额，堂后退厅 3 楹，厅前左右厢房各 3 楹，厅西厨房 3 间，大厅 5 楹，厅后小院 1 所，北房 3 间，西房 2 间，厅前西房 2 座共 7 间，前为照壁。光绪十二年（1886 年），知县凌燮于号房东建大厅 3 楹，两耳房东西厢房各 3 楹，又东西房各 3 间，前为二门，又前为大门，通大街。书院订有条规 13 条，清楚地反映了书院管理的相关内容和特点。比如：规定设首事 2 人经管院务，分为 2 班，每班管理 1 年。院长由众首事禀商知县关聘"文行兼优之科甲"出身者充任，"不能常在院主讲者，不得滥充是席"。[①]

我们可以这样理解：广泽书院的山长由众首事商量之后选定，而且是每年选一次，广泽书院共有首事 13 名，我们所认识的首事职能可能仅限于财务行政方面的相关工作，殊不知在清代河北书院，首事还兼有山长选拔的权利和职能，这也从侧面表明了书院山长的任选权逐渐被官府所控制，其中不仅包括山长的人选，还包括山长的薪资、山长的任期、山长的职能范畴等方面，这也是书院逐步走向官学化的表现之一。

书院起名广泽，我认为不仅是古代文人寄语学子们要有宽广之胸怀，

---

① 陈谷嘉，邓洪波．中国书院史资料（中册）[M]．杭州：浙江教育出版社，1998：921.

"泽"字也深情流露了古代教育者对当时社会风气和思想意识的一丝希冀，以求万物润泽、光照世间。从广泽书院的考课制度上，我们就可以窥探古代书院教育之良苦用心。广泽书院的考试，不仅仅以生童的才能高低、作品优劣来评定其素质，更是以诸如守时、守信等高尚的道德水准来衡量一名生童的综合排名。其中，我们也看出了古代书院教育要培养的不仅是学贯古今、才高八斗之士，更是品质高贵、厚德坦荡之人。这种考核制度与我们当代提拔干部所衡量的标准"德才兼备"抑或"以德为先"有着异曲同工之处。同时，广泽书院设立账房和院役来管理教习之外的所有杂事，包括"书院账目存案、奖赏钱文予生童、月课造册、院宇整洁"等事项，这样良苦用心的安排使师生们腾出了宝贵的时间，在教习和研究的康庄大道上，了无杂念，一心为学。

广泽书院建立了非常标准、严格而又科学的账目记录系统，书院的收支记录"造册二本，送署盖印，一发礼房存案，一交首事人收执，以备兑照"。同时规定"凡生童应得奖赏钱文，不准礼房折扣分文，庶不至有名无实"。这些方面的规定使得书院经费收支账目清楚明了，也从制度层面杜绝了书院内部可能存在的贪腐行为。同时，这种严厉的规章制度也表明了当时的士风凋敝以及士人之心与儒家道义背道而驰的现实。随着书院逐步沦为科举考试的附庸工具，书院的精神层面也出现了变质的危机，功利之心，徇私之举，在书院开始蔓延，这也昭示了书院，无论是书院制度还是书院精神在不久的未来必将快步走进历史的陈列室。而正是缘于此，书院才出台了非常严格的章程和规范性的条例，以保证书院的良好运转。这与我们当今时代有着极其相似的契合点。在如今举国上下追求中国梦的道路上，由上而下所倡导的"把权力关进制度的牢笼里"，使得官员从不敢贪到不能贪，最终走向不想贪的人生高地，无论是在古代，还是当今，都深得普通民众的追捧和拥护。

清人张春熙撰述《广泽书院兼试院碑记》收入凌燮修，赫慎纂光绪《巨鹿县志》卷3"书院志"。

张春熙：广泽书院兼试院碑记①

清光绪二年（1876 年）

巨鹿，古之大陆，亦称广阿泽，名区也。自汉唐以下，代有伟人。论才者，辄以地灵称。而骥栝无枉材，雕琢识美玉，则造就之功实多焉。家有塾，党有庠，皆造就人材之地，然足以集思广益者，尤莫如书院。巨邑旧有广泽书院在北关外之关帝庙东偏，前令黄公创建于道光中叶。余自同治癸酉秋来令斯邑，每逢月课之期，揆厥基址殊湫隘，限于地也。计其存资生息所入，不足继士子膏，乃慨然有倡捐改作志。又以县试向在署前，莫蔽风雨，拟于城内卜宅，廓其规模，添置号舍，兼作具试所。公余偕学博胡、汤公集绅耆议，咸乐从事。余乃捐钱四百千以为倡，乐施者量捐有差，集资七千余缗。爰购基于东街路北，延董事庀材鸠工，经始于丙子初夏，次第兴修，乃五月杪而工告竣。落成之日，仍署其额曰"广泽"。都人士步游其间，欣欣然相告曰："是役也，输将踊跃，好义何多也！不周甲而蒇事，成功何速也！堂舍百楹有奇，几案备置，便考课，垂久远，斯文无疆休也。"而余之意尤有深焉者：乡举里选之法，备载《周礼》，州长一岁四读法，党正一岁七读法，族师一岁十四读法，三年大比，以兴贤能，总准以德行道艺。至隋唐而科举之法行，前明复以制科取士，我朝因之，然岂第以文词课最乎？夫读圣贤之书，必法圣贤之学；正谊明道，端趋向也；饬躬力行，敦实践也。使学者潜心经史，于修己治人之事循序讲求。即以体诸身者抒诸词，擢巍科，跻显位，不与德行道艺之考，异流同源哉？余不敏，非敢矜言造就也。特以士为民倡，培植厚斯风俗醇。诸生等相与砥砺有成，异日出身，加民以文章，为经济，俾乡曲有所矜式，愚顽知所兴起，雍雍乎户诵诗书，家兴仁让。

① 陈谷嘉，邓洪波. 中国书院史资料（中册）[M]. 杭州：浙江教育出版社，1998：1691-1692.

此则余之所厚望也夫！是为记。

（河北《巨鹿县志》卷十二，清光绪十二年刊本）

（四）南和县

和阳书院

书院始建于元朝。在县治西，冠以当时县名，故称"和阳书院"。清康熙十八年（1680年），知县叶青黎捐俸，改建县治东。乾隆十四年（1756年），知县周章焕重修和阳书院，建讲堂5间，斋室门垣俱备，又在其后建梅花亭一处。① 同治九年（1870年），知县王镛筹备诸生膏火，旋有旧果寨义民李兴捐地100亩，折制钱500贯，史赵村监生王廷宾捐地40亩，折制钱100贯，西三召义民杨忡魁捐制钱100贯，统作为书院永久经费。光绪六年（1880年），知县蒋继芳提钱粮扣底，每年拨给书院300贯，为生童膏火。光绪十七年（1891年），知县王立勋捐廉立登瀛阁诗社，恐事难经久，十九年（1893年），筹闲款制钱100贯，交书院发商生息，充诗社奖赏。②

和阳书院在当地培养了很多人才，清代中状元1名，进士9名，举人83名，贡生45名，秀才不计其数。虽然书院逐步成为科举考试的附庸，不过除去教学内容之外，这样的成绩也充分表明了和阳书院的教学模式、考试模式和教学研究方法还是十分有效的，值得后人学习和效仿。下面简单从和阳书院的学生招录模式、考试模式，生员补贴方式等方面介绍一下和阳书院成绩背后的运作模式。

和阳书院主讲称山长，由州府官署批任，除讲学外，并总领院务。其

---

① 南和县地方志编纂委员会．南和县志［M］．北京：方志出版社，1996：448.

② （清）王立动修，李清芝等撰．（光绪）南和县志·卷12"艺文志"，光绪十九年刻本。

他塾师由山长考选聘用。学生由乡村私塾、社学、义学与蒙学结业的童生转入。每年经过岁试，录取文童生 18 名，武童生 15 名。经过岁考，合格即为生员(秀才)，其优秀者为庠生。经过两次岁考的生员可取得廪膳生(简称廪生)名义，于廪生额外扩充录取的生员称增广生(简称增生)，廪生和增生每月都可领取官方生活补贴，不过前者的地位和补贴数额都明显高于后者。书院每隔二年选拔一二名生员入国子监读书，称为贡生。在国子监读书的为监生，监生毕业后即可由官署任用为官。①

综上可知，和阳书院利用层层选拔的聘用方式和给予精英者以补贴和嘉奖的激励措施，选拔出无数优秀的人才，就连山长的聘用都是通过考选进行，这样的教育模式和当代的精英教育模式有着异曲同工之处，是为古之先见，余甚感钦佩。清人周章焕撰述《重建和阳书院碑记》收入王立动修，李清芝等撰光绪《南和县志》卷 12"艺文志"。

重建和阳书院碑记[1]
南和知县周章焕

余既治和之十有二年，始能举和阳书院而修建之。盖自余莅临之初，水旱相仍，民多失业，必求有以安全之，而后可及于学舍也。比年来时和岁稔，己巳夏四月，乃寻其旧基，而昔之所谓书院者，在县治西，旧为太仆寺行署，今已作仓库，不可更矣。爰进邑之绅士而兴之谋，佥谓治东不数武，昔为御史行台，今虽倾废，而地势阔敞，遗址可寻，尚有堂五楹，葺之可复完好。就地肇建，实为允宜。于是鸠匠庀材，募工赴役，罔弗应者。经始于孟夏中浣，迄十一月上旬，讲堂五楹，东、西学舍各三楹，大门、前房十一楹，先后告成。施以丹垩，仍颜其额曰"和阳书院"。靡金六百两，米百斛。延师就馆，招诸生肄业其内，捐置束金，筹画膏火，规模粗备。又将增减前厅门垣物

① 南和县地方志编纂委员会．南和县志[M]．北京：方志出版社，1996：448.

料已储，适余调任吴川，事未及竟而去。余于和人士，不能不惓惓于怀也。余以谫劣之才，莅兹十有余年，民心其果孚欤？政事其果协欤？上意其果宣而愧之也，若夫尽此心，斯尽此职，则又余朝夕敏遄，而不敢少懈者焉。今迟之十二年之久，始仍和阳书院之旧名，而新建之甫修而旋去，和人士其必有谅我矣。后之人踵而行之，将见人文蔚起。桢干王国，储栋梁之选者，端在于是。余虽去，而梦魂犹依依于此也。故直书其情而记之。

◎ **参考文献：**

[1]王立动修，李清芝等撰：光绪《南和县志》卷12"艺文志"，光绪十九年抄本。

（五）清河县

卢公书院

在县属辛集村。康熙十六年(1677年)由村中秀才霍拱辰、乡民孙文德等捐资兴建，不久即废。①

经正书院

在县城内十字街西路街南，原名信成书院，清乾隆年间(1736—1795年)监生李禹捐资兴建。道光八年(1838年)知县曹芛重修，改名经正书院。曹芛重视文教，亲临书院讲课。② 院中首事，监光李琳、田麟趾、谢伟、姜希皋，文生杨宸翰、庄粹然、穆文焕、马龙章。内有钱5000千文，发商生息，地2顷42亩，以所得租息，作为延请山长生童膏奖等费。院内

① 河北省清河县地方志编纂委员会. 清河县志[M]. 北京：中国城市出版社，1993：548.

② 河北省清河县地方志编纂委员会. 清河县志[M]. 北京：中国城市出版社，1993：548.

建筑群设计坐北向南，大门 33 楹，外为屏壁，内 2 门，讲堂 3 楹，东西配房各 5 楹，讲堂后正房 3 楹，东西配方各 5 楹，讲堂后正房 3 楹，东西配房各 3 楹，西边耳房 2 间，东院正房 3 间，配房 4 间，南房 3 间，又南棚 3 间。①

书院教学活动有序进行，每月初三官课，知县亲临点名发题，生童各"四子书"题一，试临帖诗题一；由官评定甲乙。放榜时，生员分超、特、一三等；超等、特等按名给奖。童生分上取、中取、次取三等；上取、中取按名给奖。每月十八为斋课。由山长发题，评定甲乙。光绪戊戌政变后则以"四书"义论策命题课士，废八股试帖诗。历任书院山长有举人张康溪、刘步龄、简存仁、崔丹栏、郭联埠、韩镜蓉、张汝漪、董芳三等，光绪末年改为县立高等小学堂。②

春晖书院

在县城廉冢集北街外。清道光二十六年（1846 年）知县布彦太将尹豆坞尹姓抄产田 360 亩，所得租金作为创办书院经费，作为束脩岁修之资。后将此地转归经正书院，多年争执不休，经道台批示以 125 亩之地租拨归春晖书院使用。同治初年，崔纯儒着手重修，至光绪六年（1875 年）书院建成，招生开课。建筑环境格局：坐西向东，西正房 3 楹，左右耳房各 1 间，南北配房各 5 间，大门 1 座，北耳房 2 间，南耳房 1 间。县知事奖以"振兴文教"匾额，山长定为每年束脩 120 吊，聘宿儒硕彦充之，并有生童师课列前茅者，奖以膏火，是以书院之文运日昌。

春晖书院是清河县东部文人集会处。光绪初年，车路县学生员又组织文社，切磋时艺，为应举考试作准备。其实施程序：大致系山长命题后，合社友互相批阅，后并请贾品重、范杨藻同山长郭陛三充社长，若诗赋策论八股字课，应有尽有。至光绪戊戌岁，清廷变法，又购置大版"朱子纲

① （清）黄汝香纂修：（光绪）清河县志·卷 1"学校志"，光绪九年刻本。
② 季啸风主编．中国书院辞典［M］．杭州：浙江教育出版社，1996：11.

目""二十四史""十三经注疏""经世文编"等大部书册。书院生员不仅研讨科举经书、历代程墨(考试用的八股范文)等，还注意学习西洋新书、国内《时务报》以及翻译新书《泰西新史略》《英雄传记》以及编译的《舆地算术》等，"从此新知识灌输于一般人士之脑海中矣"。①

书院内人才荟萃，不仅为县内而且为邻县培养出不少优秀人才。如拔贡崔椿鹤，举人杨桂、郑金台(南宫人)、史振魁(南宫人)，进士王殿甲，贡生刘观乐、崔溥、王廷烛(枣强人)等皆春晖书院文社中人物。② 历任山长有滕雅、郭嬗堂、王霈恩、范树祺等。

附：经正书院山长表[1]

经正书院原名信成书院。从乾隆年间创建到道光十八年书院易名，一百多年间，只知第一任山长王新业，其余山长已无卷可查。

改经正书院后，历任山长表如下：

姓　名	出身	籍　贯
张康候	举人	威县人
刘步岭	举人	本县人
简存仁	举人	本县人
崔丹桂	进士	本县人
郭联墀	举人	本县人
韩镜蓉	进士	武城人
张汝猗	举人	(不详)
董芳三	举人	(不详)

附：春晖书院山长表

---

① (清)黄汝香纂修：(光绪)清河县志·卷8"教育志"，光绪九年刻本。

② 河北省清河县地方志编纂委员会. 清河县志[M]. 北京：中国城市出版社，1993：548.

姓　名	出身	籍　贯
滕雅	岁贡生	本县滕蒿林人
郭鳣堂	岁贡生	本县郭家屯人
王霈恩	岁贡生	本县高裴村人
范澍祺	增生	本县范家庄人

◎ **参考文献：**

[1]赵杰主编．王保华，陈荣珍副主编：清河文史资料，1995 年，第 133-137 页。

（六）广宗县

凤台书院

广宗旧无书院，清乾隆三十一年（1766 年）知县劳敦樟在城内东街察院旧址创立凤台书院，建筑费由敦樟捐俸银 200 两，余由邑人捐助，劝其事者，贡生韩箸、文生梁连生、监生韩正邦。工竣之后，余费 400 金，发盐当店生息以供山长修脯之资。乾隆五十一年（1786 年），知县陈如谦置地 1 顷 7 亩。嘉庆三年（1798 年），知县李师舒劝邑人贡生韩箸及其侄武举韩智勇捐地 1 顷 75 亩余，共租制钱 94 千 680 文，以供诸生膏火。道光十五年（1835 年），知县刘体舒重修，邑人韩金声又捐制钱 750 千文，发盐商生息，又因讼查处无粮地 14 亩，归入书院。道光十七年（1837 年），知县黄维炘又查出无粮地 17 亩，归入书院，又捐入制钱 150 千文，合前款，共制钱 900 千文。咸丰十一年（1861 年），知县王宾因公提用制钱 900 千文，后归还 215 千文。同治四年（1865 年），知县李鹏展捐入制钱 200 千文。同治十一年（1872 年），知县罗观骏重修，捐制钱 1940 千文，发当铺生息，作诸生膏火资。

凤台书院延山长 1 人主讲，县内生员童生均可入院肄业。其中每月考课二次，试以"四书"文、试帖诗，其考列优等者，酌给奖金。然因款项无多，束脩微薄，既难延聘经术湛深之儒以充讲师，又不能购置经史子集书籍，以备生童阅览，故设立百余年，而县内登科第者寥寥无几，不能与他县比肩。光绪二十六年（1900 年），书院停办。光绪三十年（1904 年）"新政"，变法议兴，清政府推行"新学制"，即其地改为高等小学堂，所有田地及存款亦尽归于学堂。① 1920 年又改为县立女子高级学校。清人劳敦樟撰述《凤台书院碑文》、李师舒撰述《广宗凤台书院诸生膏火地亩记》均收入姜奕琛修，申涵盼纂民国《广宗县志》卷 9 "金石略"。

凤台书院碑文[1]

乾隆三十一年　知县劳敦樟撰

宗邑旧无书院，乾隆三十一年，前令劳公即察院旧区建立之。名曰凤台书院，有碑记。

记曰，士大夫出效一官，当务其大且远者。若徒敝敝焉于薄书奔走，而人才盛衰之原，风化浇淳之故，缺焉未讲。则虽自负贤能，其实亦筐篚刀笔之为耳，乌足言治。

西经固近畿地也，东环漳水，北枕沙丘，毓秀钟灵，宜乎霞蔚云蒸，后先辉映。乃百数十年来，名儒硕彦，以及掇甲乙科者，不能远胜他邑，其故安在？夫人造诣，散之则孤陋寡闻，无所观感；聚之则群萃州处，争自琢磨。此居肆成事，所以通其说，于致道之君子也。

余莅兹土，每修举废坠，尤慨然于人文寥落，思所鼓舞振兴之。前令吴公存礼，曾立学舍四楹。迄今瓦碎垣颓，鞠为茂草。经营爰始，费在不资，以故退之又久。比岁幸获有年，邑人士皆乐与有成，争输恐后。余亦捐俸二百金，用饮盛举。得大门三间，重门一，居中

① 姜檀荣，韩敏. 广宗县志[M]. 台北：成文出版社，1933：235-236.

五间为讲堂。堂之前后裔舍十八所，最后三间为寝室。西构一亭为射圃。经始于乙酉之三月，落成于丙戌之四月。以垣外东南隅，古有凤凰台。与魁阁相映，故额以凤台。

夫邓林之木，岁月益滋，云雨之材，繁昌尤众。柳州云"朽药败腐，不能生植，尚足蒸出芝菌，以为瑞物。"况我国家百年，礼乐之涵濡，教泽之覃及。多士幸生昌时，游息讲院，相与居今稽古，期为明体达用之儒。异日羽翼王国，是即朝阳之鸣凤也。岂不盛哉？

余不敏，非敢云兴学立教也。惟是一行作吏，此事便已自虑未能免俗，用藉此解嘲，而学道爱人，更欲与诸生共助焉耳。爰志数言，以勒石。

寓郡城东书院咏雪

（明）撒大经

铁马惊檐夜噪鸦，
板桥泥滑碍行车。
影侵幽恍鸡忙晓，
点缀空林蝶误花。
东郭履寒真傲世，
北台诗好自成家。
拥裘独玩梅窗易，
不觉晴蟾挂树叉。

这首七律《寓郡城东书院咏雪》，是明代撒大经写的。撒大经，字守道，广宗县人。正德年间举人。少颖敏，日记数千言，长成著述颇丰。据《广宗县志》记载：清乾隆三十一年，县城有凤台书院，在城内东街。这是撒大经一次寓居这个书院时写的一首即兴诗。诗的大意是：一夜朔风怒号，使屋角铁甲撞击房檐，惊动了噪动的寒鸦；木板桥上泥泞淤道，妨碍了车马行驶。早晨诗人在寓所里看着云影翻动，心神恍惚不定，耳听雄鸡报晓，看着树林里无知的蝴蝶，误认为鲜花开放而忙乱地飞翔。古城东郊寒气逼人，北台上吟咏诗句，自成一家，不落俗套。晚上，诗人拥着暖裘，坐在床上，观赏着窗外含苞待放的梅花，不知不觉中，晴空一弯新月挂上了树梢，时间已进入深秋。诗句典雅瑰丽，意境深沉，记述了诗人在书院中一日的见闻与遐想。读来朗朗上口，感人至深。[2]

广宗凤台书院诸生膏火地亩记[3]

在城内东街高级女学校内，嘉庆三年知县李师舒撰文。文曰：宗城为畿南，名胜之地代有闻人，近三十年来科名阒寂。嘉庆三年，余莅任兹士，进诸生于凤台书院而教之。延师时加考课。先生修脯向取给于前宰劳公敦樟修书院。馀赀四百斤发盐，当生息岁不足百金其不给余捐廉俸以继之。唯肆业诸生膳粥无资，难以饱腹读书。因谋之邑贡生韩箸及其侄武举韩智勇慨然施地1顷75亩余，为诸生膏火之需。诚善士也，他年人才辈出，继美前贤，吾于诸生有厚望焉。而韩氏之义学亦何可没哉。爰勒石以垂永久。

◎**参考文献：**

[1]广宗县地方志编纂委员会编．广宗县志［M］．石家庄：河北人民出版社，2015：760.

[2]岩溪：《古邢台诗选》2001年第309-310页。

[3]姜奕琛修，申涵盼纂：民国《广宗县志》卷9"金石略"，第272页。

（七）柏乡县

槐阳书院

在县治西。清乾隆三十年（1765年），知县钟赓华购斋捐建。咸丰六年

(1856年)，知县江恭先重修，后知县宋陈寿、郑骧、吴光鼎合捐地1顷13亩，作为经费。光绪十五年(1889年)，知县李传棣重修，二十九年(1903年)改置高等小学堂，后易名为高级小学校。①

院设山长，聘请有名进士或举人主讲，下有斋长，由院绅自邑中原膳生充任，每年二月，由知县考选童生入院、肄业，以一年为限，生定18名，童定9名，每月三大课，以初四、十四为官课，二十四为斋课，均有奖赏。生员以超、特、壹，上、中、次为等级，专门研究六艺，准备科名进取。②

(八)新河县

堂阳书院

原址县衙东，清康熙十六年(1677年)，为知县王汝翰首建，后废。光绪八年(1882年)知县孙锡康、县名绅士傅永春捐集白银6000余两，改建在察院及城守营旧址，仍名曰堂阳书院。建有大门3间，东西门房各2间，二门1间，讲堂3间，东西厢房各5间，讲堂侧屋各1间。讲堂左为传经室，右为进德斋。堂之后有门，门之后正房5间，东西厢房各3间。院之东建偏院1所，平房14间。清末科举废，兴学校。光绪二十九年(1903年)四月，改为县立高等小学堂。③

清人孙锡康撰述《重逢堂阳书院碑》收入傅振作纂修民国《新和县志》"经政考"卷5下"教育"。

作新书院

院址在县衙及保宁寺之西。清乾隆四十年(1775年)，知县戴允元建。

---

① 牛宝善，魏水弼. 柏乡县志[M]. 台北：成文出版社.1932；267.
② 柏乡县地方志编纂委员会. 柏乡县志[M]. 北京：方志出版社，2000；615.
③ 新河县教育委员会. 新河县教育志[M]. 北京：教育科学出版社，1994；29.

至嘉庆年（1798 年），书院已颓圮不堪，知县石飞熊重修，计有大厅 3 间，讲堂 3 间，东西厢房各 3 间，大门 1 座。至光绪二十九年（1903 年）仅剩大厅 3 间，经知事傅徽源与诸绅相商变卖于贾振绍为业，卖价归公。①

坤城书院

在城内北大街旧察院东，嘉庆十一年（1806 年）由县太学生程灼（字其华）妻赵氏捐建。同时并捐肥田 20 亩，以作书院开支费用。书院兴建后，每月课示一次，知县、教谕、训导、赵氏必亲临。知县主课在县衙，教谕、训导在训导署，灯火费用均由赵氏捐助。至民国初书院财产卖归王姓。② 清人廖易元撰述《坤城书院记》收入赵鸿钧修，沈家焕撰光绪《新河县志》卷 14"艺文志"。

（九）沙河县

温州书院

嘉庆十六年（1811 年），知县傅钟喙"考邑乘旧有谈公九乾所建襄南书院，访其地遗址无存，盖湮没于荒榛蔓草也久矣"，于是他便在学宫之北另建温州书院。③ 襄南书院创设于康熙二十四年（1685 年），时隔 120 多年，看来书院新建者在怀旧感念基础上，又有教育创业承续的风范及执着。

温泉书院

清同治十一年（1872 年）初秋，李福田赴任知县后，誓以捐修书院培养

---

① 新河县教育委员会. 新河县教育志[M]. 北京：教育科学出版社，1994：30.
② 新河县教育委员会. 新河县教育志[M]. 北京：教育科学出版社，1994：30.
③ 河北省沙河市地方志编纂委员会编. 中国地方志丛书——沙河市志[M]. 北京：生活·读书·新知三联书店，1994：27.

人才为急务，"会同教佐绅董，邀集城乡殷实绅民劝令量力出资，共成善举。各绅民均能急公好义，踊跃输将，得以聚成"。同治十三年(1874年)，在嘉庆十六年(1811年)由知县傅钟璪在学宫之北所建温州书院旧址向东，添盖房屋10余间，又新置了一部分桌凳。经过拓建修葺后的书院更名为温泉书院。李福田主持捐修书院后，遂又延请名师长年住院，与生童等朝夕相处，讲学其间。生童每月读书的费用奖赏，均酌定数额，按名次高低给予，以资鼓励。并在捐建书院的碑记中附刻了章程制度，令师生严格遵守。①

(十)隆尧县

广阿书院

隆平县(今隆尧县)古书院名。在县城西街，原为三贤堂，年久失修，颓废不堪。清康熙五十二年(1713年)知县侯文焯改为义学，雍正、乾隆年间(1723—1795年)重新修缮，建有北屋平房3间，西屋平房5间，院门1座，大门1座，又拨给土地数亩，以供脩俸。乾隆二十四年(1759年)冬，知县袁文焕到任，巡视学舍，提倡兴学，数年后再次修缮，建设讲堂、斋房，并每月捐俸以资膏火，改为书院。在大门和厅堂等处，题写悬挂"广阿书院"匾额。以后每年拨款，资助书院。学子们互相激励，刻苦学习，不负期望，涌现出很多才子学者。② 道光二年(1822年)，知县席元榜移建于明伦堂南，光绪十四年(1892年)知县张大中重修。

清代学者江道新曾经有《过广阿书院赠山长张先生》诗云："春光几日储壶中，极目平原面面空。野色芳郊青未了，滏河洨水逝何穷。心随缥缈

① 沙河市教育委员会. 沙河市教育志(1107—1990)[M]. 北京：教育科学出版社，1994：38.

② 张存刚. 隆尧县较早的办公学校——广阿书院[DB/OL]. http：//cache. baidu. com/c? m，2021-06-03.

云低树，声逐间关鸟弄风。会到孔颜真乐处，晴窗旭日映东红。"字里行间流露出对书院学风融洽的羡慕心态，以及对山长张先生的景仰之情。

(十一) 内丘县

中邱书院

建于明代三十八年(1887年)，将县儒学改为中邱书院。主要学习皇帝颁发的上谕、"四书"、"五经"、《资治通鉴》等。①

(十二) 宁晋县

洨滨书院

建于明代三十八年(1559年)的洨滨书院，不幸于清乾隆十三年(1748年)毁于水灾，后知县陈赍懿清出赡田七顷零九分八厘，于县城东街复建。光绪二十九年(1903年)，改为官立高等小学堂。

补充资料：

洨滨书院记[1]
甘泉湛

嘉靖丁未四月，宁晋于蔡子，既罢御史，寓书于甘泉子西樵烟霞之隐居，曰：湮也，拜违门墙逾一纪矣。自再遭放逐，隐居草野，无由侍教，仰慕夫子，昼则在目，夜则在梦，未或一时忘也。仰惟丈下

① 河北省内丘县地方志编纂委员会．内丘县志[M]．北京：中华书局，1996：739.

道德文章，继孔孟周程之统，后进学者依归，况瑷辈亲炙者乎？瑷也，近依洨水筑馆也，傍有斋厨，与同志者三百余人，日游其中，以夫子之教言与夫子之成书，日相研穷，要在躬行，不尚言语。惟夫子垂仁，赐之教言，镌之贞石，与同志者持循焉，幸也。甘泉子曰：不亦善哉，古昔师弟子棋从也，心悦而道同也，洨滨子之兴此书馆，而三百余子所悦而求，是诚何心哉？且子之欲以大此书馆，不求之文章钜公，乃轻数千里之途，而求于八十二衰病之叟，是何心哉？且云昼则在目，夜则在梦，是诚何心哉。其必有心之同然者乎，其必有神交，而不限于道里之远近，世时之古今者乎。其古昔师弟子，相悦而从者乎。其上下四方之宇，古今往来之宙，天地人物之同体者乎。其即尧舜文武以来，孔孟固程之心之学者乎。夫学莫大于求仁。仁，人心也，此其体也。程子曰：仁者浑然与天地万物为一体，莫非己也，认得为己何所不至。易曰：大人者与天地合其德，与日月合其明，与四时合其序，与鬼神合其吉凶，先天而天弗违，后天而奉天时，天且弗为，而况于人乎？况于鬼神乎？是故知一体同然之道也。程子曰：孟子谓必有事焉，而勿正心，勿忘、勿助，元元丝毫人力，是故知自然之功也。夫惟知一体同然之道，然后勿忘，勿助之功有所措矣。或曰：先生之言渊矣，盍示之易见而浅近焉。甘泉子曰：道有浅深乎或？且诸子曰：游于洨水之滨，想川上之叹，观昼夜之不舍，觉道体之无穷，其亦斯义也。斯不亦浅近矣乎，斯不亦易见矣乎，岂为难知矣乎。其至简矣，其至易矣，其无以加矣。蔡子及诸子苟不以斯言为虚语，幸以相磋焉。当自知之。

嘉靖三十八年（1559 年），监察御史蔡瑷于邢台市宁晋县城外文桥东洨水之滨建洨滨书院。蔡瑷，字天章，号洨滨。河北宁晋人，师从张睿、韩邦奇、湛若水等人。嘉靖己丑（1529 年）进士，官至监察御史，巡按河南，约在 1541 年因事被罢官，回归故里。此间不少学子仰慕蔡瑷学识，纷纷慕名前来求学。为弘扬湛甘泉的"江门新学"，培养后进，蔡瓛在洨河边修建书院。据《洨滨蔡先生文集》卷9记载，他在《津桥二首》诗中说："自筑书堂洨水滨，风光常驻四时春。只因一水无船渡，多少徘徊问路人。""多少徘徊问路人，园亭在望到无因。新成略约堪来往，趁此春风好问津。"书院建成后，蔡瓛请恩师湛若水为书院作记，湛若水应邀寄来《息存箴》《洨滨书院记》。书院中有景泉堂、二堂、息存堂，堂前各有东西廊房。二堂是书院议事讲学的地方，息存堂壁上刻有湛若水之文《息存箴》，堂后建有养真亭，亭内石碑镌刻有湛若水应蔡瓛之请写的《洨滨书院记》。为表彰蔡瓛兴建书院，真定府知府在书院门口为之修建了一座石牌坊，牌坊横额匾书"洨滨书院"四字。书院门往西北一字摆开还有五座牌坊，分别是"正谊明道""敦义崇道""有道之士""德学耆儒""清朝耆硕"坊。为了筹措办书院的经费，蔡瓛置赡田三千亩收租，以供读书之需。他在《书院赡田赋》中说道："书院先有田以给诸生，常苦不继，续置地三十顷为书院赡田。"蔡瓛亲自在院中执教，人称"洨滨先生"，时有生徒300余人。后来书院被洨水淹没，赡田被强豪侵占。清乾隆十三年(1748年)经知县陈赉懿于县城东街复建，光绪二十九年(1903年)改为官立高等小学堂。[2]

◎**参考文献：**

[1]万任修，张坦纂：《宁晋县志·卷9"艺文志"》。

[2]吴洪成. 中国古代学校教材史论[M]. 保定：河北大学出版社，2016：244.

正学书院

位于学宫西侧，与洨滨书院同年兴建，清康熙十九年(1680年)重修，光绪三十一年(1905年)改为官立模范小学堂。①

---

① 宁晋县地方志编纂委员会. 宁晋县志[M]. 北京：中华书局，1999：881.

正学书院三石坊[1]

　　县城文庙前街(原文庙南门)西行道北,从前有两条南北向的胡同,东边一条紧挨文庙西墙,俗称红胡同(文庙围墙为红色)。西边一条通蔡御史祠堂,朴实无华,俗称白胡同。跨白胡同建有三座石坊,均为二柱一间三楼式,最南面的石坊二楼匾额题刻"清朝耆鸿"四字,另两座坊匾额题字无考。三坊均是明嘉靖三十九年(1560年)修建。乡民俗称蔡御史祠堂,大门门匾为"正学书院"。

　　为什么"正学书院"乡民们称"蔡御史祠堂"呢?这就要说说"正学书院"的来历。

　　明嘉靖三十七年(1558年),巡按御史杨储(字毅斋)巡察到宁晋县,宁晋城乡百姓无不交口称赞蔡瑷为县里百姓办了很多好事、善事。如修葺文庙,倡导儒学,置赡田;创建二书院、四小学并置有赡田、学田;建养济院、仁济堂,修复名贤墓,共置田八千亩;建名宦、乡贤祠、射圃,以崇典礼;置药室、义冢以济贫苦;捐二千金建交河三闸,以兴水利。嘉靖三十二年(1553年),宁晋闹灾荒,籴粟豆四千石,银一千两,赈济乡里,等等。

　　杨御史了解到这些情况,很佩服蔡瑷的功绩,遂命有关官员为蔡瑷建生祠,百姓们得知后,无不认为蔡瑷受到这样的表彰应当之无愧。蔡瑷却认为自己办的这些事,都是自己应该做的,推辞不受,但推辞不掉。他便利用各方官员捐助建生祠的资财,于嘉靖三十九年(1560年)三月动工,创建讲堂3间、后堂3间、退寝3间、两厢6间、碑亭3间、石坊3座、东西号舍40间、大门1座。修成之日,蔡瑷在大门上置一匾,上书"正学书院"。蔡瑷认为:"……与其祠予一人,孰若与一邑共之,以为诸生讲学之地……请更此祠为'正学书院'。"

　　"正学书院"是为蔡瑷以建生祠的名义建成,所以乡民们仍称为蔡御史祠堂。三石坊与正学书院同时建成。

正学书院记[4]

（明）蔡　暧

　　予再放逐里居，教授生徒，于今二十六载。柱史卢陵毅斋杨公，按历兹土，询及草野之士诸生，过于称道，遂命有司建立特祠。窃唯古之乡先生祭于社者，以出则建功，处则立言，德在人心，故后人报祀不忘耳。愧予见弃明时，上未能报君父，下无以范乡间。教授生徒，乃儒家家常事。修葺庙学、赠田祀田数事，报本厚风，亦儒者之当为也。况诸生多游门下，意出阿私，声闻过情，予宁不为耻耶。夫曾子大贤也，至于易箦，方云自免，百年公论，盖棺始定。予安能必保于将来，再辞不获。且承台院诸公及士夫亲党见助，予知事不可已。因思去岁修葺学宫，仍其旧绩，号舍甚少。诸生二百余人，无所会讲，就此以为增拓之计，良亦便矣。乃于学宫之西，创建讲堂三楹、后堂三楹、退寝三楹、两厢六楹、东西号舍四十间、讲院门一座。工将落成，进诸生语之曰："汝知此意乎？曩者，此举重违诸公之命，今日事成，不已侈乎。予与诸生，心则相知，道则相合，盍相体乎。与其祠予一人，孰若与一邑共之，以为诸生讲学之地。诸生虽多，旧号舍不足，加以今所建者，则为有余。俾之乐群相观于文教，岂不大有裨益，请更此祠为'正学书院'。达之台院诸公，亦必见从。夫人顾有以得其心为悦，而以名胜为耻者。诸生幸相体哉。"诸生请曰："先生之意，吾辈共悉之实。敢问正学之义何？"曰："君子之学，一也。所谓正学者，对世俗之学言之也。章绘句竟为进取，顾于身心之学，漫不加意。以儒为宗，以六经语孟为训。既仕而弃其所学若筌蹄然。居家未闻孝友，出而用世，又安望其忠良直道、有益于上下耶。诸生涵养于此，果能尊。予所闻于甘泉师者，体认天理，无惑间断，使动静交养、内外相孚，体用合一，通天地万物为一体，是为有本之学，学斯正矣。发之于言，足以重训；措之于政，足以匡时。此帝王、周孔之所传，濂洛关闽诸子之所讲明，诸生平日之所服习者。外此，皆无关于性命，无益于世道，非吾之所谓道，非吾之所谓学矣。诸生能守此训，是为不相负，是为报予。后人以道相传者，必曰闻前辈有蔡先生者，辞其祠，以为吾辈今日讲学之地，且遗兹训。虽未及门，幸获私淑。使正学常明风教，有赖予之心事，得以久而不泯。岂愈于建祠哉？若诸生必欲崇俊此祠，以为尊师重道，是知我犹未至，其相待亦浅矣。"因题此以昭诸生，以识出院之始。[1]

◎**参考文献：**

[1]政协宁晋县委员会编.宁晋牌坊[M].北京：文化艺术出版社，2007：20-21.

[2]吴洪成，刘园园，王蓉，刘达.河北书院史研究[M].保定：河北大学出版社，2014：122-123.

（十三）威县

洺阳书院

河北威县的洺阳书院："每岁春秋二祭，随祭支余地银一两四钱置办。"[1]

◎**参考文献：**

[1]胡容修，王组纂：《（嘉靖）威县志》卷之五《文事志》，明嘉靖二十九年（1550年）刻本，第279页。

洺阳书院院长杨锦江

杨锦江（1846—1926年），字子酉，号岫菱。威县北关人，清光绪十一年（1885年）乙酉科举人，次年丙戌科进士。

杨锦江于光绪十二年（1886年）奉命任河南兰仪县知县，他在河南任上，谨慎为官，清正廉明，颇有政声。他曾被先后委任为郑工赈务，光绪十五年(1889年)河南乡试收卷官，光绪二十二年(1896年)河南乡试同考官。由于他办事认真，一丝不苟，得到朝廷嘉奖。后因母丧归里守孝，离任三年，在威邑沼阳书院任教。三年后回河南辉县，补兰仪并兼理兰封等县知事。他在任上一心为民，兴利除弊，得到百姓的拥戴，绅民为其树碑立传。后因驿马事故一度罢官。复原职后，百姓焚香远迎，欢声动地，足见他在民众心中的地位。

杨锦江以至孝闻于乡里。他在沼阳书院教授生徒期间，每讲到古人之孝道，潸然泪下。晚年他因怀念继母年事已高，引退归乡，读书务农，杜门教子。素日一身布衣，与村农无异。

杨锦江对天文地理颇有研究。他案头常摆放《万国地理图》《海国图志》等书，曾用蝇头小楷抄写徐松龛所著之《瀛海志略》。每有友人来访，他兴致大发，谈天说地，口若悬河，但只字不谈官场之事。王伯廉在诗中说他"与之谈瀛寰，兴高气如虹。与之谈官僚，茫然若哑聋"。他对世界宗教流派有较深研究，著有《教派图说》，亦对各国政体和国家前途有前瞻性思考。义和团起义时，他在给朋友信中就预料道："义和团起事，恐不能了事。"

当时威县文人都非常敬重杨锦江的为人，威县著名诗人王伯廉与杨锦江有深厚的感情，杨锦江在河南中至县水月庵放赈时，王曾专程过访，并在那里小住。民国年间，威县尚希宾和王伯廉与他在威县志局共事，一起编写了《重修威县志》(民国版)。王伯廉在外听到杨锦江逝世的消息后，在其《哭老友杨岫蕨》一诗中写道："斯人今已矣，更与谁相同？他乡惊闻讣，老泪洒秋风。"王在《同心录》中还称赞杨锦江为"浑金璞玉"，并对他深表惋惜与怀念。

◎参考文献：

《威县文化风物记略·人物传记》，第163页。

(十四)平乡县

崇正书院

汪枚：崇正书院章程①
清同治十三年(1874年)八月

一、书院以岁二月开课，冬月收课。每月以初捌日官课，拾捌日师课，随课甄别，取有定额。遇闰一例月课。

二、每课自向卷户买备课卷，每本定价制钱拾贰文。

三、山长修膳，岁奉制钱贰百肆拾千文，聘金、赆敬各制钱陆千文，三节节敬共制钱拾捌千文，按节分送。跟役节赏每节制钱壹千文，共制钱叁千文。

四、生监正课壹拾贰名，每名每月膏火制钱贰千文。附课拾名，每名每月膏火制钱壹千贰百文。计十月，共制钱叁百陆拾千文。童生正课捌名，每名每月膏火制钱壹仟伍百文。附课六名，每名每月膏火制钱壹千文。计十月，共制钱壹百捌拾千文。遇闰另发。(如应课人少，取不敷额，酌留数名，归下次补取。)

五、官课生监奖赏每月制钱陆千文，童生奖赏每月制钱肆千文，不拘名数，计十月，共制钱壹百串文。师课代备生监奖赏每月制钱叁千文，童生奖赏每月制钱贰千文，计十月，共制钱伍拾串文。遇闰另给。(如无佳文，分别截留。)

六、生童月课膏火奖赏，均候师课后三日始行给领，不到者扣课。(其文理不符者降课，荒谬者除名另补，优则加奖。)

---

① 邓洪波. 中国书院学规集成(第1卷)[M]. 上海：中西书局，2011：40-41.

七、生监遇有乡试之年，应于试前数月各加堂课一次，堂课发膏火随卷给领，月课给奖赏。师课亦加堂课一次，每月再备奖赏制钱伍千文。其愿应乡试者，以六月堂课取列正附为准，按发七八两月膏火。童生上府应考者，如在有课月内，亦准照课取发两月膏火。如遇恩科，另行广额。

八、各课如存有扣留膏火、奖赏，仍于年终复行诗赋小课，按上次取分发，或于在院度岁牛童加考按给。

九、书吏经管解领课卷，支发膏火、奖赏，每年工食制钱拾捌千文，遇闰加给制钱壹千伍百文。又出示造册写榜，年用纸张制钱陆千文，三节分发。又三节犒赏，每节制钱壹千文，共叁千文。

十、看管书院斋夫一名，每年工食制钱拾捌千文，按月分发，遇闰加给制钱壹千伍百文。又三节犒赏，每节制钱壹千文。

十一、惜字公社雇夫一名，每年工食制钱贰拾壹仟陆百文，按月分发，遇闰加给制钱壹千捌百文。

以上费用，除加闰及乡试加课备奖外，共计制钱壹仟串有奇。

八、廊坊

(一)大城县

凤台书院

在县城东关(详址今无考)，清同治五年(1867年)知县彭瑞麒，绅董任联第、邓天一等创设。原为私办，清代改为官办，书院设山长(院长)1人，主管事务并兼讲师，下设主讲二三人，斋夫(勤杂工)1人，膳夫(厨工)2人至3人，请教习数人，招纳生员若干人。由教习给生员讲课，以应考试。

书院的山长、主讲一般都聘请名师学者担任。清末著名学者吴汝纶曾在大城县的书院任教。书院的教学内容与县学基本相同，只是授课时数较少，以学生自学为主。学生年龄不限。[1]书院以儒家学说为主要内容，以"四书""五经"诗赋、制艺(八股文)为主要教材，同时也着意于名物制度、经济民生书院的实用知识与技能传授。经费主要来自学田，据赵炳文修，刘钟英纂光绪《大城县志》卷2"书院志"载，同治五年，知县彭瑞麒将沿庄、蔡家洼等处官荒地二十顷零四分升科，每岁收租，作为书院经费，并筹款典屋为讲学之所。[2]清代的官地以寺院、学校占地为大宗。清末大城全县有私塾、小学90余所，寺院、道观102座。这些学校，寺院都占有一定数量的土地，学校称"学田地"，寺观称"香火地"，它们的土地有的是集资购买的，有的是由官府划拨的，有的则是由义士捐助的，所有制为公有官产，经营收入用于发展本行事业。如：子牙河沿庄一带有官荒地二十余顷，经子牙河泛滥淤积，已成为肥沃的良田且无田赋，因此，当地居民都争先抢种，结果争夺成讼。知县彭瑞麟鉴于此，于同治九年（公元 1870年）将此地收归凤台书院所有，使书院得以发展。[3]

清人景榕曾撰述《凤台书院膏火田记》、任联第撰述《彭邑侯创修书院碑记》分别收入光绪《大成县志》卷 11"金石志"及卷 12（上）"艺文志"中。

凤台书院①膏火田记[4]

（清）景榕曾②

国家培养人才，必藉学校之讲求，师儒之指授，日就而月将，自古儒道之流传，莫不由此而基也。后复设书院，以济学校不能周及者，殆以是焉。

我邑地苦民贫，自前明以及国朝，数百余年素无书院。乃邑有岁贡生任联第首先议举，商及同人岁贡衡山景毓熙、景宗斌，四品封典邓天一，举人宋宝琨，五品衔杨德振、李榕，六品衔王九经，县丞衔胡培祥，文生王达天、赵菁田，监生王文瀚等，以邑东北沿庄村③因康熙十年④河决水冲沙压除粮民地八十余顷，后渐被河淤，变成膏腴之壤，附近村民陆续认垦，升科六十余顷，所剩釜底二十顷零四厘无人认耕。杏田任公以此地约及同人商之县宰春圃彭公⑤，如将此地报部升科⑥归入书院，作为肄业膏火，诚为美举，彭公称善。适值直省刘大中丞⑦过境，彭公面禀此举，大中丞允其咨部升科。任公遂同诸人日相往来捐资，同人作为部费，又典当宋宝琨东关房基以为肄业之所。此举缠绵两载有余，方能成事。迄今思之，始知任公诸人任事之诚，用心之苦矣。书院设，无诸人任事之勇，不成一也。无县宰详请之勤，不成二也。无大中丞转咨之文，不成三也。得此三者，何患无成！

余幼时目睹诸人往来于学中，冲风冒雨，勘丈地亩，不惮勤劳。

我同人之克观厥成者诚非易易，彼时诸人不自以为幸，今凡我司事同人宜以此为幸也。余不揣固陋，谨叙片言，以志创始之颠末，俾后之人肄业于兹者，咸知先辈之苦心，幸不没诸人之功德。附之志尾，倘千百年后有冒认斯田为己有者，执此为据，不待烦言而立解，庶书院可垂永久矣。

彭邑侯[①]创修书院碑[5]

（清）任联第[②]

凤台书院[③]立定条规，谨叙其事，预告后之董事者。我朝文教覃敷[④]，各处设立书院，以培养人才，甚盛典也。大城旧有义塾而无书院，官斯土者有志创修，以无款可筹而中止。具治东沿庄[⑤]有官荒地二十顷有奇，向为游牧地，后河水淤为膏腴，邻近居民盗种焉，往往争夺成讼。邑侯谕示种地户出租，积为书院费。时地无粮，未蒇[⑥]厥事。同治中，贤侯春圃彭公甫下车，即召绅耆[⑦]议立书院。时值兵差络绎，兼摄他邑篆，未果。及回任，宪文催官荒地升科，复召绅耆议，乃上详藩宪[⑧]，地归书院完粮，奉旨交户部注册。合邑捐银一千五百余两，为办理一切费，终年乃成。维我贤侯屡详上宪，大费心思，成此盛举。捐廉犹其余事，非为一时计，盖为百世计也。从来善作者不必善成，善始者不必善终，事之废兴全在董事者加意与否。兹议定城乡董事[⑨]二十余人，轮转知年，开课日齐集院议事，及冬日止课时，核算一年费若干，议明年事。每课以六人监察，有年迈不能任事者，即公议一人代之，永远为例，世世如斯，窃有望于后世之贤者。

注：本文摘自清光绪年间《大城县志》卷十一，该碑立于清同治五年（1866年）。

①彭邑侯：彭瑞麒，字春圃，福建崇安人，清咸丰、同治年间三次任大城知县。邑侯，知县雅称。

◎**参考文献：**

[1]曹渊主编，廊坊市志编修委员会编．廊坊市志[M]．台北：方志出版社，2001：1689.

[2]河北省大城县地方志编纂委员会．大城县志[M]．北京：华夏出版社，1995：606.

[3]李玉川主编，大城县土地志编纂委员会编．大城县土地志[M]．北京：中国大地出版社，2001：69-70.

[4][5]中国人民政治协商会议大城县委员会编．大城历代文献选编[M]．石家庄：河北人民出版社，2016：203-204，225-226.

（二）固安县

方城书院

县内有犹龙书院和方城书院两处，其中犹龙书院创办年代不详，院址在旧县署东长真观[1]。以下介绍方城书院。

清咸丰八年（1858年）至十年和同治元年（1862年）至三年知县李应选（字瀛仙）两度莅任，在原已废旧书院基础上创建。赵国大将李牧镇守的雀台，后来成为方城书院的风水宝地。[2]刘灿，字焕章，南小营人。一生洁身自好，不流于时俗，尤其乐于施与，家境不佳时也毫不吝啬。因治家有法，晚年家境稍显丰裕，每遇乡邻遭难，更加勤于资给。咸丰九年（1859年）捐巨资助本县创修方城书院。[3]同治三年（1864年）秋，县人拔贡王锡龄撰文，立《创建方城书院碑记》铭垂兴学。永定河道捐廉劝募为书院置学田地产120亩，所收租息做书院教职工资、学生膳费及奖学开支。院址原在县城西门内路南（今城内小学）。院基南北长15弓零5寸，东西宽13弓2尺。光绪三十年（1904年）遵照清廷颁发各州，县均设小学堂令，就其院址成立直隶顺天府固安县官立高等小学堂，从此书院停办。方城书院挂有两副楹联，一副是："邑有文人大半飞腾从此地；我登科甲也曾辛苦记当年。"另一副是："凡我同僚易培兹选玉抡珠之地；惟尔多士莫负此育麟畜凤之心。"[4]这两副楹联显示出书院在封建教育中的社会功能和教育效果。

书院经费开支，清廷有统一管理细则规定，制度严谨。除不收学生学费外，还对贫苦寒士另有津贴办法，不但本人学习有保证，还可照顾家室，使其安心读书。

书院设院长一人主管院务，并兼讲师。下设主讲、孝廉堂监、生董堂监和门役等职，论职分工，各负其责。以老儒主讲方城书院，振兴儒术，尤雅重先生，时先生，每岁假馆都中往来师门亦最久。称高足焉。[5]崔宜樾，南皮县训导，同治八年葬母后主讲方城书院。[6]夏承禧，字鸿卿，增监生，候选主簿，入学后幕游燕齐所至见重，常主讲固安县方城书院，三年成就诸生。[7]光绪年间，该院主讲是宁河耄儒高赓恩（熙亭）。时逢维新变法、洋务运动，新学渐次盛行。不少青年学生，受时风影响，思想开放，对孔、孟礼教学说有所抵触。但因高先生受传统儒家文化教育笃深，不识文化教育变革形式，将此现象视为"儒术沦没"，奉守成规旧章，以挽回"道德"为己任。所以，每临课讲学，对恩录、理学、宗传等篇倍加详讲细剖，反复勖勉，并将摘抄儒家训语贴在讲堂，做学生座右铭和学习规范。由此导致师生间产生隔阂，渐渐形成教不从心、学不如愿的局面。不久，高赓恩离开书院，去陕西存古学堂任主讲。1937年7月7日卢沟桥事变后退居芦台，病逝。[8]

高赓恩，字熙亭，天津北塘人，清光绪二年（1876年）丙子恩科进士，学识渊博，诗书俱佳，尤善楹联。每临课讲学，对经史、理学、宗传等篇章教材倍加详讲细剖，反复勖勉，并将摘抄儒家训语贴在讲堂，作为学生座右铭和学习规范。除短期在京任官职之外，大部分时间受聘方城书院。时逢洋务运动、维新变法，新学渐次盛行，不少青年学生，受时风影响，思想开放，对孔、孟礼教学说有所抵触。高赓恩受传统儒家文化教育笃深，深信古典文化教育的独特意义，将此现象视为"儒术沦没"，勉力奉守师道风范，弘扬经典文章，以挽回"道德沦丧"为己任。[9]高赓恩一生践行儒家学说，不受任何风潮影响而使自己的信念左右飘摇，这一极具代表性的大儒代表了当时大多数书院主讲的知识背景和授课内容。其为了自己的信念终生坚持儒家学说，宣传儒家学说，为儒学的继承和发展奉献了自己的一生。在如今我们倡导传统文化的同时，也对当时这些儒学大家表示崇高的敬意，对他们对传统儒学的坚持与无畏表示虔诚的缅怀。下附《创建方城书院碑记》。

创建方城书院碑记[12]

大清同治三年甲子仲秋，邑人王锡龄

自古国家首重人才，而人才以培植为本。尝读"大雅"文王之诗，诚以或朴薪樵之化，作养于前，斯疏附先后，御侮。奔走之于后，师师济收为国用，而美且多也。即我朝定鼎，晓谕天下，各直省起立书院，各州县起立义学，非即庠序学校之遗意欤！如京之金台，省之莲池，每科登进者皆数十人。盖培植久观感深，书院厥不重哉！方城旧有书院，在学宫左侧，仅存故址，地狭不足所用，且废久，再事创作，不有倡者难为功也。戊午冬，关中瀛仙李公为方城尹，察利弊问疾苦而尤重文事，每考课诱掖奖劝，出于至诚，固与同仁有起立书院之议，然而难矣！既无显宦，复无己室，则筹款难；旧基既废，新地少宜，则择地难。查勘久矣，乃得城之西门内官房一所，虽倾圮而瓦木寸者，又从旁拓之，其地颇充，于是，或仍旧，或改作，月余之久，口授指书，亲劳忘倦者，则玉初、辛景汾，及宋绣珊、陈竹楼诸先生之力焉。即落成，则山长束隆、诸生膏火又其急者，方筹划间，瀛仙公奉旨回籍办理团练，载方城者，则卜臣杨公，陶仙余公，皆贤父母也，观风课士，见书院甚喜，且言"一□之功切勿中止"。奈卜臣公任内兵差络绎，陶仙公任内马贼纷驰，扰攘之间不忘文事，乃未久而迁秩他方，同人怀德，于今不辍焉。癸亥秋仲，瀛仙公回京，复临斯邑，下车即谕同人曰："创立书院，余之志也，未成而去，我心凄然，今复得返斯，有莫之致而致者，必踵其事，仿谦初心，至余力所不及，尔诸生协替焉。"乃克告成，同爱各劝其所知，捐资置产，生息充实以济将来，此书院所由成也。瀛仙公瓜期有待，来尹方城者，心泰庄公也，英才勃发，政教方新，士民沐乐，只云德是有艾哉。惟我同人，和衷共济，莫坠厥志，诸生之年富力强者，从兹振奋，将见科甲蝉联，笔缨辉映，人才盛，文运兴，重之久远，不负诸贤父台培植斯文之厚意，而更阖邑所共祷望者，爰勒石以志其实云。

◎ 参考文献：

[1][4][8]固安县志编纂委员会．固安县志[M]．北京：中国人事出版社，1998：657-658.

[2]欧大年，范丽珠．固安地区民俗辑录[M]．天津：天津古籍出版社，1987.

[3]赵复兴主编，固安县志编纂委员会编．固安县志[M]．北京：中国人事出版社，1998：848.

[5]河北固安文献志(第十七至十八卷)。

[6]袁宏新，蔡福利主编，霸州人物志编纂委员会编．霸州人物志[M]．石家庄：河北人民出版社，2002：47.

[7]高树敏．三续高邮州志(1—4)[M]．台北：成文出版社，1983：676.

[9]吴洪成，翟蒙毅．古代廊坊书院的教育活动及现代职能述论[J]．衡水学院学报，2020，22(1)：69-79.

[10]廊坊文化局．廊坊地区文化艺术全志·固安县志(下)[M]．出版单位不详，1990：215-216.

(三)永清县

益昌书院

在城内南门大街路南。清同治七年(1868年)，知县李秉钧始谋建设，规划未尽，即离任而去。同治八年(1869年)3月，县令邱铭勋捐助创建。益昌书院属民办官助性质。书院院长(亦称山长)郑海谀(乙丑科翰林)由县令聘任。生徒的入学条件是受过"蒙养"已备"初基"的生童，经过考试择优录取。益昌书院的教学内容与县学基本相同。以经史、理学、律令及八股

303

制艺为主，兼及文辞诗赋的知识及创作，尤重科举时文的仿写和记诵。[1]但每月只授课两天。初一为"官科"，由县令讲授、考试或解疑。十五日为"师科"，由院长讲授、解疑。学生平时自学，由院长解疑。益昌书院由邑绅等20人组成。每4人管理一年，一切不假胥吏之手。另设有财务经管人、看门人、人役等。待遇是"量给工食"。书院的经费来源：由当时任湖北藩司的张建基及绅富当商等共捐银2800余两，又制钱2200余千文。县查出无粮地、荒地共21顷有零，拨给书院吃租。直隶总督李鸿章批准将赈余粮71两1钱拨归书院发商生息，将大焦垡等15村每年应出差徭(银)津贴书院膏火。益昌书院院长待遇优厚。束脩银每年120两，薪水银40两。益昌书院考勤、考核、奖惩制度很严格。院约规定明确，且认真施行，因此成效显著，"不数年，而庚午癸酉贤书者四人"。清光绪二十七年(1901年)，县城内益昌书院改建为永清小学堂。同年英人鄂方智在城内教会宅内建立教会小学。光绪三十一年(1905年)，清政府废科举，兴学堂，益昌书院停办。[2]本县绅士朱久聘创建私立启智学堂。光绪三十四年(1908年)，鄂方智、朱久聘改启智学堂为私立存实小学堂。清人邱铭勋撰述《创建益昌书院记》，收入万青藜等修，张之洞等撰光绪《顺天府志》卷62"书院志"中。

◎参考文献：

[1]吴洪成，翟蒙毅. 古代廊坊书院的教育活动及现代职能述论[J]. 衡水学院学报，2020，22(1)：69-79.

[2]永清县志办公室. 永清县志[M]. 石家庄：河北人民出版社，2000：448.

(四)香河县

淑阳书院

香河县只有一所书院，名为淑阳书院，在县治西，现今城关小学院内，位于香河文庙西邻，建于清康熙五十二年(1713年)，按元朝左庙右校中官府之规划建造。书院占地2.3亩，有讲堂6间，3间斋室，几间平房，作为宿舍和杂用。教学内容及学制均为科举制所限制或设计，学成后由书院授与廪生及附生。[1]前者相当于正式招收学生，后者属扩招补录学生，其学费及生活待遇也呈现高低有别。但通过岁考成绩表现，两者可以有一定比例的升降替补，反映教学考评的组织管理功能，以促进学生合理竞争及分化流动。教学内容及学制均为科举制所限制或设计，学成后，依据个人学业情况参加科举考试，或走向社会任职，发挥能力特长。[2]书院的生徒绝大多数是以科举为目的入院学习，书院办学者也抱着为生徒的科举之途服务的心态进行日常讲学训练及规章管理。[3]书院学生分廪生及附生两类，学成后参加科举预备考试"童试"或自由择业。

◎**参考文献：**

[1]政协香河县委员会学习文史工作委员会.香河文史资料集存[M].香河：政协香河县委员会印行，1991：72.

[2][3]吴洪成，翟蒙毅.古代廊坊书院的教育活动及现代职能述论[J].衡水学院学报，2020，22(1)：69-79.

（五）文安县

广陵书院

在县治西偏。据李鸿章等修，黄彭年等纂光绪《畿辅通志》卷114"学校志"所云：清康熙四十一年(1702年)，同知杨朝麟建，集生童数十人，每月试以制业。[1]又捐俸购买何恒土地58.5亩，以资膏火。但光绪《顺天府志》卷62"书院志"、康熙《文安县志》卷2"古迹志"以及民国《文安县志》卷12"法治志"等方志资料记载内容颇有差异。大致情况是，该书院自康熙王朝末年以后，逐渐衰落，茫然无存。

乾隆年间吴锡麒主讲广陵书院。胡思敬《九朝新语》亦载："和珅慕吴毂人名，欲延之课子，辞不就，遂乞病归，主讲广陵书院。"[2]清同治三年（1864年）知县曹大俊创设于县城西门内，因本邑古有广陵城，故名。书院规模宏大，大门朝北，高大的门楼上方横着一块书写着"广陵书院"四个大字的木制大匾。院子里一排排高大的房屋耸脊翘檐，林林总总。北起第一排为讲堂，第二排在穿堂的两侧各有一座讲堂。第一排与第二排之间，相对应的是藏书楼和接待室。藏书楼共二层，每层3间。这些建筑都建在1米多高的平台上，前廊后厦，青瓦屋面，蔚为大观。第三排有30多间小考房，是学童县试的地方。光绪时，书院东侧又增加了厨房，崇正斋公塾，院长、公塾先生办公室和学生宿所。建筑物之间有花草树木，还有大小操场。书院建设及园林绿化布局协调合理、环境优雅宜人。书院四周绕以垣墙，总占地面积达1.8万平方米。这样宏大的规模，在当时顺天府所属州、县的书院中首屈一指。广陵书院在实施院内教学、培养人才的同时，又有县试考棚相同的功能，发挥州县学童考试的作用。而且，书院又十分突出办学环境的育人价值，院内各种环境布局既有教育活动赖以实施的物质条件，也有人文精神的结合，从中更体现在理学思想观念读书明理、居敬持志之中，已经容纳了些许近代社会思想因素，如操场的添设便是"报春之腊梅"[3]。开创伊始，即聘国子监祭酒，同治、光绪两朝帝师，状元翁同龢（1830—1904年）任山长。翁到任后，继捐两季薪金银63两，以置桌凳。本邑缙绅又册定章程，筹集资金以图久远。贺家骏、吕栻等曾任山长。光绪三十年（1904年）改设县立高等小学堂。

方志文献对此的记载颇为生动，且可丰富对此的认识，现录于后：

> 按邑有广陵书院，在县治西。……今皆茫然无存。至同治甲子春，邑侯大俊于西门内创立广陵书院，规模宏敞，申于顺属，聘殿撰江苏翁公同龢主讲，复蒙翁公捐两季薪金，以置桌凳，其兴学造士之心，自足于曹邑侯后先继美。绅董副贡贺家骏以天下之事，无以创之，莫开其始，无以承之，莫永其传，因邀同邑举人宋芗稷，武举郭

梦熊、岁贡刘峻峦等筹办，酌定章程；切切作永久之计，每虑有书院
而无膏火，仍不足以资培养，幸谋公命年以名进士摄篆文邑，下车观
风，念及奖励，适付花里矜者欲捐差徭为奖赏膏火之资，同人代为之
请，而书院始有经费。复与同人于卢各庄购圈地小亩二顷十一亩三分
五厘，或因人求助，或遇事劝捐，百计图维，三载之间，始得毕偿其
价。方期按地收租，措薪水，立规约，妥为计议，自可持久，而壬申
以来，连年被水，尽如石田，关心学校者，良用慨然。嗣于知县丁德
芝任内，得捐款一千串，归书院，即与州同衔生员穆向荣等公同商
办，购留寨民地四顷有余，则岁入之款，益绰有余，而规模略备矣。
兹书院已作为高等小学堂，所有旧日之款，概归学堂之用。[4]

　　清人纪旻撰述《广陵书院月课记》、谌命年撰述《捐置广陵书院奖
资碑记》分别收入杨朝麟修，胡涝等纂康熙《文安县志》卷6"艺文志"
与陈桢修，李兰增等纂民国《文安县志》卷9"艺文志"中。

◎ **参考文献**：

[1] (清)李鸿章等纂修 . 光绪《畿辅通志》卷一一四，纪旻《广陵书院月课记》[M]. 石
　　家庄：河北人民出版社，1989.

[2] 刘欢萍 . 乾嘉诗人吴锡麒研究 . 吴锡麒年谱[M]. 南京：凤凰出版社，2016：228.

[3] 吴洪成，翟蒙毅 . 古代廊坊书院的教育活动及现代职能述论[J]. 衡水学院学报，
　　2020，22(1)：69-79.

[4] 陈桢修，李兰增等纂：《(民国)文安县志·卷12"法治志"》，民国十一年铅印本.

(六)霸州市

益津书院

　　燕赵之地自古多慷慨悲歌之士，霸州市处其中心，文化香火绵延不
绝。益津书院位于廊坊霸州市。元至顺三年(1332年)，本邑学者宫君祺创

建于家乡宫家庄。宫家庄位于城西，大清河北岸，风景优美，物产丰富。益津书院招收附近韩、谢两村庄子弟，设庙祭祀先圣孔子，令学子春秋旦望拜谒。宫君祺是本村士绅，学识渊博。他不汲汲于个人仕途，而是更关心家乡的教育。书院以"益津"命名，是因为当时霸县名益津县[1]。

明万历元年（1573 年），霸州兵备副使钱藻与霸县知县郝汝松等筹资，于县城东北隅东岳庙前闲地设庙学，名为"宣圣庙学"。庙学占地 5 亩，建房数十楹，正殿祭祀圣贤先哲，两侧是教授弟子的明伦堂、讲堂、诵诗堂，西为藏书室，东为厨房、库房等。最初只是宫家庄及附近村子的学子在此读书，日后文风渐盛，在霸州都小有名气，越来越多的学子慕名前来求学，庙学空前兴旺。随之，他们为了提高教育层次、人才培养质量以及学术文化水平，又重修益津书院，不久，将宣圣庙学并入益津书院，选拔县学弟子生员中优异者肄业其中。由此可知，明代地方书院与官办县学或庙学有紧密关系，书院官学化仍占据主导地位。

益津书院是霸州学者讲经论道之所，广大文人学士向往的文化圣地。书院坐西朝东，有讲堂五间，门额曰"养根堂"，有南北配房六间，仪门一座，外有东向大门一间，门额曰"益津书院"，北有门房一间，南有斋房四间；南院东向街门一间，门南有东房二间，内有南房三间，敞棚二间；北院便门二间，西房二间；讲堂后院西房共六间，南有夹道后门一座。建筑完备，规模宏大。明万历二十四年（1596 年），州兵备使顾云程、知州钱达道再次捐俸整修书院，仍以益津书院之名冠之。[2]

益津书院录取学生限于名额，学生在经济待遇上有廪膳生、增广生和附学生之分。层次明确，制度森严。在办学活动中，书院重视德育，以"四书""五经"为主要教材，以儒教的礼义廉耻、孝悌忠信熏陶培育学生，严格要求践行孔子的教育理念；教师对学生有教无类，一视同仁；教学方法由浅入深、循序渐进，提倡实事求是、因材施教。所以益津书院毕业的学子不论职位高低，皆熟稔诗书，精于礼仪，品德高尚，在乡里乡外享有极好的口碑。如杜允继、王乐善、胡永定、于尚纲、勇慎等就是其中的代表。他们有的是进士、举人，有的是孝廉、秀才，其中不乏忠臣清官，为家乡增光添彩。益津书院因其人才济济而声名远扬，其兴旺程度堪与明代南方的著名书院，如福建的武夷书院、江西的白鹿洞书院相媲美，一时间跻身全国先进的书院行列。

清道光二十年（1840年）知州许本栓迁建益津书院，坐落城西曹家庄，占地48亩，岁收租钱33千文余。同治二年（1863年）知州周乃大请于大吏，岁拨赈余生息银170两余，每年经费580千文。[3]光绪二十八年（1902年），清末"新政"揭开帷幕，慈禧太后以光绪帝名义颁发"兴学诏书"，改州县书院为小学堂。益津书院便在第一部近代学制"癸卯学制"颁布之前抢先行动，改为霸县高等小学堂，表明该书院转向近代教育体制的行动十分敏捷和果断。1932年春，又在霸县高等小学校基础上成立霸县初级中学校。

◎ 参考文献：

[1]季啸风. 中国书院词典[M]. 杭州：浙江教育出版社，1996.

[2]（清）李鸿章等修，黄彭年等纂：《（光绪）畿辅通志·卷114"学校志"》，光绪十年刻本。

[3]（清）万青藜等修，张之洞等纂：《（光绪）顺天府志·卷62"书院志"》，光绪十二年刻本。

九、承德

据史料记载，清代承德所创建的书院，主要集中于乾隆时期，少部分建立在道光年间。清乾隆四十二年(1777年)，当时担任热河同知的伊桑阿在板棚街兴建秀峰书院，随后其他各州县也陆续兴建书院，如平泉州平泉书院、滦平县滦江书院、丰宁县凤山书院等。清代承德书院的创办，使承德教育水平日臻进步。而清代，科举取士与书院的联系日益密切，致使书院的官学化日趋严重，终于在光绪末期，书院被迫进行改制，进行了教育的近代转型。

清代承德书院呈现出以下特点：其一，承德书院数量远少于河北省其他地级市；其二，承德书院的创办时间集中在乾隆、道光年间；其三，承德书院以官办书院为主。

清统治者为了禁锢士人思想、培养政治及管理的人才、巩固清朝统治，纷纷将风向标转向了科举取士[1]。于是，大多数书院的办学活动也基本向科举制度选拔人才靠拢。因此，在教学目的、教学内容与教育组织及经费管理等方面也都围绕科举进行。

承德书院的教学目的是为了实现教育目的而提出的一种概括的、总体的要求，制约着各个教育阶段、各科教学发展趋势和总方向，对整个教学活动起着统贯全局的作用[2]。自从科举制度创立之后就一直发挥着对教育活动的监督和控制的作用，清朝统治者从巩固统治的目的出发，以"科举取士"之法加强了对士子思想和政治的控制，自然官学和私学也就难逃科举制度附庸机构的命运。反观书院教育历史，书院在创立之初崇尚自由讲学、自由研讨，为学目标是摆脱科举制度的束缚，然而发展到明清之际，却事与愿违。清政府为了控制知识分子的思想，实行八股取士，书院官学化程度加剧，教育科举化倾向渐趋明显，教学目的也被赋予了科举的要求[3]。清代承德书院与全国书院的教学目的走向是一致的，多以考课形式为主，目标是为了培养科举人才，为学生入仕做准备。清代承德的5所书院，有4所书院由官府创办、修复和管理。较之民办书院而言，官办书院教学目的也就更为明确——为科举考试培养并输送人才。以滦江书院为例，乾隆五十二年(1787年)，理事通判景文建立滦江书院，院长傅文炳于嘉庆十九年(1814年)进行捐修。滦江书院是特征最为明显的为科举制服务的官办书院，书院由县衙统管，院长是书院最高领导者，掌管书院一切事务。书院以考课形式为主，考查学生所学理学经义及八股制艺知识，每月考试一次，考试成绩优异者受奖。

清代承德书院多以培养科举人才为教学目的，因此科举考试的内容也正是书院的教学内容，即书院"专门研究文艺，作科名进取之预备"。[4]清代科举取士的基本内容是儒家经典教材、经史子集、制艺帖括，核心是围绕"四书""五经"命题，"四书"即《论语》《孟子》《大学》《中庸》，学生的答题需依据朱熹的《四书章句集注》；"五经"即《易》《书》《诗》《春秋》《礼记》，考生答题需按照规定的注疏进行阐发，不得自由发挥。除《四书》《五经》外，还有宋明理学大师的著作和讲义、注疏等。乾隆、嘉庆以后，朴学或汉学影响加深，书院教学内容中经史课程所占比例逐渐增大。创建于清乾隆五十二年(1787年)的滦江书院就是承德书院中教学内容科举化的典型。

承德的部分书院课程也颇为丰富，除为科举考试做准备的必修内容外，课程内容的设置上，还有所革新，如一泓清泉，滋润学子心田。但总体而论，这类书院比例较低。"除规定的《圣谕广训》《大清律例》'四书''五经'外，经、史、子、集等均广为涉猎；再根据各主讲教师的专长和治学方式的不同，时有不同的侧重。"这也充分体现了部分书院的课程并不只是千篇一律，一成不变的，而是求变求实，丰富多彩的[5]。学子们在平时的学习中，还可兼习天文、地理、算法等科作为补充。书院教师一反老八股的旧文风，开始树立重实学、讲实践的新风。讲习教材文本时，除了传统的讲授方法，灌输死记硬背的知识教条之外，为了加深生童对课程内容的吸收和消化，教师还注重对交流和论辩才能的培养，以促进生童对该方面知识的学习。

承德书院在人事组织管理上，清代书院一般设有山长（或院长）、斋长、监院、主讲、掌祠等人事组织管理层阶。山长即主持书院教学兼领院务的负责人，清代山长的选聘虽强调品行、学问，然多主张择本地人士。清德宗光绪帝曾下诏："山长务择本邑品学兼优足为士林矜式者，每届冬季由县主与董事公同商妥聘定。"[6]直到清末改书院为学堂，山长制遂废。监院、斋长均为书院职事，监院地位次于山长，其职责为主管行政、财务、稽查学生监管图书等。斋长为生徒首领，其职责主要在协助山长、监院等工作，劝善规过，倡率诸生学习，一般由院长从生徒中选"文理最优、老成持重者"择优充任。清刘光蕡《烟霞草堂文集·味经》："斋长仍以味经斋长即刊书斋长兼之，倡率诸生学习，管理借还书籍。"掌祠始于宋代，原为纪念北宋理学家程颢任上元主簿而建，故奉其神位，后成为书院内掌祭祀活动的职事，其位低于山长、监院、主讲等职位。主讲即书院教职，其责在讲解经书传授学艺。承德书院的职事和组织管理同上述是一样的。振秀书院"设院长"，滦江书院"由院长掌管书院一切事宜"，平泉书院"设山长书室"。由此可知，承德府辖书院的主持人一般称作院长，且职能是掌管书院的一切事务。承德5所书院中都设有斋舍，且山长不可能也无暇顾及所有学生，必须有人从旁协助，才能使书院办学正常运行，且能获得更好发展，故大概可以推断此时书院内部是有斋长这个职位的。他们协助山长管理教学、日常生活事件；同时，从承德书院规章中"一切事宜随同监院纠察"的规定，可知此时承德书院内部有监院这个职位。振秀书院设有祭祀之所，以及平泉书院的空间布局中"堂后大厅设有供孔子之神位"，可以看出，此时承德书院办学中包含祭祀活动，也就可以顺理成章地推断出书院设有掌祠，或有特别指定的人负责书院师生的祭祀，实际上扮演掌祠之职责。以上不难分析出，清代承德书院的人事管理分工明确、职责清晰、十分细致。

承德书院师生的教学活动方面，自古以来，教学师资和教育对象在教育教学活动中一直都扮演着重要角色，博学鸿儒的教学师资和勤奋好学的教育对象在书院教学活动中起着重要的作用。书院的鸿儒名师学富五车、德高望重，一言一行间展示高尚的品质，一举一动中传达知识道理。由于清初承德的特殊地位，各所书院多是延聘当地的饱学之士做主讲教师。随着承德地位的日渐突出和重要，也有各地的大儒执鞭书院讲坛，尤以秀峰书院和振秀书院最为显著。承德府举人马瑢以明体达用为立教之本，强调"有志圣贤之学者，必身体而力行之，非以为口耳诵说之资。"继马瑢之后，浙江上虞人胡文种、胡文檀兄弟二人来承德，"以硕学绍后进，经师人师，人言无间"，"从游者皆一时之英隽，文章、经济、节操皆能表见于世"。更有广东钱守礼、山东柳聊不求闻达，躬身塞外承德，讲学谈道。这两所书院的名师大多学识渊博，品德卓异，献身教育，热心育人，深得生徒爱戴。清代承德各书院的讲学多实行门户开放，故承德附近有大量仰慕大师的盛名而前来学习、虚心听讲求教，质疑问难的生徒。他们在书院里同教师谈经论道、讨论学问，良好的学术氛围融洽了师生关系。书院特别重视学术交流和论辩，甚至师生可以共同参与争辩。在承德的书院重学尊师，蔚然成风。"文运方当春午时"（乾隆诗句）。莘莘学子及社会年轻贤俊负笈来承德书院受业者，趾踵相接。滦河、丰宁凤山、平泉等书院形成了几个县域文教中心，并由此对区域社会的教育、文化和学术的发展及人才的培养，产生了重要的影响。

清代河北书院的经费来源主要有3类：官绅名流捐资以兴学、置办学田以收取地租、放钱给商户以收取一定利息。据掌握的资料分析得出：其中清代承德书院的经费来源主要是官府拨款、捐资兴学。以道光八年（1828年）振秀书院为例，振秀书院初建时就曾"请相国首出俸钱，以为捐输者倡"，同时也有自愿出资购买土地，作为办学稳定资金供给基地，这就是学田，或院田作为书院经济来源主渠道的模式。总督周元理在奏请朝廷为承德建立书院时，还明确提出教师每年的教学津贴、生童的津贴以及伙夫、门役的工食费用"在热河道库支领",这是政府划拨办学经费的模式。但同时,振秀书院每年还有一定数量的社会捐资以保证书院正常运作。除此之外,朝廷还详细规定了热河都统、道、府及州、县各自每年所筹集银两的额数[7]。从中得知,规模较大的书院所需经费更多,为此,常常通过政府投入、民间士人及乡绅捐资等多种途径协同解决。

◎参考文献:

[1]刘圆圆.清代河北书院研究[D].保定:河北大学,2012:54.

[2]田慧生,李如密.教学论[M].石家庄:河北教育出版社,1999:64.

[3]张亚群.科举革废与近代中国高等教育的转型[M].武汉:华中师范大学出版社,2005:13.

[4]吴洪成.河北书院史研究[M].保定:河北大学出版社,2015:377.

[5]河北省政协文史资料委员会.河北文史资料全书·承德卷·政治军事文化教育社会编[M].北京:中国文史出版社,2011.

[6]季啸风.中国书院辞典[M].杭州:浙江教育出版社,1996.

[7]田淑华.清代承德府地方官学的兴起和发展[J].社会科学战线,2005(1):171-174.

(一)承德市

秀峰书院(又名热河书院)[1]

乾隆四十二年(1777年)热河同知伊桑阿建,逾岁落成。直隶总督周元理题写"秀峰书院"匾额。这所书院是承德的第一所书院。"逮改厅为府,设博士立学额而书院如故",只是学生人数甚少。书院位于承德市区板棚街(今马市街附近)。有大门一座,东西门房各2楹,二门一座5楹,东西厢房各3楹,讲堂5楹。生童120名,其中热河厅30名,其他厅各15名。

乾隆四十二年(1777年),直隶总督周元理奏准热河等七厅各设义学一处,延请品学兼优之士,分司训课。每厅给束脩银一百两、膳金六十两、伙夫门役工食银二十两、生童膏火银：热河厅卅名，其他六厅各十五名，每名每月给银一两五钱，除正月和十二月停给外，每名每年给银十五两，以上共银三千零六十两，在热河道库支领。道光六年(1826年)，海忠任承德知府，见生员增多且书院日久倾圮，弦诵无所，又地近闹市，非读书之所，乃报请热河都统英和批准移建。道光七年(1827年)十一月，英和、海忠首出俸钱以为捐输者倡，于是自观察及阖属牧令胥乐成善，捐献有差。乃嘱郡绅柳君杲等购地动工。又建魁星阁及义学。[2]书院新址位于承德府治所之西(城隍庙址西)，道光八年竣工，改名为"振秀书院"。新建后的振秀书院无论是在规模上还是在气势上都较之前的振秀书院进步了许多……"琴几书案，充仞各室"。[3]

◎参考文献：

[1][3]吴洪成，任志惠．清代承德书院初探[J]．衡水学院学报，2017，19（4）：51-61.

[2]窦仲林．承德市教育志[M]．北京：教育科学出版社，1994：14.

振秀书院

道光八年(1828年)承德知府海忠建，位于当时承德府治所之西(城隍庙址西)。有大门一座3楹，东西厢房各3楹，二门一座3楹，迤东翼室2楹；东西厢房各3楹，讲堂3楹，东西翼室各2楹；后为院长(主讲)砚斋3楹。另有厨房和祭祀之所及扫除伺值之屋。

大门额曰"振秀书院"，讲堂额曰"砥砺廉隅"，皆为都统英和所书。海忠书讲堂前楹额曰"紫塞同文"。延聘霸州崔君以进士司承铎即主讲席。(见《改建振秀书院碑记》)，[1]书院的山长由官方聘请，在一定程度上对书院起着监督作用。振秀书院的山长就是由承德知府海忠延聘。民国初年，在振秀书院址建立"热河省清理旗地官产处"，负责前清王朝坐落在承德的营产及旗地的清理造册工作，但只局限于旗地官产管理和变卖，仍不过问平民房产、地产诸事项。对于变卖之官地宅基，则由财政部据热河省财政厅详报发据于承买人执照。官产处于1915—1929年归并。历时14年。[2]承德的中学教育始于光绪二十九年(1903年)热河都统锡良创办的"热河中学堂",这成为承德最早的中学,校址设于当时的振秀书院(位于承德市西大街城隍庙之西),宣统三年因学生增多,校舍不敷占用,遂移至贡院(即"考棚",今头道牌楼附近),第一任校长沈静(字寿山)。[3]

当时承德府内各书院都设有监院管理财务、图书、生童膏火奖赏及日常事务,督导诸生课读,并在内舍生中选择文理最优、老成持重者派充斋长,协助监院工作。海忠详定内舍生18名,童生12名,每年开印后甄别一次,考取前列者充补,余附外舍以备升降。并请官员捐养廉津贴:热河都统每年捐银48两,府、道各捐银50两,滦平县捐银12两,丰宁县捐银20两,平泉、建昌、朝阳、赤峰4州县各捐银30两,共银300两。每年山长加增修缮银100两,火夫门役工食银16两,门役冬季煤炭银4两,学书1名工食银10两。岁修书院房屋银30两。官课茶饭银45两。加增斋长每年膏火银5两,王姓修墙费银2两。义学岁修房屋银10两。馆师修膳制钱60千,春季煤炭制钱5千,合银60两。共计银282两。余银18两及乡试年6—9月停课扣存茶饭银,积为宾兴之用(于乡试之年6月3日集应试诸生于书院决科取前40名各给银1两)。政府规定:"书院、义学房屋器具永禁徇情出借租赁并议立规条镌石置壁。"(《承德府志》)[4]

◎ **参考文献:**

[1][3][4]窦仲林.承德市教育志[M].北京:教育科学出版社,1994:14,103.
[2]李德成.承德市房地产志[M].石家庄:河北人民出版社,2012:25.

(二)滦平县

滦江书院

清乾隆五十二年(1787年),理事通判景文(字松刚,景文有重建滦江书院记)在县衙西南文昌阁祠院内(今承德市滦河镇酒店小学原孔庙内)创建滦江书院。滦江书院是双滦一带最"正宗"的学校。清嘉庆十二年(1807年),承德府滦平县廪膳生傅文炳(字蔚如,号小岩)参加丁卯科顺天乡试,并考中举人,不久接受朝廷任命,出任滦江书院院长。[1]清嘉庆十九年(1814年)山长傅文炳捐修。("山长"即院长兼主讲)[2]清道光二年(1822年),傅文炳参加壬午科会试,中式第一百五十二名贡士,与翁同辞之父翁心存等列入第十八房同门;又参加殿试,考中进士,列第三甲第一百零八名[3]。随后,朝廷钦点知县之职,命其赴广西就任,从此,他辞去了滦江书院的院长职务,走上了仕途之旅[4]。嘉庆二十年(1815年)冬,理事通判管滦平县事高常久撰写《重修滦平书院碑记》(存于市文物局博物馆文保部)。[5]滦江书院为科举制服务,在县衙监督下,由院长掌管书院一切事宜。书院内设讲堂、斋舍。书院生员住院每日学习。学习内容从《三字经》《百家姓》《千字文》开始,随后严格遵循科举考试考什么,书院讲什么,进行知识的传授,生童练习时文制艺及诗赋经史,尤重学习"四书""五经"。[6]每月考试一次,考试成绩优异者受奖。按成绩将生员、文童各分三等。生童们按部就班、循序渐进地为积极入仕做充足的准备。当年,从滦江书院走出不少秀才进入承德府学(在热河文庙)学习,其中12人后来中举。[7]清光绪三十年(1904年)十月,滦江书院改为高等小学堂(内设初级班),这是双滦一带最早的小学,孙绳武兼任校长。光绪三十年(1904年)十月,滦平县知事俞良臣、学董孙绳武建县立土城初、高两等小学堂,校址在县衙孔庙内。七岁以上儿童入初等小学堂,教授科目有修身、读经讲经、中国文学、算术地理、历史、体操、格致。初等小学堂毕业后才能有升入高等小学堂的资格,高等小学堂又增加农业、书画、随意科。授课表和内容由学部公布。各学堂自选教材,在教学上,一般采用传统的注入式教学法,读、讲、背、写诗为主要教学形式。[8]又分别在三道梁、鞍匠屯、金沟屯、虎什哈建初等小学堂各一所。宣统元年(1909年)七月,县知事俞良臣、学董孙绳武又创建女子国民学校一所,校址在县衙西河沿讲演所。[9]到了清朝末期滦平县已有初、高等小学堂六所。民国以后,学堂改为学校。[10]以后学校渐次名为"滦平县两级小学校""滦平县滦河小学""滦平县滦江小学""滦平县第二完小"，1959 年滦河公杜划归承德市以后改称"滦河小学"，1972 年小学分校，旧址改称酒店小学，在滦河北门外所建新校仍沿称"滦河小学"。学校占地面积 14 亩，建筑面积 1410 平方米。学校改为滦河村办小学、隶属滦河镇教育委员会领导。学校领导健全，校长 1人；副校长 2 人，教导主任 1 人。现有教师 24 名(中师以上学历 23 名)，学生 620 名。[11]

◎ **参考文献：**

[1]海忠，等：《承德府志卷十三"学校"》，清光绪(1875—1908 年)重刻本。

[2][7]安忠和，闫忠昊. 山庄文化丛书 3·双塔山与滦河[M]. 北京：中国戏剧出版社，2002：130.

[3]江庆柏. 清朝进士题名录·道光二年壬午科(1822 年)[M]. 北京：中华书局，2007：824.

[4]王讳. 清实录科举史料汇编[M]. 武汉：武汉大学出版社，2009：692.

[5][11]窦仲林. 承德市教育志[M]. 北京：教育科学出版社，1994：14，103，95-96.

[6][10]张文升. 滦平县志[M]. 沈阳：辽海出版社，1997：787.

[8]付际红，纪欣. 避暑山庄建立与承德社会变迁[J]. 承德民族师专学报，2009，29(1)：1-5.

[9]幺丹主编. 滦平县地方文献汇编[M]. 石家庄：河北科学技术出版社，2015：57.

(三)丰宁县

凤山书院

道光八年(1828)邑人朱予德捐资创建，位于丰宁县署(凤山镇)之东南数十步文昌阁后院(凤山一中后院)，有正房 6 间。经费靠地方士绅捐献和县署补助，生童半自费。光绪三十一年(1905 年)，改为丰宁县第一初等小学堂。[1]

2015 年 10 月 20 日，在丰宁满族自治县古镇凤山石桥村，修建村村通水泥路的过程中，发现了一块大石碑。虽然石碑出现了碎石和断裂，但是经过工作人员十几个小时的挖掘和清洗、整理，最终碑文清晰可见。石碑呈长方形，长 175cm、宽 85cm，碑身上刻有大约 550 个字的碑文，且落款处写着"道光十九年岁次己亥桂月"。道光十九年桂月即 1839 年 8 月，距今已有 177 年。碑文中涉及了凤山书院的创办人物朱予德的人物资讯。据丰宁史志办公室退休干部鲍延椿老先生介绍："史料记载丰宁县城或凤山有朱予德这样一个人，这个人做了许多善事，发现这个碑有记载，这很重要。此人重视教育，修文昌宫，修义学，最后修凤山书院，都是他出钱。尤其是修凤山书院，说明有了官学有了正式学校。嘉庆年间，在凤山他办的是第一所的正式学校。"[2]

鲍先生的上述解读是有深意的，而且对凤山书院创建者朱予德在地方教育上的建树及积极作为作了肯定。当然，凤山书院是嘉庆年间（1796—1820 年）丰宁满族自治县的第一所学校之论恐怕会引起歧义，但称其为清代该县最高教育学术机构，当无可疑之处。

书院对文昌帝君和魁星的祭祀，以追求功名利禄、祈禳文运为目的。清人唐昌恺在《补修凤山书院文昌阁碑记》中说道："夫地以人灵，人以地杰，凡峙流拱卫之处，有不足者尚宜补修。矧帝君掌人间禄秩，司科甲权衡，其居歆之神居较培地脉文笔为更急矣。"[3]对文昌帝君和魁星的祭祀，是民俗文化渗透进入书院的表现。

在书院人事上，负责管理的人员很少，凤山书院设山长一人总理书院事务，同时还设副山长。山长同时兼任书院的主讲，其他脱离讲学的管理人员极少。至于图书馆、生徒住宿、膳食等一应杂事均由学生中挑选资历较深、品学兼优者充任，甚至书院的经费也由师生共同管理和监督各项开支。[4]

◎参考文献：

[1]窦仲林.承德市教育志[M].北京：教育科学出版社，1994：15.

[2]刘海波，吴晓序．丰宁古镇凤山百年石碑重见天日［EB/OL］．［2017-03-19］．
http：//www.hehechengde.cn/news/xqne ws/fn/2015-10-20/43282.html.

[3]陈谷嘉、邓洪波编．中国书院史资料［M］．杭州：浙江教育出版社，1998：1739-1740.

[4]河北省政协文史资料委员会．河北文史资料全书·承德卷·政治军事文化教育社会
编［M］．北京：中国文史出版社，2011：594.

（四）平泉县

平泉书院

清代，平泉地设八沟厅、平泉州，其政治、经济、军事和文化地位更
加突出，曾经形成了关外的商贸重镇，繁荣一时。后来，随着承德避暑山
庄的修建，政治、经济中心移于承德，但平泉仍不失一个"大都市"地位。
正如清代《移建平泉书院碑记》所描述的那样：平泉"近依畿甸，拱卫神京。
群嶂四周，平泉曲泻其间。高原下隰，可耕可居。袤延广阔，俨若
大都。"[1]

乾隆十一年(1746年)，平泉州同知明德(八沟厅理事同知，厅最高行
政长官)建，位于平泉州治所(州署)南里许处，州署就是旧时的衙门，作
为某个地区的政治中心，一般情况下居于城中央。类似这样的选址对书院
的发展不无影响，毕竟城镇是当时当地政治、经济、文化发展的中心，其
相对较快的发展必然会促进书院的文化教育事业。虽然许多书院逐渐由山
林转向城镇，但是古人对清幽素雅的环境追求从来就未曾停止过。毕竟，
大自然的万千气象带给人们的不仅仅是感官上美的享受，还有对学问及人
生的感触、体味和思索。[2]

平泉书院，建房16间，并书写"平泉书院"匾额。书院地势低洼，房
院水渍，墙倒屋破，乾隆三十八年(1773年)同知明兴移建在州署之左，并
镌刻《重建平泉书院碑记》。大门内东南有魁星阁，东配房三间，仪门内正
面讲习厅名"振远堂"，旁附耳房，堂后大厅供孔子之神位，东西两斋、茶

房、灶舍俱全。平泉书院为八沟厅最高学府，是整个承德地区较大的书院之一。经费由官府豪绅筹集，有生员15名，其他有中等文化教育程度学生20余名，[3]在校食宿。嘉庆十四年(1809年)，同知麟昌重修。有讲堂、斋舍、山长书室及魁星阁、文昌祠等建筑。光绪初年改为"鸿文书院"，取其"洪大的平泉教育文化"之意，希冀平泉文人辈出，文化兴盛。[4]光绪时，有平泉启文书院，[5]光绪三十一年(1905年)废科举，兴学校，三十二年(1906年)平泉书院改为平泉州高等小学堂，[6]教员王鸿声，学生30人。同年，又先后设立了小道虎沟乡、小寺沟乡、大吉口乡、南五十家子乡、大道虎沟乡、七沟乡、松树台乡等七所民立初等小学。宣统二年(1910年)，在太平街建州立女子小学一所，校长李名远。设高级班1个，初级班2个，学生75名，教师3人。民国十年(1921年)，初等教育有较大发展，全县城、乡小学堂增为80所，学生2524人，教员86人。[7]完成了从古代书院到近代学堂的转变。

平泉书院经过历代的重修与扩建，逐渐成为当地规模最大、藏书最多的高等学府，其极为推崇孔子之神位，是儒家文化在河北西北边界传播与发扬光大的重要阵地之一。

承德府所属的这几所书院，生童实行肄业制，学制并无固定年限，而是根据学生情况及自身愿望加以设计，带有适当的灵活性或弹性，学完一年即可离书院自修，参加府学入学考试，也可经过继续学习数年准备参加岁科考及乡试。凡考中举人，进士者即算优秀程度毕业，余者学完规定课程，经甄别合格可肄业。[8]

◎ **参考文献：**

[1][4]张秀夫，吴宝泉，崔国志．平泉文化概览[M]．北京：中国戏剧出版社，2006：58，217．

[2]吴洪成，刘园园，王蓉，刘达．河北书院史研究[M]．保定：河北大学出版社，2014：283-284．

[3]吴洪成，任志惠．清代承德书院初探[J]．衡水学院学报，2017，19(4)：51-61．

[5]窦仲林.承德市教育志[M].北京：教育科学出版社，1994：15.

[6]河北省平泉县地方志编纂委员会.平泉县志·科学技术编[M].北京：作家出版社，2000：805.

[7]承德市地方志编纂委员会.平泉县志[Z].北京：作家出版社，1995.

[8]河北省政协文史资料委员会.河北文史资料全书·承德卷·政治军事文化教育社会编[M].北京：中国文史出版社，2011：594.

书院的生童实行肄业制，学完一年即可离院自修参加府学入学考试，也可继续学习数年准备参加岁、科考及乡试。学习课程以经、史为主，兼习诗赋、书法、《大清律例》、时文(八股文)等科举考试科目。教学没有统一进度，每日分晨起、午前、午后和灯下四节。生童按山长(主讲)指定的进度自己攻读，发现疑难，可互相切磋或请教山长、博士。家贫路远者，也可在家自修，按时来院参加考试。书院对诸生严加考课，所谓"日有程，月有课，岁有考"。月考分为官课和斋课，每月初二和十六日进行。官课由州县官员出题、监考、评卷、定名次，属督察性考试；斋课由山长命题、评卷，属阶段性考试。岁考在年末举行，是一年学习的综合考试。成绩：生员分超、特、一三等，童生分上、中、次取三级，前一、二级有奖，不及格者责令重读原课程。考试阅卷限三日完成，然后集诸生加以讲评，指点课卷得失，并将成绩登记公布。肄业诸生连考3次优等者，附生升外舍生，外舍生升内舍生；连考3次劣等者降；发现作弊者，均不列等，按旷课例查办。

清末民初，承德府属各书院先后改办为新式中小学堂。

（窦仲林.承德市教育志[M].北京：教育科学出版社，1994：15.）

十、秦皇岛

（一）山海关

榆关书院

在城西北文昌宫西（今胜利小学）。清同治四年（1865年），邑监生姜德源捐银1000余两，知县许忠重建。有大门额"榆关书院"，重门曰"文明在是"。榆关书院南北长54.4米，东西宽20.8米，建筑面积约1131.5平方米。[1]内为东西房舍各3间，正中讲堂3间，名曰学海堂。堂后左为档房1间，书斋4间，堂右茶膳房1间，书斋2间，东北隅设祠，祀先贤宋儒，题曰阐性堂，左夹室曰欣赏，为茶话衡文之所。[2]这是一所旧式私塾，历史较长，随着新思想的传入，向西方学习的观念逐渐深入人心，尤其是山海关开通火车以后，新思潮传来得很快，私塾的教学形式也逐渐改进。[3]光绪二十八年（1902年）改为校士馆。[4]以儒学作监督，但仍按旧法上课，此时虽有些改进，不过仍属旧学，只是新旧交替的过渡阶段。[5]

◎**参考文献：**

[1]张玉坤主编. 中国长城志——边镇·堡寨·关隘[M]. 南京：江苏凤凰科学技术出版社，2016：199.

[2]张福谦等修；赵鼎铭纂.（民国）清河县志·卷8"教育志"[M]. 民国二十三年刻本.

[3][5]政协山海关区委员会文史委员会. 山海关文史资料（第4辑）[M]. 政协山海关

区委员会文史委员会，1995：41.

[4]秦皇岛山海关区地方志编纂委员会. 山海关志[M]. 天津：天津人民出版社，
  1994：489.

东溟书院

清道光十四年(1834年)知县萧德宣建，院址在南街，今已无存。[1]他对教育十分重视，捐自己的薪俸，带头集资创建"东溟书院"，他赋诗言志："买得南城屋几层，诸生分点读书灯。频揩老眼天边望，望尔东溟起大鹏。"为了培育人才，德宣亲自讲课、阅卷，"训诸生以立品为先"，生员"文行益修，登科者踵相接"。(按：道光年间建书院前的13年中，临榆有进士、举人9人；建书院后的16年中，进士2人，举人19人)[2]其规模和影响力相对较小，故不做详细介绍。

◎**参考文献：**

[1]秦皇岛山海关区地方志编纂委员会. 山海关志[M]. 天津：天津人民出版社，
  1994：489.

[2]政协山海关区委员会文史委员会. 山海关文史资料(第4辑)[M]. 政协山海关区委
  员会文史委员会，1995：37.

(二)抚宁县

云从书院

在抚宁儒学南。院址在学宫路南(现抚宁县通用机械厂院内)。[1]知县王台建于明万历四十三年(1615年)，后废弛。清康熙十四年(1675年)，知县刘馨莅任，即临书院，见其颓废，捐资修葺，拔生童之俊秀者课艺其中，日给饮食，风雨不辍，一时人文彬彬蔚起。抚宁县的云从书院除由礼部负责管理，每岁支纸笔墨银14两(原支4两，至道光五年增10两)。[2]

书院旧有田租 200 余亩，发商生息本银 300 两。道光四年(1824 年)，新任知县李德捐银 3000 两。邑守御所千总衔张渭捐修院中房间，每年所得息银为山长脩金薪水，原定 220 两，冬春另发木炭 80 斤。生童膏火之费、礼房岁支纸笔墨银 14 两(原支 4 两，自道光五年增 10 两)。九年(1829 年)，知县喜禄添设监院，以两儒学更换经理，岁支薪水银 32 两。十六年(1836年)，监商荒本银 1800 两，原 300 两，续发 1500 两。同治四年(1865 年)，知县周锡璋续劝 2100 两，发 2000 两生息。[3]清光绪三十一年(1906 年)废除科举制度后，又改为抚宁县立高等小学堂。[4]

重修云从书院记

(清)抚宁知县李德

书院之设所以培养人才，与学宫相为表里者也。抚宁，蕞尔邑，西拱神京，东阨榆塞。山则马头、兔耳，水则渝浪、洋河。其间文人学士，钟山川之灵秀，沐圣天子之教化，或补博士而食廪饩，或掇巍科而发□授，或秩列显赏而位晋崇班。我朝百八十余年以来，炳炳麟麟，昭垂简策，未能□□□诱掖奖劝，加以书院之提渐警觉，所造就而成者也。然则宰斯邑者，敢不于教民之余，勤□(於)训士乎？予于去岁仲春膺简命来抚兹土，下车始，叩谒先师孔子庙，步学宫。云从书院在官墙之南，同学博王霖园、黄燕灵，视其构堂严立，两厢凤敧，即拟捐廉俸修茸之。适公务纷冗，秋初奉委挑浚永定引河，乘暇鸠工。邑守御所千总张渭家道充裕，欲独任其事，丐于予，遂欣然许之。仲秋购料鸠工，越三月告竣。堂五楹，东西厢各三楹，亭一楹，门房三楹，焕然一新，求志于予，嗟夫人之好善哉，亦如我张氏之子，其庶几乎诸生肆业其中，敦孝悌之行，乐诗书之业，由小成训至大成，学宫之教育化溥菁莪，书院之裁成文昭云汉，予亦有荣焉，是为序。[5]

◎参考文献：

[1]抚宁县文教局教育志编写办公室编辑．抚宁县教育志[M]．秦皇岛：抚宁县文教局，1988：43.

[2]岁有生著．清代州县经费研究[M]．郑州：大象出版社，2013：141.

[3](清)张上和修；史梦兰纂：《抚宁县志·卷5"学校志"》，光绪三年刻本。

[4][5]李利锋编著．抚宁史料集(下)[M]．北京：中国文史出版社，2006：675，678.

东山书院

在云从书院西，抚宁儒学南。康熙二十一年(1682年)知县赵端捐俸买生员慧熙地，建瓦房为诸生课文所，原契存库。书院的教学活动，"先是每月课会，或在云从书院，塾学诸童，两相妨混，至是有专所，始获索蕴抒奇，文澜为益展云"。[1]咸丰七年(1857年)，训导李元芳劝捐修门房。同治六年(1867年)，训导鲁松劝捐，修正房。[2]清末兴学之后，借为训导官署。下附《东山书院碑记》。

东山书院碑记[3]

(清)赵　端

抚宁为畿东首邑，枕山面海。在昔，王学士、鲁观察、解同卿、翟夏卿诸公炳炳蔚蔚，彪彰史册，固文章仕宦之区也。迨自明季，兵燹饥荒，士民并困，司此土者，亦惟抚字催科，补拙不服，文教之衰未遑问焉。今我国家养士四十年，圣天子笃意崇文，诸台殚心敷教。予不敏，叨牧兹邑，亦幸值翊文之会也。莅任之始，遂相度于学宫南隅，捐资买地，建设社学一所，前后堂各五间，设门备垣，颜其额曰"东山书院"。延廪生傅汝明，教习俊秀士子，岁捐赀十二金，给为束脩。又于四乡各设社学：一、延廪生左廉、杨呈秀、张敷典、惠愉教习，其捐给束脩。一、如在城之数。另又捐赀置田地一百四十亩，除正赋外，以余获为乡士笔墨膏火之助，盖使寒窗有赖，且为久远计也。

乙丑夏，予有量移之命，广文胡君、王君暨社师率诸弟子辈饯予于书院中，举觞而前曰："公经营社学，悉心文治，五载如一日也。今熊轼遄征，盍记片言示劝乎？"予用是深有感矣！令之后令，固贤者多；师之后师，固贤者众；而诸弟子荐贤书升之后继起之为弟子者，其勤惰未可知也。使其勤也，为麟为凤，作楫作霖，予之望也，师之愿也；使其惰也，不但有负予设学、置田之意，即先贤王、鲁诸公亦必大深扼腕，而纵有山灵水秀，究沉埋于苍茫衍曼之中，虽记勒万言，奚益哉？然予有得乎《易》之义矣！在蒙之九二，包蒙吉以阳德之刚中，当发蒙之任者，是全赖夫良司牧、贤师长也。在益之初九，利用为大作，以阳德之居下，当大有作为，坚忍而不肆者，是专责之诸弟子也。上能率之，下自应之。将于此显忠孝、尚气节，又不仅文而已也。谁谓古今人之不相及，而王、鲁、解、翟诸公独美于前也欤？遂走笔而为之记。

◎参考文献：

[1]（清）赵端等修；徐廷璪等撰：《抚宁县志·卷3"公廨志"》，康熙二十一年刻本。

[2][3]（清）张上和修；史梦兰纂：《抚宁县志.卷5"学校志"》，光绪三年刻本。

骊城书院

在文昌祠内。清乾隆十一年(1746年)，知县钱公鋆捐置桃树园地1顷29亩为课士之资，具载文昌祠碑。县瘠而民习为盗，士不知学，正钧之莅官也，则捐廉俸购书数千卷，置骊城书院，时诣讲课以劝学。[1]钱去，书院遂废。董事人将此地1顷20余亩私换杨树巷地15亩，量名义学地，在良任社五甲纳粮。[2]

◎参考文献：

[1]钱基博著；曹毓英选编.钱基博学术论著选[M].武汉：华中师范大学出版社，

1997：123.

[2]（清）张上和修；史梦兰纂：《抚宁县志·卷5"学校志"》，光绪三年刻本。

（三）卢龙县

敬胜书院

在武庙西旧武学地。清乾隆十二年（1747年），知府卢见曾创建，取董仲舒丹书"敬胜怠者吉，怠胜敬者灭"之句，故名。乾隆五十二年（1787年）知府单煃，清嘉庆十二年（1807年）知府祝庆承，道光十一年（1831年）知府阮常生，同治十二年（1873年）知府游智开，俱重修。共有房屋42楹。广搜宋元明儒及畿辅诸贤哲文集藏之院中，备诸生肄业。存储书籍计4737套。清光绪二十八年（1902年）知府管廷献改为校士馆。宣统元年（1909年）立中学，旋改为第四中学校。[1]清人卢见曾撰述《创建永平府敬胜书院碑记》、史梦兰撰述《重修永平府敬胜书院碑记》分别收入李奉翰等修，王金英纂，乾隆《永平府志》卷30"艺文志"及游智开修，史梦兰撰光绪《永平府志》卷37"学校志"中。敬胜书院隶属于永平府，受其资助与控制，永平府以"官课"的方式监督敬胜书院的教学。[2]永平府（今河北卢龙县）敬胜书院，同治年间藏书65种，计67部，561函，凡4773本。[3]其藏书均在同治间购置，所载书目除经史要籍外，即为宋、元、明理学著述，此外，还有畿辅先哲的遗书、文集。[4]永平府（今卢龙县）于1902年将城内"敬胜书院"改建为永平府中学堂。[5]

◎参考文献：

[1]董天华等修；李茂林等纂.卢龙县志[M].台北：成文出版社，1931：202.

[2]教育部职业院校文化素质教育指导委员会.文化育人2017（第6辑）[M].北京：商务印书馆，2017：68.

[3]朱汉民，（美）李弘祺主编．中国书院[M]．长沙：湖南教育出版社，1997：80.

[4]屈义华，荀昌荣主编．中国书文化[M]．长沙：湖南大学出版社，2002：381.

[5]唐山市教育志编委会编．唐山市教育志 1840—1990[M]．北京：教育科学出版社，1993：96.

（四）昌黎县

碣阳书院

在昌黎县城内南街，因在《禹贡》所称之碣石山之阳而命名，创建于清道光二十九年(1849 年)，知县王应奎劝捐建，书院房舍建筑格局如下：讲堂 5 楹，曰"耨学堂"，在 2 门后。两翼廊房各 3 楹，在讲堂前。二门 1 楹，在大门内。门房 5 楹，在二门前。三层斋房 5 楹，在讲堂后。东西厢房各 3 楹，在讲堂后。后正房 3 楹，二层房后。后车门房 3 楹，在三层房后。照壁 1 座，在大门外。同治二年(1763 年)续修，署知县徐□捐廉置课桌椅各 60 张，劝捐经费银 5200 两，发商生息，9 吊钱作银价 1 两，按年 1 分行息，共计息钱 4680 吊，又存银 537 两，以备生童膏火，至课试规条，皆经知县徐□定式，讲堂内竖有碑记。其经费筹措、课试规条皆经知县"定式"，是为县属书院。[1]书院聘任的山长中有举人孟昌言、于镜蓉、王树屏、张涤源、秦志屏、陈为楫等。于氏课士，倡导文以清真雅正为宗，士以励学敦品为本。同治年间(1862—1874 年)，该书院科举中举者达 13 人之多，院内有"五凤齐飞""斗宿腾辉"匾额。[2]至清光绪二十九年(1903 年)改为高等小学堂。[3]清人王应奎撰述《新建碣阳书院碑记》、徐□撰述《续筹碣阳书院膏火碑记》均收入游智开修，史梦兰撰，光绪《永平府志》卷 37 "学校志"中。

◎**参考文献：**

[1]陈谷嘉，邓洪波主编．中国书院制度研究[M]．杭州：浙江教育出版社，

1997：61.

[2] (清)何崧泰修；马恂纂：《(同治)昌黎县志・卷3"书院志"》，同治五年刊本。

[3] 高平 . 秦皇岛教育志(1436—1985)[M]. 秦皇岛：秦皇岛教育委员会，1991：54.

十一、张家口

从整体上看，张家口古书院呈现出三大鲜明特点：其一，书院主要选址于山林名胜之中，如蔚县暖泉书院，选址于"水澄清如鉴，三冬不冻"的暖泉边；其二，分布较为广泛，就目前辖区来看，无论市区范围内还是大部分所辖县均有书院设立；其三，部分书院延续时间较长，影响较为深远，如蔚县的文蔚书院延续长达 126 年，万全书院持续了 76 年。

在书院办学影响上，张家口由尚武转向崇文，书院教育起到了重要的作用。具体来讲，一是大大小小的书院为张家口培育了大批人才，如位于涿鹿的涿鹿书院先后共考中进士和举人 10 余人，万全书院在 76 年间培育了大批有识之士；二是书院一般藏有大量书籍，同时坚持开放政策，文人学士可自由借阅赏读，为教化民俗起到重要作用。

（一）张家口市

抡才书院

清光绪四年（1878 年），由察哈尔代都统穆图善主持，"旗汉联为一体"，与万全县知县（当时张家口属万全县辖）尹开先邀集满汉族绅捐资而建抡才书院。"议定条规，报部立案，以垂永久"。清光绪五年（1879 年），光绪皇帝谕准："直隶张家口十旗与土著人民户口繁盛，唯读书之家颇少，现经察哈尔都统率同旗汉官绅捐造抡才书院，由都统及厅县轮期考课，督率绅董认真办理。[1] 抡才书院是张家口市区唯一保存完整的近代书院，同时也是张家口近代史上第一所大学。[2]抢才书院坐北朝南，内有房屋五十多间，两侧为跨院，从院墙到每间屋顶都是青砖瓦顶。书院的主体建造为正堂，堂内供奉着孔子的牌位。大门外侧墙壁上镶嵌着两块石碑，碑文皆为楷书，一为《张家口新建抢才书院碑记》，一为《抢才书院重约记》。[3]1924年，康有为、郎志曾在此任教，听者达数百人。盛极一时，远近闻名。[4]抢才书院的办学宗旨是让学生们"朝夕而聚诵"，就是"说理论诗，阐明圣贤精义"。任教者均为当时名流。光绪1894年，被慈禧发配到塞外守边的礼部右侍郎——珍妃的哥哥志锐曾在书院讲过学。王泽民、李大钊等人也在此讲过学。[5]王珠裕，字还浦，同治九年举人。五上春官不第，任国史馆誊录议叙知县，主讲张家口抢才书院。[6]安维峻曾受聘主讲抢才书院，安维峻(1854—1925年)，字晓峰，甘肃秦安人。光绪六年进士。先后任翰林院编修、都察院福建道监察御史、内阁侍读、京师大学堂总教习。安维峻学识宏博，1895年谪戍军台，主讲张家口抢才书院，总纂《甘肃新通志》。任官期间，刚直不阿，爱国情重。他在御史任上，敢于指斥慈禧"遇事牵制"，屡劾李鸿章卖国，有"陇上铁汉"之誉，他也因此"以言获罪"，被革职流戍张家口。他的文章以政论见长，大多能关切时事，慷慨陈词，表现强烈的爱国情怀，为世人所推重。著有《望云山房诗文集》《谏垣存稿》等。[7]民国十四年(1925年)在家乡去世，享年72岁。[8]其到张家口之后，受到了察哈尔都统和官商士绅的热烈欢迎，轮流宴请，敬为贵客，在为抢才书院主讲时，不负重望，先后邀请志锐等一批知名人士到张家口抢才书院讲学，大大提高了抢才书院的知名度。[9]鉴于"张垣之风文不振"，次年，光绪皇帝谕准："直隶张家口十旗与土著居民户口繁盛，唯读书之家颇少，现经察哈尔都统率同旗汉官绅捐造抢才书院，由都统及厅县轮期考课，督率绅董认真办理。"[10]受其感召，抢才书院的教育促进了区域文化教育的进步，"一时寒畯，籍以登进者，不计其数"。抢才，"抢"为挑选、选拔，"才"当然是社会所需要的有用之才，有一定的时代规定及政治意识。

抢才书院是在封建社会后期随着官学的衰落，私学的腐败，西学传播，社会剧变背景下而出现的一种教育模式，虽然借古代书院之名而弘扬、推行，但其对边疆地区教育的转型似有积极意义。[11]清朝末年废科举，兴学校，光绪三十三年(1907 年)，抡才书院改为初级学堂，光绪三十四年(1908 年)称自治学社，宣统元年(1909 年)为高等学堂，辛亥革命后成为新式学校。其名称之变经初级师范学堂、高等小学堂到民国初年改称高等小学校、高级小学校，后又经过几次易名，复又改为书院巷小学，直至今日。[12]从创办至今，抡才书院始终都充满着深厚的学术氛围和浓重的书卷气息。[13]

抡才书院是与河北省社科联共建的"河北省社会科学普及基地"，坐落在张家口市堡子里书院巷。抡才书院是经张家口市委、市政府批准，由桥西区人民政府主办的大型公益性文化教育机构，旨在将古书院打造成张家口市学者专家交流的平台，历史文化传播的中心，励志青年探索创业的港湾，发扬传统教育的学府，以传承张垣优秀文化传统、丰富张家口市群众的文化生活，并最终实现提升张家口名气、聚集更多人气、推动张家口文化、教育、旅游业快速发展的目的。[14]

近年来，桥西区积极发挥优秀传统文化怡情养志、涵育文明的重要作用，依托地方文化资源，在有"百年书院"之称的抡才书院搭建了大讲堂，大力开展国学素养教育，通过邀请历史专家、儒学文人、考古学究等文化界名流为基层群众讲解文化各领域"百家之言"，在文化传承中培育和践行社会主义核心价值观，走出了一条党委重视、部门参与、群众欢迎的文化宣传工作新路子。桥西区以抡才书院为载体开办"文化沙龙"，聘请 60 名张家口各界文化名人作为顾问，邀请 80 余名学者、教师、文化界人士举办100 余期讲座，涵盖文学艺术、历史文化、鉴赏收藏、国学及其他多类内容，听众超过 20000 人。同时借鉴现代讲堂的文化传播新模式，充分利用互联网络与省级报纸的官方网站联合建立的宣传平台，建立了抡才书院网的官方网站，设计了形象标识，开通腾讯 QQ 及微博，并与外地的《26 国学网》《北大资源学院》等网站建立了相互链接，与茶叶之路研究会、晋商研究会、中华儒学网等学校和学术机构取得联系。[15]

◎**参考文献：**

[1]周治华，钟毅．河北教育大事记（1840—1990）[M]．石家庄：河北人民出版社，1994：6.

[2][14]河北省社会科学界联合会编．河北社会科学年鉴（2016）[M]．石家庄：河北人民出版社，2016：514.

[3]韩祥瑞，韩雁华．察哈尔都统署史话[M]．北京：中国言实出版社，2017：41.

[4][15]河北省文明办编．河北省文明单位创建工作案例[M]．石家庄：河北科学技术出版社，2015：161-162.

[5][12]崔建甫等．河北省历史文化名城、历史文化保护区保护研究[M]．北京：中国科学技术出版社，2005：139.

[6]王功仁．山东省科考名录汇编·清代（上）[M]．北京：华文出版社，2005：45.

[7]钟贤培等．中国近代文学作品系列（散文卷）[M]．福州：海峡文艺出版社，1993：277.

[8]张建魁．甘肃历代名人研究[M]．兰州：甘肃科学技术出版社，2015：280.

[9]姬云飞．秦安地域文化[M]．兰州：敦煌文艺出版社，2019：54.

[10]周治华，钟毅主编．河北教育大事记（1840—1990）[M]．石家庄：河北人民出版社，1994：6.

[11]左宝．漫话张家口[M]．出版地不详，2002：104.

[13]张树伟，牛立蕊，李汉超．书院文化的价值与传承——以张家口市抡才书院为例[J]．河北北方学院学报，2018，34（2）：51-54.

[16]杨英．堡子里的记忆与文化[J]．家庭·长寿版，2018（4）：9.

（二）宣化县

柳川书院

建于清乾隆二十二年（公元1756年），由当时的宣化府知府张志奇（山东利津人，进士，乾隆十八年到任)和宣化县知县黄可润(福建龙溪人，己未进士，乾隆二十年到任)、口北兵备道良卿(满洲，正白旗人，进士，乾隆十八年到任)等发起，[1]再加上周边十州县各属绅士人等不遗余力捐资兴学，在皇城桥东大街，原杨氏的私塾处兴建。黄可润(？—1764 年)字泽夫，号壶溪，福建龙溪人。乾隆四年(1739 年)进士，乾隆二十年(1755年)任宣化县知县，建柳川书院，续修《宣化府志》并于乾隆二十二年(1757年)成书。乾隆二十三年(1758 年)升易州知州。任上建泉源书院和凌云书院。乾隆二十八年(1763 年)迁湖北黄州知府，旋改河间知府，卒于任上。著有《壶溪诗文集》。[2]

据史书记载："宣城聚关外之秀，柳川为宣城之秀，地灵人杰，自今开辟，公之远矣……"该书院内建有学舍 70 余间，堂屋 2 间，轩廊(有窗户的长廊)5 间。书院周围交通便利，书院前后是四通八达的大路(即相国庙街和皇城桥大街)。在院东建有魁星楼(魁星是我国古代神话中掌管文章兴衰的神)，在楼前树立着当时直隶总督方观承亲笔书写的《柳川书院碑记》和宣化府知府张志奇亲手书写的《柳川书院记》石碑各一方；楼前院西凿建池塘，引北山溪流柳川河之水穿院入池，年年院中潺潺清水、垂柳倒影，池内荷花盛开、争奇斗艳，庭院一派幽静典雅，美不胜收。书院前后与相国庙街和皇城桥大街相连，是一座尚遗存着文武合一教育特色的学府。[3]园中流水潺潺，池内荷花盛开，后院设有专供学生们练习射箭的射圃。此外还配有书院的辅助设施，如水井、火房、马厩。

柳川书院接纳了宣府所属十州县莘莘学子，培养了一大批优秀的人才。[4]从建筑上看，书院布局设计反映出当时文武合一的教育特色。由于宣府历代为军事重镇，明清时期更是京畿屏障，历来驻防宣府的官员都重视武备之事。然而，宣化"僻处边陲，户鲜土著，文教固殊焉"，[5]当地文人们呼吁设立书院，兴文教之事，柳川书院在重武的同时兼顾文教。赵秉忠、刘秉文先生皆为清末贡生，同为柳川书院董事刘秉文先生学富五车，多才多艺，深谙子昂书法，气势雄健轩昂，在师生中口碑极佳。龙继栋先生，广西桂林人，清末举人，曾任清户部主事，曾受邀到柳川书院讲学，循循善诱，有教无类，任教三载，闻名遐迩。[6]晚清庚子赔款后，清政府新政改革，在教育方面的政策即为"废科举，办学堂，派留学"。清光绪二十八年(1902年)宣化知府王守堃将"柳川书院"改为宣化府学堂，士子来学者日众。翌年易名为宣化府中学，这是宣化县最早的中学。[7]后改为宣化府中学堂，为宣化一中前身，柳川书院易名为宣化府中学堂之后，至新中国诞生之前，成为察哈尔宣化中学校期间，顺应时代潮流和革新方向，成就甚重，声誉日高。[8]并开设经学、国文、算学、地理和体操等科目，揭开察哈尔地区近代教育的新篇章。光绪三十一年(1905年)"选送学生东洋留学"，开创了张宣地区学生赴国外留学的先河。民国二年(1913年)改称为"省立宣化中学校"，开辟前清万寿宫演箭所为分校，此后又逐年增建了操场、礼堂、图书馆、学生休息室、学生化学实验室、网球场和篮球场，并将原柳川书院房舍改为学生宿舍。民国三年(1914年)改称为直隶省立第十六中学，并逐年添建了自习室和体操室等，并扩充了操场，增建了厨房、饭厅、浴室和教师办公室等。民国十七年(1928年)八月，直隶省改成河北省，校名改称"河北省第十六中学校"。同年十二月，口北10县划归察哈尔省，校名改为"察哈尔省立第二中学校"。民国二十三年(1934年)改名为"察哈尔省立宣化中学校"，此时，宣化中学校已分为初中班和高中班，共有学生300余人。现为宣化一中。[9]

从柳川书院到宣化中学校，方志记载了宣化一中从传统书院到近代学堂(校)的发展历程，这也是中国教育逐步走向近代化的时代缩影和历史见证。这座不断成长的学校培养出很多优秀人才，著名历史学家李泰棻先生及著名教育家、社会活动家吕复先生都毕业于该校。时至今日，宣化一中融汇了百余年的教育经验和文化内涵，仍在为国家源源不断地培养人才。[10]

◎参考文献：

[1]魏红.心海扬帆——中学生心理健康辅导教材[M].石家庄：河北人民出版社，2013：6.

[2]阎周全.飞狐诗集[M].北京:团结出版社,2014:223-224.

[3][11]孙泓洁.九边之首——宣化[M].石家庄:河北美术出版社,2010:118-121.

[4]宣化柳川书院——"心系宣化吧"[DB/OL].[2021-06-27].http://cache.baidu.com/com.

[5]陈继曾,陈时隽,郭维城,等.中国地方志集成·宣化县新志[M].上海:上海出版社,2006:345.

[6][7]冯宏来.京张铁路世纪情[M].北京:人民武警出版社,2008:170,172.

[8]崔建甫等.河北省历史文化名城、历史文化保护区保护研究[M].北京:中国科学技术出版社,2005:74.

[9]周治华,钟毅.河北教育大事记(1840—1990)[M].石家庄:河北人民出版社,1994:21.

[10]赵宇鹏,张晓光,李英,吕建新.察哈尔地区旧方志的价值及整理探研[J].河北北方学院学报,2016,32(3):38-42.

(三)怀安县

敬一书院

清乾隆三年(1738年)知县薛天培、运使曹秉铎创建于明伦堂后,因其后有敬一亭,故名。有进德、修业二斋。集县生童,聘师儒课诵其中。[1]

◎参考文献:

[1]季啸风主编.中国书院辞典[M].杭州:浙江教育出版社,1996:15.

(四)阳原县

弘州书院

清康熙二十二年(1683年)南路通判陈天栋建于县老察院。有丽泽堂、斋舍等 30 余间，分设义学 2 处。聘童子师 2 人，成人课以制举，童生督以章句。道光六年(1826 年)署知县孟封复建于西门外。同治六年(1867 年)知县寅康移建于城中，1870 年，知县韩志超续捐经费。[1]

◎**参考文献：**

[1]季啸风主编．中国书院辞典[M]．杭州：浙江教育出版社，1996：9.

龙泉书院

旧址在西城海子堰，同治五年(1866 年)，由知县杨春华创办。[1]

◎**参考文献：**

[1]阳原县地方志编纂委员会．阳原县志[M]．北京：中国大百科全书出版社，1997.
[2]沈乃文．明别集丛刊·第 2 辑(第 48 册)[M]．安徽：黄山书社，2015：526.

东川书院

旧址在东城文庙，即县儒学，道光十六年(1836 年)，知县窦士达创办。同治五年(1866 年)，址迁玉皇阁西。书院设山长，主持院务及教学工作。入院学生由县学官考试录取，主要学习科举考试必修的课程。[1]光绪二十九年(1903 年)改为东川学堂。

◎**参考文献：**

[1]阳原县地方志编纂委员会．阳原县志[M]．北京：中国大百科全书出版社，1997：533.

(五)涿鹿县

涿鹿书院

在涿鹿城西。清康熙四十一年(1702 年)知县杨汝楫就巡臬司旧署改建。院中有义学 1 处，义学之租可得银 16 两余，划入书院经费。乾隆二十六年(1761 年)知州陈孝孙劝捐置地 568 亩以资膏火。嘉庆二十年(1815年)知州姬均重修，改名为新州书院(院址在今县实验小学处)。书院办学经费主要靠学田收租，年收租粮 54 石。道光五年(1825 年)知州周起蟠查出南关护城河租归入书院。据有关材料记载，从道光二十年(1840 年)到光绪三十年(1904 年)60 多年间，书院毕业生员考中进士、举人共 10 人。[1]光绪二十九年(1903 年)改为县立高等小学堂。

◎ **参考文献：**

[1] 安俊杰. 张家口历史文化丛书——灿烂的文化[M]. 北京：党建读物出版社，2007.

(六) 蔚县

文蔚书院

初称蔚罗书院，建于顺治三年(1646 年)，为蔚州邑绅所办。蔚州知州靳荣藩鉴于全国各地均注重植培人才，"自学宫而外，省府州县多有书院"，为培养蔚地人才，筹集资金，于清乾隆四十年(1775 年)，在蔚县城书院街李氏义学创建文蔚书院，书院规模较大，整体建筑可分为景物和房舍两大部分。院内景物无论布局和风格都别具一格，据《文蔚书院纪略》详载："院门内筑有石桥一座，其左右两侧，分别挖有矩形水池。水池中各砌一眼渗井，每当微风拂过，清波荡漾，令人心旷神怡。池畔古柳成荫，一片生机盎然。池水四周均以木栏环绕相围。每到盛夏的黄昏，各处文人乡民均来此乘凉闲游。另建有魁星楼和焚纸楼，更为全景增添光辉，另其秀而不俗。"[1]

由于创建者为靳荣藩，又名荣藩书院。靳荣藩(1726—1784 年)，字价人，号绿溪，清代山西黎城麦仓村人，乾隆十三年(1748 年)进士，累官至知府，是清代著名清官[2]。乾隆三十三年（1768 年），靳荣藩升任蔚州知州，认为蔚州地境偏僻、民风驳杂，应该大力发展教育，以儒学进行地方民俗伦理和社会道德风尚的教化。于是，他亲自号召组织人员准备工料，甚至捐献自己的廉俸，筹建文蔚书院[3]。在其大力倡导和组织下，一年之内书院便建成。靳荣藩亲自为书院提名"文蔚"，广收诸生入院学习，一时间，蔚州读书蔚然成风。靳荣藩的事迹被记载在《光绪蔚州志》之中，作为地方文化教育的先驱，他受到了蔚县吏绅士子的广泛赞誉。

书院占地 15 亩，有专供生童学习，住宿的"六斋"，即率性斋、修道斋、诚心斋、正义斋、崇志斋和广业斋。文蔚书院的教学活动采用北宋教育家胡瑗所创造实施的苏湖教法，即分斋教学作为其组织形式。只是与宋代"明体达用"分斋教学将专业分为经义斋与治事斋有所不同，是分为"六斋"。"六斋"的名称援引明清时期中央官学顶尖学府、学术教育中心或样板的北京国子监教学组织形式，即广业斋、崇志斋，正义斋，诚心斋、率性斋和修道斋。此"六斋"是供生童学习和休息的地方，所研修的内容各不相同。广业斋，是研修儒家"礼乐"的场所，《礼记》是本斋学子学习的主要内容。《礼记》主要记录孔子和弟子等的问答，解释和论述了先秦的礼制和礼仪，培养学员修身作人。将研读"五经"作为主要任务的崇志斋提倡"重德崇志"。正义斋则以《论语·正义》作为主要研修内容。《论语·正义》是《论语》的注释本，研修的目的是使学子正直为人，全面提升自身修养。诚心斋为研修"诚意""正心"之所。研读的内容是《大学》，培养学子参与国家政治的能力。率性斋以研读《礼记·中庸》为主。"率性"是一种遵从自己本性的态度，但不代表肆意妄为。它告诫学子要按照自己的性情做事，以体现自己的真实情感，并向着自己的理想努力拼搏。修道斋是儒家修行之所，研读的内容是《礼记·大学》。儒家修行的最高境界是不做任何有违道德信念和做人原则之事，因此慎独这一教学内容，规范了书院学子的行为举止。

文蔚书院"六斋"的功能不同，所研读的内容有异，但仍有一些共同点，例如，研读方式都是自修为主，辅导为辅；作业都为识诵和撰文；考试时间为每月 1 次，试题的制作者都是知州和山长。国子监分斋(分堂)课程设计的科目及层次与文蔚书院有所不同，但地方效仿至如此程度，足见中央官学对地方书院的表率和引领作用是客观存在的，其力量不容小觑。[4]

文蔚书院设山长 1 名，靳荣藩、顾我鲁、江振基、董友筠曾先后主院。设教习数名，教习的选拔根据科举出身的功名等次和社会舆论声望，通过举荐或必要考试方能聘任，并有任职要求及考核目标，其他教习经考试合格聘用。生童"庠师试而闻诸州，州再试而择其可"，年龄不限。此外，除山长和教习外，院内设立门管 1 名，每月给公食银 5 钱。规定：凡有拜望书院师生的人，先由门管通名；一切游人想入院赏景，一概不能放进；倘有游手好闲的人打扰，门管当立即通报；书院肄业的学子不能频繁外出，如有荒废学业的，门管将禀告山长。如果门管不按规定执行，将会受到惩罚。可见，文蔚书院的管理机构较为完备且制度化。[5]教学内容有四书、五经、性理、习字等。课程分诗歌、习礼及读书。[6]教学方法以生童个人肄习钻研为主，教师讲授为辅。每月"月考"1 次；年终"岁考"1 次，山长命题，成绩优异者奖以膏火，置院田 1615 亩，岁入米谷租 75 石；房 21 处，岁入租钱 300 千。光绪二十八年(1902 年)改为蔚州官立高等小学堂。[7]文蔚书院的延续时间较长，影响较为深远，其持续时间长达126 年。[8]

在书院的经费来源与管理方面，据记载，在书院兴盛期，文蔚书院有"地十六顷十五亩，岁入米谷等租七十五石；房二十一处，岁人房租钱三百千；续捐生息本钱九千七百千，岁入钱六百五十八钱"。可见，文蔚书院的办学经费来源主要是院田和房租，办学经费相对来说较为充足，这一可靠稳定的经济来源为书院的教育运行提供了保障。书院修建之初，"实心实政、振兴文教者固多"，但由于担心书院各处经营情形不一，法久弊生，出现"有名无实，虚开公项者，亦所间有甚，或官蚀吏侵，礼房与经理之人，串通有不可纠结者"的情况，通过绅士公议，决定："不留生息银两，以免挪移，亦不许吏胥经手，以度弊实。每年请学师公举齐长之公正二人，经营一切出纳账日。一年满后，即行另举，交代轮管。如经管之人，有所侵用，允许接管者，立即禀告并追回。在肄业诸生内部也设立斋长二人，管理院内膏火（学习的津贴）等具体事务。"

文蔚书院的学规有以下几个方面：在道德方面，书院首先要求敦品行。书院要求：学生当以孝悌、忠信、廉洁和礼让互相激励，继承并发扬先辈流传下来的高尚品格，做到无愧于乡；平时的穿衣着装亦须与农商有所差别，不可疏忽，以免影响形象。其次是避嫌疑。书院是讲经传道的地方，并不是"结纳生气之场"，故明示：学生既来学习、修养，更应当"加倍自爱，切不可代，人作证"，如非万不得已，亦不许"一字涉讼"，倘若有借用书院的名义"作证好讼"者，即请另趋所好，不能继续留在书院。

在学术方面，首先要求讲文艺。书院严令学子："看书必先读朱注，不可泛诵时下讲章；作文必本之经籍古文、先辈大家，不可徒取时下墨卷、考卷；诗章策论，均亦讲求书法，古学亦须留意。"其次是勤功课。书院考虑学子群居终日，易旷日废业，为此，以膏火的分配作为奖惩。一是每月考核一次，名次在前20名的学生，可以领膏火。名次若在20名以后，必须要等到下个月考核完后，再决定是否发给膏火。"至外课诸生于应考之日，各给一日膏火之用。"其次是设立告假簿，学生有要事回家，及事毕就塾，各于簿内登明，以便稽核。如"告假者在五日之内便归还，则不必扣除，如若超出五日者，则在下月领膏火时扣回，对于告假者所扣之膏火，会充进公中，给予书院之公用。"

张家口蔚县的文蔚书院景色宜人，蔚州知州靳荣藩作有《题文蔚书院八景图》，诗文真实而细腻地描绘了书院的八处醉人景致：杰阁昂霄、池塘春草、老树干云、平桥延月、花田晓日、曲栏游径、南山当户、邻馆青灯。书院建阁二层，门内有方塘二，春时青芜最盛。池上古柳三株，大可逾抱，百年外物也。两池相通，桥覆其上，护以赤栏，望月最佳。桥之西北为种花地，粉红骇绿，宜于晓日。平桥之北，曲栏折而东西，内则游径环焉。城内人家皆与南山相对，而书院更擅其胜，每游花田，则马头诸峰近在东南缭垣之上，空翠欲滴，不知其有三十里也。书院之西为蔚县义学，灯火青荧，书声如相应和。[9]

以下由文蔚书院创办者靳荣藩所创作的系列书院教育诗，从不同侧面反映了书院教育的图景，其中的内涵丰富隽永，可以丰富对清代书院讲学、育人、读书、探求的情景图谱认识。

题文蔚书院八景图[10]

（清）靳荣藩

我闻虔州八景台，东坡诗笔常昭回。

又闻醉翁亭子上，四时之景各殊状。

到处溪山可为乐，景中人自具丘壑。

究于风教无所关，苏诗欧记偶然作。

有客示我书院图，佳景全对读书庐。

意匠经营讵惝澹，天然位置成清娱。

两池草色一桥月，桥栏尽处池栏阔。

池畔古柳几经秋，池上名花傍晓发。

试乘秋晓陟高楼，花柳池桥一望收。

遥指南山秀盈掌，低看三径客来游。

来游多是邻舍客，太乙藜辉两不隔。

诸生日住画图中，地灵人杰载方册。

吾谓此图之奇，奇在近书田。

不徒景光物色供流连，

君不见，兰亭梓泽总风烟。

岂无绢素留人间，

庐山五老瀑布泉，因开鹿洞更谊传。

此图之奇，奇在近书田。

杰阁昂霄

拾级青霄里，轩窗面面通。

诸山皆入掌，列宿忆藏胸。

吐纳烟云窈，照临日月同。

足知天禄阁，奇字付扬雄。

池塘春草

香草为君子，春来被沼生。

波文同荡漾，槛影共斜横。

随地涵元化，乘时见物情。

此中堪采撷，书带最知名。

老树干云

胜绝先生柳，扶疏莫记年。

下垂临水际，高耸拂云边。

张绪应堪忆，王恭许共传。

烟霄原咫尺，青眼不须眠。

平桥延月

明月几时有，平桥入望宜。

凌虚偏得路，积水不关池。

为想千潭印，何须一杖奇。

晓来看柱上，题字是良规。

花田晓日

尚忆生花梦，试从锦地探。

香苞风乍引，睡足露犹含。

色映朝霞灿，光随晓气酣。

谢诗差可拟，应有鲍家谙。

曲栏游径

欲证胸中趣，濠梁尽溯徊。

碧栏随岸折，幽径绕墙回。

徙倚临双镜，游行避古苔。

晚凉兼月夜，吟赏喜朋来。

南山当户

偶坐花田里，悠然见远山。

偏于无意处，如在短垣间。

排闼青堪挹，迎门绿未关。

不须高阁上，才指片云还。

邻馆青灯

四海皆同好，明窗得比邻。

焚膏原可继，刻烛总如神。

鹿洞弦歌广，龙门赏析频。

怜他仙李白，对影只三人。

◎**参考文献：**

[1]靳荣藩. 文蔚书院纪略[M]. 南京：江苏教育出版社，1995.

[2]冀满红. 简论靳荣藩[J]. 山西大学师范学院学报（文理综合版），1990（zl）：
122-123.

[3]吴洪成，任志惠. 张家口古代书院探析[J]. 衡水学院学报，2016(4)：73-83.

[4][5]石雅静，肖守库. 蔚州书院群述略[J]. 河北北方学院学报，2019，35（3）：
32-37.

[6]邓洪波. 中国书院诗词[M]. 长沙：湖南大学出版社，2002：8.

[7]季啸风主编. 中国书院辞典[M]. 杭州：浙江教育出版社，1996：6-7.

[8]张树伟，牛立蕊，李汉超. 书院文化的价值与传承——以张家口市抡才书院为例
[J]. 河北北方学院学报，2018，34（2）：51-54.

[9][10]邓洪波. 中国书院诗词[M]. 长沙：湖南大学出版社，2002：9-12.

蔚罗书院

清顺治三年(1646 年)，县地方绅士与知名人士筹集资金，创办蔚罗书院。乾隆四年(1739 年)改为乡义学。[1]

◎ 参考文献：

[1]安俊杰 . 张家口历史文化丛书——灿烂的文化[M]. 北京：党建读物出版社，
　　2007.

暖泉书院

又称王敏书院或凉亭书院。据《乾隆宣化府志》载，暖泉书院"在州西三十里，元建"[1]。《光绪蔚州志》载，暖泉书院"旧址在城西三十里，元代工部尚书王敏建，为王敏家塾"[2]。王敏，生卒年不详，元代蔚州人，于顺帝至正年间(1341—1368 年)升任工部尚书"。他重视家乡教育，故在蔚州暖泉修建书院。书院的兴建从选址到布局均匠心独具，与暖泉泉水有机结合，"当源处为书院"，体现出"为有源头活水来"的深刻寓意和"上善若水"的人生哲理。王敏所建的书院到明末已成"遗址"，至清乾隆年间则仅存"老屋数间"。因此，康熙三十一年(1692 年)，吴江人顾我鲁在暖泉书院小憩时作诗感叹："独怜书院空名在，可有侯芭载酒游。"[3]清朝中后期曾在原址上重修书院，中华人民共和国成立后一度将其作为学校，遗址至今保存较为完好。

暖泉书院位于今蔚县暖泉镇中心河滩街，坐北面南，背靠暖泉泉水的发源地——逢源池，池中泉水绕书院而过。书院建成时，周围绿柳吹拂，古树参天。暖泉书院占地约 0.22 公顷²，其内依次建有大门、泮桥、牌坊、南厅、甬道、八角亭、凉亭、东西耳房、东西书屋和魁星楼等建筑。其主建筑为凉亭，也就是正厅，宽 15 米，高 4.5 米。单檐硬山布瓦顶，前出廊，后抱厦。亭前砌八角井一眼，直径 1.25 米，深约 3 米，凉亭后有逢源池，泉水经亭下暗水道流入八角井，再向南经暗水道流过外院两座泮池，注入书院南的池塘，这一景观被称为"水过凉亭八角井"。

凉亭檐柱挂有"汩汩其来悟词源之出峡，明明在上毋坐井以观天"的木制楹联两块。这两块楹联为清朝光绪辛丑春正月察哈尔都统多罗特升允所题写。凉亭前有 4 根露明柱，柱上题有"五六月中无暑气，二三更里有书声"和"灵池潋滟三冬暖，清水澄鲜六月寒"两副对联。正厅后廊下西侧挂有皖桐弟子吴耀东敬书的"小塘半亩极清幽，鸢飞鱼跃自在游。燕子呢喃翩上下，夕阳斜照柳梢头"平匾一块。凉亭牌楼面南和面北分别书有"源远流长"和"阳春晚照"字样。西耳房下有《凉亭四至碑》和《民国戊午年三月重修暖泉凉亭碑记》两幢石碑，记载了凉亭书院的修葺状况。

院内东西各为讲堂 5 间，东北角有魁星楼 1 座，魁星楼为重檐歇山攒尖顶，分上中下 3 层，下层为砖仿木结构，4 面砖券拱门，砖雕棱花；上层和中层为砖木结构，均有 4 面游廊。隔扇齐全，木架油饰，檩下雕龙凤。上、中层阁楼 4 角悬挂铁铎 8 个。上层原塑有魁星点斗的塑像，4 面挂有牌匾，东牌匾为"文光映日"，南牌匾为"辅文开化"，西牌匾为"独占鳌头"，北牌匾为"九霄赡魁"。

◎**参考文献：**

[1]乾隆宣化府志[Z].上海：上海书店出版社，2006.

[2][3]光绪蔚州志[Z].南京：江苏古籍出版社，1991.

玉泉书院

又称玉泉书屋或玉泉山读书楼。关于书院的建立时间有 3 种说法：一为建于元代以前[1]；一为建于元代[2]；一为明崇祯十三年（1640）由魏象枢、周之秀和张睢创办[3]。魏象枢同舍友周之秀和张睢曾登玉泉山读书，一年时间学业大进[4]。

玉泉书院地址为今蔚县城浮图村南玉泉山上，在蔚县城西南 10 公里。山半有寺，寺内北角有楼。据冯金忠所著《燕山佛教》载："蔚县玉泉寺读书楼，位于县城南浮图村，建于元代。明末著名学者魏象枢曾于此读书，故又称'玉泉书院'。"又据金实秋编《佛教名胜楹联》载："玉泉寺：位于县城南浮图村。寺建于元前，因明末著名学者魏象枢曾于此读书，故又有玉泉书院之称，现仅存地藏殿。"魏象枢在《忆书屋》中诗云："古寺连书屋，登临接梵台。人归多见日，客人始衔环。树里雕飞过，峰高鹿下来。不知云去后，几处又花开。"此诗为魏象枢返玉泉书院所作。因详查典籍均无玉泉书院的确切记载，故有学者由此初步推断："玉泉书院非官办民办，而为寺办，为寺西北角读书楼，魏象枢作诗以书屋而非书院为题，亦可佐证规模甚小，只是后人因魏象枢曾读书于此，官至刑部尚书，而指称之。"

◎ **参考文献：**

[1]金实秋. 佛教名胜楹联[M]. 北京：宗教文化出版社，2005.

[2]冯金忠. 燕赵佛教[M]. 北京：中国社会科学出版社，2009.

[3][4]肖守库，郎琦. 张家口教育史研究[M]. 北京：国家行政学院出版社，2014.

其他书院

明伦堂。据《光绪蔚州志》载：明崇祯蔚州知州陈鹏举曾重修[1]，说明该书院建于明末之前。会文义塾，创建时间史籍无明确记载。仁文社，康熙元年(1662年)由魏象枢和其侄李肇甲创设。愿学堂，康熙元年(1662年)建立。关于创建者，《光绪蔚州志》载有两说：一说由知州郑牧民所建，一说为魏象枢捐建。读书林，康熙九年(1669年)知州佟湘建，有清一代多次重修。乡义学，亦曾名蔚萝书院，乾隆四年(1739年)邑候补主事李舜臣建，邑知县李际春重修。[2]

明伦堂，位于蔚州文庙北，左为进德堂，右为修业斋，各五楹；会文义塾，位于蔚州文庙东，其他不详；仁文社，在蔚州城内，其他不详；愿学堂，《光绪蔚州志》载有两说：一说在明伦堂西，一说在崇圣祠东。崇圣祠，在明伦堂后；读书林，在蔚州州署南，其他不详；乡义学，在蔚州东街，其他不详。

◎ **参考文献：**

[1][2]光绪蔚州志[Z]. 南京：江苏古籍出版社，1991.

明清两代蔚州地区书院盛行、人才济济的原因除政府重视、广增学额、人口增加和历来重教等因素外，地方缙绅对蔚州教育的推动作用也不可忽视。仅以魏象枢为例，魏象枢于 1659 年至 1672 年间辞官侍母，期间他以地方缙绅身份积极投身教育，与内侄李肇甲设立仁文社，"凡庠生有志上进者，悉入社中，得三十人。文期专会举子业，余评阅而提命之"。蔚州"自是文风渐起，士习渐端，五科以内，售乡试者十人，选明经者十余人，称盛事云"。愿学堂建立后，知州郑牧民请魏象枢讲学，象枢"乃与郡绅士月一会讲。明敦伦尽性之学，自《四书》《五经》始，每讲毕，录而存之，曰《愿学堂讲书》"，蔚州"士习一趋于正"。魏象枢来此讲学，大大影响了蔚州的士风以及文风，促进了蔚州地区的人才培养。此外，蔚县书院还培养了李周望、周之秀和张睐等优秀人才，他们回报乡梓，同样为蔚州文教事业的发展作出了突出贡献。乾隆二十二年（1757 年），直隶总督方观承盛赞道："宣属文风，惟两蔚为盛。"

蔚州书院的建立对蔚州地方教育事业有着重要的历史意义。首先，书院在清朝官学化，是研究经史、传授学术和实施英才教育的场所，比一般私学追求更高。讲学、祭祀和藏书为书院的三大社会功能。蔚州地方书院自雍正以后得到空前发展，吸引了不少著名学者来此讲学。教员讲学以研习儒家经籍为主，间亦议论时政，采用集体讨论与个别钻研相结合的教学方法，提高了当地的教学质量，促进了当地学术思想的发展。其次，书院废止后，书院奉令改为学堂，担负起中国传统教育向近代新式教育转型的重任，延续并发挥着培育人才的作用，对教育欠发达地区的教育转型，进而走向教育近代化，产生的作用不容小觑。

（七）万全县

万全书院

清道光八年（1828 年），知县张庆成首倡捐银 500 两，劝喻士、绅、商、民捐银共计 1.2 万两，在万全城内文庙西侧创建书院一所。建院耗银6000 两，布局对称，典雅别致，书斋、讲堂、魁楼、花园俱全，共计房舍

45 间。因后院空地谷穗连颈(茎)，取此祥瑞，于是定名嘉禾书院。同年八月，朝廷下旨褒奖建院有功人员。建院剩余捐银 6000 两，则于北乡北忻屯，正北沟，连针沟、太平庄等地，购买农田 3 顷。之后又有南乡第三屯、第七屯、第八屯，梁太庄、张杰屯等村捐助洋河淤地 15 顷。学田租给当地农民耕种，按照年成好坏收取地租，稻田二八抽成，旱地三七抽成。学田地租全部用于人员薪金和办学经费，余款借给商号生息，以备荒年。光绪二十九年(1903 年)，嘉禾书院改为高等小学堂。[1] 万全书院的延续时间较长，影响较为深远，其持续时间长达 76 年。[2]

◎ **参考文献：**

[1]乔彦伟. 万全教育志·古代教育[EB/OL]. (2010-04-18)[2021-06-27]. http：//60. 8. 22. 10：12/content. asp？id＝356.

[2]张树伟，牛立蕊，李汉超. 书院文化的价值与传承——以张家口市抡才书院为例[J]. 河北北方学院学报，2018，34(2)：51-54.